BRIGITTE HAMANN

Ihr Lebensziel

AF511136

Standardwerke der Astrologie

BRIGITTE HAMANN

Ihr Lebensziel

Die IC/MC-Achse und der Lebenssinn im Horoskop

CHIRON VERLAG

Ich möchte meinem langjährigen Freund Harald Krüger danken, der durch viele Gespräche einen wertvollen und kreativen Beitrag zu diesem Buch geleistet hat.

Deutsche Erstausgabe

4. Auflage 2020

© 2002 Chiron Verlag Tübingen

Umschlag: Walter Schneider
Umschlagfoto © Mauritius Die Bildagentur / Manfred Thonig

Vir Jolanda

Zu beziehen durch den Buchhandel oder direkt beim
Chiron Verlag, Postfach 1250, D-72002 Tübingen
www. chironverlag.com

ISBN 978-3-925100-73-4

Druck: CPI Moravia Books

Für meinen Vater,
Dr. Friedrich Manderscheid

Inhalt

Wenn du willst, was du noch nie gehabt hast,
dann tu, was du noch nie getan hast.

Nossrat Peseschkian

Statt eines Vorwortes: Wichtig zu wissen

Dieses Buch wurde in der Absicht geschrieben, Sie bei der Suche nach Ihrem individuellen Weg zu unterstützen. Es soll Ihnen Anregungen für ein tieferes Verständnis Ihrer Lebensgeschichte und Ihrer Wurzeln geben und Ihnen neue Perspektiven für Ihre Zukunft eröffnen.

Die zwölf Kapitel, die jeweils eine IC/MC-Achse im Horoskop beschreiben, sind eine Typologie. Sie beschreiben zwölf Typen der Selbstverwirklichung, zwölf elementare Wege, die Menschen gehen. Diese Wege stellen zwölf übergeordnete Lebensthemen dar, die so viele individuelle Formen annehmen, wie es Menschen gibt. Wenn Sie Skorpion an Ihrem MC haben, teilen Sie grundsätzliche und prinzipielle Themen, die zu entwickeln sind, mit all jenen Menschen, deren MC ebenfalls im Skorpion liegt. Trotzdem sind Sie als Mensch einzigartig in der Art und Weise, wie Sie das Lebensthema der Achse Stier-Skorpion umsetzen.

Eine Typologie kann naturgemäß nur die Grundzüge eines Themas beschreiben und niemals alle individuellen Formen. Das bedeutet, dass die in den Kapiteln genannten konkreten Entsprechungen nichts anderes sind als Beispiele für das, was Menschen wählen und gewählt haben, um dem jeweiligen Lebensthema Ausdruck zu verleihen.

Entsprechend habe ich versucht, in den einzelnen Kapiteln, die Grundprinzipien der zwölf IC/MC-Achsen herauszuarbeiten, und beschreibe, welche Formen des Auslebens dieser

Prinzipien mir bisher begegnet sind bzw. welche ich daraus ableiten kann. Nicht jede dieser Entsprechungen wird auf Sie zutreffen, sie soll und kann es auch gar nicht. Sie gehen Ihren eigenen Weg mit Ihrer IC/MC-Achse, einen Weg, der einmalig ist und unverwechselbar.

Auch aufgrund der Komplexität, die ein Horoskop aufweist, ist es nicht möglich, allen Varianten und Entsprechungen gerecht zu werden. Wenn Sie z.B. Planeten im 4. Haus haben oder Aspekte von Planeten auf die Spitze des 4. Hauses, ergeben sich Zusatzinformationen und Abwandlungen des beschriebenen Themas. Mit Uranus im 4. Haus bei einem Jungfrau-IC müssten Sie auch das Kapitel »Löwe am MC« lesen, denn dort ist das Wassermann-IC (analog Uranus im 4. Haus) beschrieben, und beide, oft sehr widersprüchliche Aussagen kombinieren. Eine genaue Bestimmung Ihres individuellen Lebensthemas kann immer nur durch die Deutung Ihres individuellen Horoskops mit allen seinen Komponenten erfolgen und bleibt dem Astrologen überlassen.

In der Beschreibung der zwölf Achsen gibt es jeweils vier Unterteilungen: das Zeichen am IC mit seinen positiven und möglicherweise problematischen Entsprechungen; das Zeichen am MC, das aus der Perspektive geschildert wird, wie es uns helfen kann, mögliche Probleme zu lösen und uns weiterzuentwickeln; der Fluchtpunkt und der Abschnitt *Das Lebensziel*, in dem beschrieben wird, wie sich IC und MC zu einem ausgewogenen Ganzen vereinen können. Wo Sie gerade stehen, ob Sie sich mehr auf der problematischen Seite Ihres IC oder innerhalb Ihres Fluchtpunktes bewegen, oder ob Sie sich bereits in vielen Bereichen innerhalb des Lebensziel-Kapitels aufhalten, müssen Sie selbst entscheiden.

Da wir immer *alle Faktoren* in unserem Horoskop leben, auch wenn sie nicht immer gleich deutlich zutage treten, leben wir auch unser Medium Coeli von Anfang an. Von Geburt an üben wir uns darin, die Eigenschaften und Verhaltensweisen des Medium Coeli gemäß unserem Bewusstseins- und Entwicklungsstand auszudrücken. Doch auch am Medium Coeli gibt es einfachere und entwickeltere, geeignetere und ungeeignetere Varianten, unter denen wir bewusst oder unbewusst wählen. Wir sind eingeladen, die besten für uns vorstellbaren Möglichkeiten unseres Medium Coeli anzustreben und durch sie die Quelle unseres Seins, das Imum Coeli, zu vervollkommnen.

Dieses Buch soll Ihnen helfen, unbewusste Motivationen, die Ihr Leben eventuell steuern, ans Tageslicht zu fördern, sodass Sie bewusst darüber befinden können, wie Sie damit in Zukunft umgehen wollen. Es ist als Anregung für Ihre Lebensgestaltung gedacht, nicht als Bedienungsanleitung, der Sie nur Schritt für Schritt zu folgen brauchen, um ans Ziel zu kommen. Eine solche Bedienungsanleitung gibt es nämlich nicht. Sie selbst sind der Autor, der das Drehbuch Ihres Lebens schreibt, und vielleicht unterstützt Sie dieses Buch, den einen oder anderen Akt neu zu schreiben, so, dass er einer schöneren und freudvolleren Vision Ihrer selbst gerecht wird.

Dieses Buch ist über Jahre gewachsen. Es entstand aus einer Grundidee, aus der Suche nach der Wurzel und dem Sinn unseres Lebens, danach, *wohin der Weg geht.* Diese Grundidee fand ihren ersten Ausdruck in meinem Buch »Lebensmuster«, in dem ich mich auf die Suche nach dem roten Faden machte, der sich durch unser Leben zieht.

Was ich in diesem Buch dazu schreibe, ist das, was ich heute, aufgrund meines jetzigen Wissensstandes dazu sagen kann. Dieses Buch hat sich auch beim Schreiben immer wieder verändert und genau genommen ist das Schreiben eines solchen Buches nie zu Ende. Sie als Leser sind aufgefordert, dieses Buch weiterzuschreiben, es mit mehr Leben, realen Bezügen und Erfahrungen zu füllen. Für Anregungen Ihrerseits bin ich immer dankbar. Da dieses Buch die Essenz meiner gegenwärtigen Erfahrungen und des Versuchs darstellt, diese auf einige Seiten zu komprimieren, mögen Ihnen die Kapitel nicht immer homogen erscheinen. Doch für mich ist dieses Buch nicht etwas, das einer exakten Systematik unterliegt, sondern etwas, das widerspiegelt, was ich aus Erfahrungen mit anderen Menschen und mir selbst zu diesem Thema sagen kann. Nehmen Sie dieses Buch als ein Lebensbuch, als Ausgangspunkt, von dem aus Sie Ihre eigenen Erfahrungen mit Ihrer Lebensthematik machen.

Ich wünsche Ihnen viel Glück auf Ihrem Weg.

Brigitte Hamann

Das Schöpfungsprinzip in der Astrologie

In den vergangenen zehn Jahren meiner astrologischen Tätigkeit haben mich drei Fragen immer wieder bewegt, die, wie es scheint, nichts miteinander zu tun haben, die sich für mich jetzt aber zu einem Ganzen zusammengefügt haben:

1. In vielen alten Lehren findet sich immer wieder der Gedanke, dass der Mensch der Schöpfer seines Lebens ist. Auch in der Bibel gibt es Aussagen, die so aufgefasst werden können. Alle Aussagen lassen sich in den folgenden Kernsätzen zusammenfassen: *Wir erschaffen die Wirklichkeit, in der wir leben; Wir bekommen das, was wir glauben und Wir ziehen das an, was wir aussenden.* Was wir aussenden und was wir dadurch erschaffen, ist das *Resultat* dessen, was wir *glauben.* Unser Glaube ist unsere *subjektive Wahrheit*, das, was für uns in diesem Augenblick *wahr* ist, *weil wir es glauben.* Das führte mich zu den Fragen: Wo ist die tiefste Form des Glaubens im Horoskop? Ist Glaube ein rein geistiges Konzept und kann er ausschließlich einem Haus über dem Horizont zugeordnet werden? Wie sieht der Glaube aus, der uns als ganzen Menschen betrifft? Sind alle Faktoren im Horoskop als gleichwertig anzusehen, was das Erschaffen unserer Wirklichkeit angeht, oder gibt es eine Hierarchie? Wo zeigt sich das Schöpfungsprinzip in der Astrologie?

2. Was ist der genaue Unterschied zwischen der Ebene der Häuser und der Ebene der Planeten? Und zwar bezogen auf die Planeten und Häuser, die das gleiche Prinzip ausdrücken: Mond

und 4. Haus, Sonne und 5. Haus, Saturn und 10. Haus, usw. Da der entsprechende Planet im individuellen Horoskop ja nur gelegentlich auch über das Haus herrscht, auf das er sich ursprünglich bezieht, muss es einen definierbaren Unterschied zwischen dem jeweiligen Planeten, dem Haus, aus dem er kommt, und dem mit ihm über das Urhoroskop verbundenen Haus geben.[1] Eine erste Zusammenfassung meiner Überlegungen zu diesem Thema finden Sie in dem Kapitel »Die Interpretation des Horoskops«.

3. Was bedeutet die IC/MC-Achse? Ihr wurde bisher wenig Beachtung geschenkt. Während es zur AC/DC-Achse umfangreiche Literatur gibt und jeder – sogar der astrologische Laie – weiß, dass es einen Aszendenten gibt und dass er wichtig ist, ist der Begriff des MC oder gar seine ausgeschriebene oder die ins Deutsche übersetzte Bedeutung nur den fortgeschrittenen Astrologen bekannt: Medium Coeli, die Himmelsmitte. Analog dazu steht das IC, das Imum Coeli, die Himmelstiefe. Die Deutung der IC/MC-Achse beschränkte sich auf Schlagworte wie *Beruf und Berufung.* Gelegentlich wurde sie auch allgemein als *Lebensziel* definiert, ohne nähere Erläuterung, was genauer darunter zu verstehen ist und in welchem Verhältnis dieses Lebensziel zu den übrigen Faktoren des Horoskops steht. Berücksichtigt wurde in der Regel dabei auch nur das MC und nicht die gesamte Achse. Kann aber ein einzelner Punkt das Ergebnis eines ganzen Lebens sein? Wo bleibt das Prinzip der Polarität, in dem sich beide Pole wechselseitig durchdringen um etwas Neues, Drittes zu schaffen?

Zwischen den Polen

Auf dem Weltkongress der Astrologie in Luzern 1996 stellte ich ein Deutungsmodell der IC/MC-Achse vor, bei dem ich das MC noch als das *Ziel* definierte.[2] Ich hatte das Imum Coeli als das, *»woher wir kommen«* und das Medium Coeli als das, *»wohin wir gehen«* definiert. Aus diesem Grund wählte ich auch die Bezeichnung IC/MC-Achse, bei der das IC entgegen der allgemein üblichen Reihenfolge zuerst genannt wird. Bei den Überlegungen zu dem vorliegenden Buch stellte sich jedoch heraus, dass noch etwas Wesentliches fehlte. Das Modell, bei dem wir beim Imum Coeli starten und uns zum Medium Coeli hin bewegen, erschien mir zwar nicht falsch, aber auch nicht ausreichend. Inzwischen habe ich eine weitere große Zahl von Horoskopen unter dem Gesichtspunkt des Lebensziels und der IC/MC-Achse untersucht und die Ergebnisse in Beratungen angewendet.

Die Untersuchungen zeigten, dass wir tatsächlich während unseres Lebens zwischen den beiden Polen hin und her wandern. Wir leben zu bestimmten Zeiten oder in manchen Lebensbereichen stärker unser Medium Coeli, in anderen Zeiten und/oder in anderen Lebensbereichen stärker unser Imum Coeli. Wir verlassen also offensichtlich nicht den einen Pol – das IC –, um uns zum MC hinzubewegen und kommen dort irgendwann endgültig an. Bedeutet das, dass wir ganz einfach wieder in unsere alten Muster zurückfallen, die des Imum Coeli, dem, woher wir kommen und was wir ablegen müssen? Ist das Imum Coeli unsere Versuchung, nicht zu wachsen und zu bleiben, wo wir sind?

Untersuchungsergebnisse in vier Schritten

Meine Untersuchungsergebnisse lassen sich in folgenden vier Thesen zusammenfassen:

- Das IC ist unser *schöpferisches Potenzial.* Es ist der seelische Motor unseres Seins, das Fundament und die Quelle unserer Lebensenergie und unseres Entwicklungsweges. Mit diesem Potenzial *erschaffen* wir unsere Persönlichkeit und damit unsere individuelle Variante, in der wir unser Lebensthema verwirklichen. *Wie* wir aus dieser Lebensquelle schöpfen – *die Qualität, die wir ihr geben* – wirkt sich auf alle anderen Faktoren des Horoskops aus. In Anlehnung an den von Mario Rodriguez Cobos (Silo), dem Begründer der humanistischen

Bewegung. geprägten Begriff kann das Imum Coeli auch als unsere *innere Landschaft* bezeiochnet werden. Es beschreibt das Bild unserer Seelenlandschaft, deren Lichtverhältnisse und wie sie sich durch unterschiedliche Beleuchtung verändern kann.

- Das MC enthält die *ergänzenden Eigenschaften, Verhaltensweisen und Themen,* die wir benötigen, um unser IC auf eine reifere und entwickeltere Ebene zu heben und um so seinen besten Qualitäten Ausdruck zu verleihen. *Deshalb führt unser Entwicklungsweg über das MC.* Wir entwickeln uns jedoch immer an beiden Polen und, ausgehend davon, an allen anderen Punkten des Horoskops.
- Das anzustrebende *Lebensziel* liegt in der *Mitte zwischen IC und MC.* Genauer ausgedrückt liegt es in der wechselseitigen Durchdringung beider Pole (siehe Yin und Yang-Symbol weiter unten), durch die wir uns von Einseitigkeit befreien und in Richtung eines Ausgleichs der Gegensätze bewegen.
- Hinzu kam die Interpretation des *Fluchtpunktes.* Er besteht in der Zeichenkombination, die ein Quadrat zu den Zeichen der IC/MC-Achse bildet. Der Schwerpunkt liegt dabei auf dem Zeichen, das sich auf der Seite des Aszendenten befindet und kann mit dem tatsächlichen Aszendenten zusammenfallen, muss es jedoch nicht. Der Fluchtpunkt beschreibt wichtige *Vermeidungsstrategien*, die wir anwenden, um uns vor unseren Lernthemen zu drücken. Gleichzeitig stellt dieses Zeichen, wenn es richtig genutzt wird, auch wesentliche Ressourcen zur Verfügung, mit deren Hilfe wir uns unserem Ziel nähern können.

Das Medium Coeli

Ausgehend von dem Gedanken, dass das Leben eine untrennbare Ganzheit bildet, in der immer *alles* vorhanden ist, nur eben, wie die Astrologie in wunderbarer Weise zeigt, in unterschiedlichen Mischungsverhältnissen, entwickelte ich das *Bild von der IC/MC-Achse als einer Wegstrecke*, auf der wir immer hin- und herfahren.

Stellen Sie sich vor, Sie steigen in Köln in Ihr Auto und fahren nach Nürnberg. Nürnberg ist Ihr Ziel, denn Sie wissen, dort gibt es etwas, was Sie brauchen, um Ihr Leben in Köln erfolgreich zu gestalten. Also fahren Sie los und schauen sich an, was es unterwegs so alles zu sehen gibt. Dann kommen Sie in Nürnberg an und stellen fest, dass dort vieles ganz anders ist. In gewisser Weise ist es genau das Gegenteil von dem, was Sie von Köln her kannten. Das erweitert Ihr Blickfeld, Ihre Einsichtsfähigkeit und Ihre Entscheidungsmöglichkeiten. Mit diesem Wissen ausgestattet, fahren Sie wieder zurück nach Köln und wenden es dort nutzbringend an. Ihr Leben in Köln verändert sich, Ihre Art, über Köln zu denken und es zu erleben, hat sich verändert. Mit dieser neuen Perspektive versehen, machen Sie sich nun wieder auf den Weg nach Nürnberg, um Ihre Erkenntnisse zu vertiefen und herauszufinden, was es dort noch so alles gibt. So bewegen Sie sich ständig von einem Ort zum anderen, und mit jeder Fahrt wird Ihnen die Wegstrecke vertrauter und Ihr Leben an jedem der beiden Orte übernimmt Anteile von dem, was Sie am jeweils anderen Ort erlebt und gesehen haben. Sie verlassen nicht die Stadt, aus der Sie kommen, sondern es findet eine wechselseitige Durchdringung mit Informationen, Erkenntnissen und Erlebnissen statt, die Ihnen neue Sichtweisen eröffnet und Ihr Persönlichkeitsspektrum insgesamt erweitert.

Auf das Horoskop übertragen bedeutet das, dass Sie tatsächlich das Wissen und die Fähigkeiten benötigen, die am Medium Coeli liegen, um in Ihrer Gesamtentwicklung weiterzukommen, dass Sie sich *jedoch immer an beiden Polen entwickeln.* Wenn Sie Ihr Imum Coeli hinter sich lassen würden, würden Sie dem Lebensprinzip widersprechen, wonach immer alles vorhanden ist, aktiver oder passiver, höher oder weniger hoch entwickelt, mit mehr oder weniger Bewußtsein versehen, dass nur nicht alles zur gleichen Zeit gleich deutlich zutage tritt.

Auf der Basis dessen, was das Imum Coeli uns als schöpferische Quelle zur Verfügung stellt, beschreibt das Medium Coeli unsere Möglichkeiten, diese Anlagen in die Gesellschaft einzubringen und einen Beitrag zu leisten. Häufig sehen andere Menschen uns mehr im Licht unseres Medium Coeli, da das Imum Coeli die verborgene, intime Seite unseres Wesens darstellt.

Das Lebensziel liegt in der Synthese

Das Medium Coeli hat also tatsächlich die Funktion eines Wegweisers. Es zeigt an, über welchen »Ort« wir fahren müssen, um die richtige Richtung einzuschlagen. Das Ergebnis kann es jedoch nicht sein, denn das vollkommene Ergebnis kann immer nur in der Mitte, im Ausgleich der Gegensätze liegen. Wenn wir jedoch tatsächlich in der Mitte angekommen sind, erübrigt sich menschliche Existenz – zumindest in der Form, wie wir sie leben. In der Vollkommenheit der Mitte erlischt die Existenz.

Leben entsteht aus der Dynamik zwischen dem Ich und dem Du, der Erfahrung von Innen und Aussen, dem Erleben von Andersartigkeit und Gegensatz. – Unser Weg verläuft entlang des Spannungsbogens, der durch die beiden Gegenpole von Imum Coeli und Medium Coeli gebildet wird. Das Ziel, auf das wir zustreben, liegt dort, wo sich die gegensätzlichen Eigenschaften von Widder und Waage, Stier und Skorpion, Zwillinge und Schütze vereinen, um etwas Neues, Drittes zu bilden, das alle Widersprüche integriert. Es stellt die höchste Vision dar, die in der IC/MC-Achse angelegt ist. Wir brauchen den Gegenpol des Medium Coeli, um zu erfahren, wer wir am Imum Coeli sind und was wir dort alles sein können, wenn wir sein Potenzial heben. *Unsere Entwicklung entspricht dabei mehr dem Zusammensetzen eines Puzzles, Stein und Stein, zu einem immer vollständigeren Bild, als dem Aufstieg auf einer Leiter.* Die differenzierteren Stufen des Bewusstseins erreichen wir, indem wir uns und unser Leben in seiner Gesamtschau, ganzheitlich in der Wechselwirkung mit anderen Menschen und zur Umwelt, betrachten.

Der Gedanke des Ausgleichs der Gegensätze, durch den Ganzheit entsteht, wird am schönsten im Symbol des Yin und Yang deutlich:

Abbildung 1

Im hellen Bereich ist ein dunkler Punkt und im dunklen Bereich ein heller. So vermischen sich die Gegenpole, in jedem Pol ist sein Gegenteil enthalten und das vollständige Bild beinhaltet beide Pole in einer ausgewogenen Mischung.

Dane Rudhyar nennt das 10. Haus das Haus der Vollendung, das 4. Haus das Haus, in dem wir Stabilität erlangen können (siehe weiter unten). In diesem Sinn können wir sagen, dass wir seelische Stabilität erlangen (Haus 4) indem wir nach Vollendung streben (Haus 10). So finden wir zu uns selbst (Haus 4) und zu unserem Platz in der Welt (Haus 10).

Unsere Entwicklung an der IC/MC-Achse kann mit einem Baum verglichen werden, der mit seinen Ästen nach oben, dem Himmel und dem Licht zustrebt, mit vielen Zweigen, Blättern und Blüten, die ein Ausdruck seiner Fülle und Reife sind. Nach unten hin erstrecken sich die Wurzeln ins Erdreich und verbinden diesen Baum mit der Erde. Dort ist er fest verankert, während er sein spirituelles Wachstum nach oben vollendet, und auch die Wurzeln werden tiefer und größer.

Abbildung 2: »Der Baum« von Alexander Reinl

Das Imum Coeli

Folgende Überlegungen führten mich zu der Definition des Imum Coeli:

1. Das Imum Coeli, der »Nachtpunkt«, die Himmels*tiefe*, ist der tiefste, verborgenste, dunkelste und geheimnisvollste Punkt im Horoskop. Astronomisch gesehen liegt er für uns unsichtbar auf der anderen Seite der Erde. Psychologisch gesehen kann er als das Unbewusste bezeichnet werden, *das, was nicht im Licht unseres Bewusstseins liegt.*

2. Das Imum Coeli ist das Fundament des Horoskops. Per Definition bildet das Fundament immer die Basis. Das Fundament eines Hauses ist sein Keller und nicht der 1. Stock. Das Fundament des Horoskops kann also z.B. nicht die AC/DC-Achse sein.

3. Traditionell wird das 4. Haus mit *Gefühl* assoziiert. Dane Rudhyar bezeichnet es als das Haus, in dem wir *Stabilität* erlangen können: »Die Spitze des vierten Hauses ist der Punkt der stärksten Stütze und der sichersten Grundlage für die Erbauung von allem, das sich über den Erdboden erheben soll«; und: »Im vierten Haus kann und soll die Person zur Erfahrung des Zentrums kommen – des Zentrums ihrer eigenen, globalen, totalen Persönlichkeit, wie auch des Zentrums der globalen Menschheit, einer fest niedergelegten und konkret realen Bruderschaft des Menschen.«[3]

4. Die alten Lehren, auf die ich im nächsten Kapitel noch ausführlicher eingehen werde, sprechen in unterschiedlichen Varianten von unserem Glauben, der unsere Wirklichkeit erschafft. Diese Philosophie wurde von der modernen Psychologie aufgegriffen und z.B. unter dem Begriff *Glaubenssätze*, die unser Lebens steuern, zusammengefasst. Was aber ist ein Glaubenssatz? Die beste Definition dafür fand ich bei Anthony Robbins: Bei einem Glaubenssatz »handelt es sich

um ein *Gefühl der Gewissheit,* das man in Bezug auf einen bestimmten Sachverhalt hat. Wenn Sie beispielsweise glauben, intelligent zu sein, dann sagen Sie eigentlich: ›Ich habe das untrügliche Gefühl, intelligent zu sein.‹ Diese Gewissheit gestattet es Ihnen, Ressourcen anzuzapfen, die Ihnen helfen, von Intelligenz zeugende Ergebnisse zu erzielen«; und weiter sagt er: »Glaubenssätze ruhen auf einem festen Fundament. Wenn Sie wirklich an Ihren Sex-Appeal glauben, woher nehmen Sie diese Gewissheit? Sie haben Referenzerlebnisse gespeichert, die Ihre Vorstellung untermauern.«[4] Ein Glaubenssatz ist also etwas, das nicht nur ein geistiges Konzept ist und das als solches in den 3. Quadranten des Horoskop fallen würde (3. Quadrant: Geist, Denken, Umwelt), sondern etwas, das zutiefst mit *Gefühl* verbunden ist. Die Transaktionsanalyse nennt die Summe unserer Glaubenssätze unser *Lebensdrehbuch.* Darin sind alle diejenigen bewussten und unbewussten Überzeugungen enthalten, die wir einmal gewonnen haben, wobei die unbewussten uns am stärksten steuern, weil wir keinen bewussten Zugriff auf sie haben. Unsere Überzeugungen entstehen aus einer Mischung von mitgebrachten Anlagen mit unseren Erfahrungen. Diese Faktoren sind jedoch nicht statisch, sondern als ein Pool an Möglichkeiten, aus dem geschöpft werden kann, zu verstehen. Unsere Glaubenssätze entstehen, weil wir dazu *tendieren,* auf Grund unserer Anlagen unseren Erfahrungen eine bestimmte *Bedeutung* beizumessen. Dadurch werden sie zu *Referenzerlebnissen,* auf die wir bei aus unserer Sicht ähnlich gelagerten Fällen zurückgreifen. Es handelt sich um *Vorstellungen, die emotional aufgeladen wurden und die durch diese Aufladung über eine intensive schöpferische Energie verfügen.* Diese Energie muss, da sie eine emotionale oder, weiter gefasst, seelische ist, im 4. Haus zu finden sein. *Die tiefste und wirkungsvollste Ebene, auf der wir den Dingen unsere persönliche Bedeutung beimessen und auf der wir infolgedessen unsere Wirklichkeit erschaffen, muss also am Imum Coeli zu finden sein.*

5. Die Aussagen des Imum Coeli als dem tiefsten Wirklichkeitszugang, den wir haben, können denen des Mondes erheblich widersprechen. Wenn wir am Imum Coeli ein verborgenes problematisches Bild von uns selbst und der Welt haben, können wir das Potenzial, das in unserem übrigen Horoskop enthalten ist, auch nur eingeschränkt nutzen. Das gilt auch für die AC/DC-Achse. *Eine große Seele in einem gehandicapten Körper wird ein großartiges Leben erschaffen, eine kleine Seele in einem großartigen Körper jedoch nicht.* Die tiefgreifendsten Persönlichkeitsveränderungen sind also am Imum Coeli möglich. Wenn wir hier »Licht ins Dunkel« bringen, erschaffen wir eine neue Wirklichkeit anstatt eine zu konstruieren, die auf alten emotionalen Mustern, Wiederholungen von früheren Erfahrungen und unbewussten Reaktionen und Projektionen beruht. Mit dem bloßen Erkennen dessen, was wir bisher mit unserem Imum Coeli erschaffen haben, ergibt sich bereits eine ganz natürliche Veränderung der Bereiche, die für den Schritt in eine positive Zukunft verändert werden müssen. Die Erfahrung des Imum Coeli kann ein umfassendes »Aha«-Erlebnis auslösen und neue Gewissheiten erzeugen, die unser Leben in eine Bahn lenken, auf der alte Schwierigkeiten von uns abfallen und die einer neuen Vision von uns selbst entspricht.

6. *Aus diesen Überlegungen heraus erhalten das Imum Coeli und das dazugehörige 4. Haus eine überragende Bedeutung im Horoskop.*

Die Definition des Imum Coeli

Grundsätzliches

Die Anschauung, dass der Mensch der Schöpfer seines Lebens ist, umfasst zwei Dimensionen: eine *spirituelle*, bei der wir uns im Bereich von Annahmen und Axiomen bewegen, die letztlich eine Frage des persönlichen Glaubens sind, und eine *psychologische*.

Die psychologische Dimension ist sehr viel einfacher nachzuvollziehen und stützt sich auf langjährige Erfahrungswerte, die in verschiedenen psychologischen Richtungen niedergelegt wurden.

Die spirituelle Definition des Imum Coeli basiert auf den folgenden Axiomen:

1. Wir leben in einem sinnvollen, geordneten Universum.
2. Alles wird geboren, um einen bestimmten Auftrag, eine Funktion zu erfüllen.
3. Dieser Auftrag kann auch als die Absicht der Seele definiert werden, für deren Verwirklichung sie in einem Körper Gestalt angenommen hat.
4. Dieser Auftrag korrespondiert mit dem, was wir als Schicksal bezeichnen.
5. Die Seele des Menschen strebt nach Evolution.

Die psychologische Definition des Imum Coeli basiert auf den folgenden Annahmen:

1. Der Mensch bringt nicht nur eine körperliche, sondern auch eine emotionale und mentale Veranlagung mit in dieses Leben.
2. Seine mitgebrachte Veranlagung veranlasst ihn, seinen Erfahrungen bestimmte persönliche Bedeutungen zu geben, auf denen er dann seine Sicht der Welt und seiner selbst aufbaut.
3. *Diese Bedeutungen sind sein inneres Ordnungssystem, an dem er sich orientiert. Durch sie schreibt er sein persönliches Lebensdrehbuch.*

Die spirituelle Definition des Imum Coeli

Über den Auftrag, den wir hier erfüllen, und den übergeordneten Zusammenhang, in den er eingebettet ist, können wir nur spekulieren. Erklärungsmodelle helfen nur begrenzt weiter, da anzunehmen ist, dass die Wahrheit, die wir zu ergründen versuchen, sehr viel größer ist, als wir mit dem Verstand erfassen und in Worte kleiden können. Erfahrungen des Sinnes oder des universalen Wirkprinzips, die sich auf Gefühl und Intuition gründen, lassen sich ohnehin nicht wirklich in Worte fassen. Unsere Aussagen müssen deshalb – unabhängig davon, wie wir sie gewonnen haben – zwingend hinter dem zurückbleiben, was der wahre Zusammenhang der Dinge ist.

Was uns bleibt ist, aus dem Empfinden der Sinnhaftigkeit des Daseins heraus ihm unseren persönlichen Sinn zu verleihen. Dieser Sinn enthüllt sich an der IC/MC-Achse, die uns den Weg zu unserem persönlichen Wachstum weist, ebenso wie zu dem Beitrag, den wir als Individuum zur Gesellschaft und zum Leben leisten können.

Die psychologische Definition des Imum Coeli

Der psychologische Aspekt der Aussage, wonach wir die Wirklichkeit erschaffen, in der wir leben, bezieht sich darauf, dass jeder Mensch sich ein bestimmtes Weltbild zurechtzimmert, ein Lebensdrehbuch, in dem die Regieanweisungen für sein Leben enthalten sind. Diese Regieanweisungen entstehen durch Erlebnisse und die Bedeutung, die er diesen Erlebnissen beimisst. Daraus resultiert eine innere Haltung, die selektiv auf all die Reize reagiert, die diese Haltung bestätigen bzw. die sogar, in der Regel unbewusst, dafür sorgt, dass bestätigende Erlebnisse eintreten. In diesem Sinn ist jeder Mensch schöpferisch, und das gilt auch, wenn wir die spirituelle Dimension beiseite lassen. Glaubenssätze sind sich selbst erfüllende Prophezeiungen. Zu wissen, was wir psychologisch gesehen erschaffen, unsere Muster, unsere verborgenen Regieanweisungen zu kennen und sie gegebenenfalls durch für uns geeignetere zu ersetzen, muss das Anliegen eines jeden Menschen sein, dem an Persönlichkeitswachstum oder auch ganz einfach an menschlichem Glück gelegen ist.

Zusammenfassung

1. Auf der spirituellen Ebene spiegelt das Imum Coeli die schöpferische Absicht wider, mit der unsere Seele in dieses Leben eingetreten ist. Es ist die Quelle unseres Seins, in der die höchste und niedrigste Vision von uns selbst enthalten ist. Das Streben der Seele nach Evolution stellt über das Imum Coeli den Motor für unsere Entwicklung dar.

2. Auf der psychologischen Ebene stellt das Imum Coeli die tiefste Ebene unseres Lebensdrehbuchs dar. Es ist der Bereich, in dem unsere unbewussten Glaubenssätze enthalten sind. Im Weiteren ist im Wesentlichen von der psychologischen Ebene die Rede.

3. *Das Imum Coeli ist das, »was unsere Welt im Innersten zusammenhält«.*[5] Mit der Deutung des Imum Coeli begeben wir uns auf eine Reise zu unseren Wurzeln, *zu dem, wie wir unsere Welt auf der tiefsten Ebene gestalten.* Am Imum Coeli findet die am wenigsten bewusste Form der Wirklichkeitskonstruktion statt. Es entspricht dem, was wir zutiefst glauben und was wir auf Grund dieses Glaubens erschaffen. Dort liegt unser schöpferischer Akt, den wir in jedem Augenblick bewusst oder unbewusst vollziehen.

4. Wir bringen eine seelische Grundanlage mit in diese Welt, eine individuelle Art zu fühlen, die mit unserem Seelenauftrag korrespondiert. Durch unsere Erfahrungen und die Art und Weise, wie wir diese Erfahrungen bewerten, wird diese Anlage ausgeformt. Sie bestimmt – in der Regel unbewusst –, welche Erfahrungen wir immer wieder aufsuchen. Dieser Gedanke war bereits in meinem Buch *Lebensmuster* enthalten.

5. Wir konstruieren (erschaffen) unsere Wirklichkeit durch die Bedeutung, die wir unseren Erfahrungen geben. Menschsein heißt, den Dingen *unsere* individuelle Bedeutung zuzuwei-

sen. Da jede Bedeutung, die wir einer Erfahrung zuweisen, eine persönliche, wenn auch häufig unbewusste Wahl ist, sind wir frei, die Bedeutung, die wir unseren Erlebnissen geben und die Schlüsse, die wir für die Zukunft daraus ziehen, zu verändern. Alles ist eine Frage der (inneren) Position, von der aus wir auf die Dinge blicken. Wir können diese Position *verändern.* Da unsere innere Wirklichkeit unsere äußere erschafft, treten wir auf eine *neue* Art in Beziehung zur Welt. Wir erfahren die Dinge in einem neuen Licht. *Das Imum Coeli beschreibt das Spektrum unserer Wirklichkeitskonstruktion. Dort finden wir die innere Position, die wir heute einnehmen und Hinweise darauf, welche wir einnehmen können und wie wir dorthin gelangen.* Wir können mit allen anderen Faktoren des Horoskops immer nur so gut zurechtkommen und uns soweit entwickeln, wie es unsere Entwicklung am Imum Coeli zulässt.

6. *Das Imum Coeli wird damit zum Bild der sprudelnden Quelle, aus der alle schöpferische Lebensenergie fließt. Wir entscheiden durch unser Bewusstsein in jedem Augenblick, welche Qualität diese Quelle haben soll.*

7. Der Gedanke, »dass wir ernten, was wir säen«, ist alt. Im Sinne des Imum Coeli, der Himmelstiefe, geht es jedoch nicht um Schuld. »Wie wir in den Wald hineinrufen, so schallt es zurück« drückt neutral aus, was gemeint ist und ist für uns mit weniger drohenden Assoziationen verbunden: Unser inneres Bild von uns und der Welt, dass das, was wir »in den Wald hineinrufen«, als entsprechende Erfahrung zurückkommt. Es handelt sich hier um eine Mechanik, die uns nur deswegen kompliziert erscheint, weil sie uns so wenig bewusst ist. Tatsächlich funktioniert sie so einfach wie ein Ping-Pong-Spiel. Genau der Ball, den wir übers Netz gespielt haben, kommt auch wieder zurück. In diesem Sinn ist auch *alles*, was wir in unserem bisherigen Leben erschaffen haben, *vollkommen.* Wir haben das Beste getan,

was uns unser Bewusstsein – unser verborgener Blickwinkel – ermöglicht hat. Und es waren genau diese Erfahrungen, die uns immer wieder die Chance, uns selbst zu erkennen und zu wachsen, eröffnet haben.

Bedeutet »Wir erschaffen die Wirklichkeit, in der wir leben«, dass wir allmächtig sind?

Weder die spirituelle noch die psychologische Dimension versieht uns mit Omnipotenz. Was immer die letzte Wahrheit ist, wir sind eingebunden in ihr »System«, in das was durch sie bezweckt wird. Wenn wir hier einen Auftrag erfüllen, dann setzt allein er uns schon einen Entfaltungsrahmen. Darüber hinaus sind unsere Verwirklichungsmöglichkeiten eingebunden in die großen Lebensgesetze, die die Welt der Materie und der Relativität regieren.

Wir können nicht alles erschaffen und nicht alles sein, das zeigt auch das Horoskop, das unsere Möglichkeiten definiert. Sie sind nur um ein Vielfaches größer und variabler als wir glauben. Das Wissen, dass wir über ein schöpferisches Potenzial verfügen, versetzt uns in die Lage, eine Wahl unter unseren Möglichkeiten zu treffen und zu versuchen, diese so gut wie möglich zu verwirklichen. Das ist unsere Freiheit. In dieser Freiheit liegen natürliche Grenzen, die sich allein schon aus der Tatsache ergeben, dass Menschsein bedeutet, bestimmten Rahmenbedingungen unterworfen zu sein. Bescheidenheit ist also durchaus angesagt und die Bereitschaft, sich den Bedingungen anzupassen sowie dem, was wir als die *Zeichen der Zeit* bezeichnen. Trotzdem ist es unabdingbar, dass wir uns unseres schöpferischen Potenzials bewusst werden. Durch diese Kraft in uns sind wir in der Lage, unserem Leben eine Wendung zu geben, uns zu vervollkommnen und unseren Beitrag zu diesem Leben zu leisten.

Über Wirklichkeitskonstruktion und die Suche nach dem Sinn

Die Suche nach dem Sinn des Lebens ist in Wahrheit ein Kreis. Sie beginnt bei uns und endet bei uns. So wie der kleine Tiger in Janoschs Geschichte »O wie schön ist Panama« auszieht, das gelobte Land zu finden, um schließlich festzustellen, dass dies sein Zuhause ist, so ziehen auch wir aus, um »uns zu finden«. Wir gehen hierhin und dorthin, stellen Fragen und hoffen auf die richtigen Antworten, auf den Tipp von außen, der uns weiterbringt. Die meisten Menschen sind davon überzeugt, dass sie zu den Resultaten ihres Lebens nichts oder nur wenig beitragen können. Sie glauben, dass wir dem Schicksal – dem, was uns geschickt wird –, ausgeliefert sind, ohne Einfluss darauf nehmen zu können.

Doch die alten Lehren sprechen von etwas anderem. Wenn wir die alten Überlieferungen genau lesen, finden wir immer wieder den Gedanken, *dass wir der Schöpfer unseres Lebens sind.* Leben ist etwas Aktives, nicht etwas, das wir passiv erleiden. Leben ist das, was wir aus ihm machen. Da wir diesen Umstand entweder nicht wissen, nicht glauben oder er für uns nur ein theoretisches Konzept darstellt, können wir wenig damit anfangen. *Auf der tiefsten Ebene unseres Seins gestalten wir die Welt weiterhin so, wie wir sie immer gestaltet haben.* Wir bleiben im Rahmen unserer vertrauten Erfahrungen und der Schlüsse, die wir daraus gezogen haben. Wir bleiben konsequent auf der Fahrstrecke, die wir uns einmal – unbewusst – ausgesucht haben. Die kleineren Veränderungen und Neuerungen, die im Laufe unseres Lebens dazukommen und die uns so bedeutsam erscheinen, sind in der Regel nichts anderes als schmückendes Beiwerk. Selbst bei großen Einschnitten in unser Leben neigen wir dazu, an den gewohnten Bewertungen und Sichtweisen festzuhalten. Die Fahrbahn unseres Lebensweges wird ein wenig breiter, vielleicht ein wenig ebenmäßiger, doch wir fahren noch immer dieselbe Strecke.

Das Ziel in unserem Innern finden

Die Reise zu uns selbst ist keine Reise im Außen, auch wenn außen und innen in einer unaufhörlichen Wechselwirkung stehen. Wir können uns nicht außerhalb von uns selbst finden, nicht in einem anderen Menschen, einem Ort oder einer Aufgabe, und doch brauchen wir all das, um uns in Beziehung dazu zu setzen und so herauszufinden, wer wir sind und vor allem, wer wir sein wollen. Wir brauchen die Umwelt, um uns selbst definieren zu können.

Die Reise zu uns selbst verlangt daß wir unsere persönlichen Antworten auf die essentiellen Fragen finden: *Wer will ich sein? Wie will ich sein? Was will ich tun? Wer will ich sein in Bezug auf das, was ist? Was will ich erreichen?*

Fragen an äußere Instanzen machen uns abhängig. Das gilt in erster Linie für die Frage *Was wird geschehen?*, denn sie definiert uns als den Ereignissen gegenüber machtlos. Wir glauben nicht daran, dass wir alles Wissen, das wir benötigen, in uns tragen und dass wir nur den Zugang dazu finden müssen, oder, besser ausgedrückt, dass wir uns diesem Wissen nur zu öffnen brauchen. Antworten von außen sind nichts anderes als Anregungen, die uns den Weg zu uns selbst ebnen können.

Wenn wir die wichtigste Frage *Was will ich sein?* an uns richten, kann es sein, dass wir uns umblicken und feststellen, dass unsere Situation gar nicht erlaubt, das zu sein, was wir sein wollen. Tatsächlich werden wir mit den Resultaten unserer früheren Unwissenheit oder Gleichgültigkeit dem schöpferischen Prozess gegenüber konfrontiert. Wir *haben* uns ein bestimmtes Leben mit all seinen Umständen *geschaffen*, ob wir das bewusst taten oder nicht, und wir tun dies auch weiterhin in jedem Augenblick. Wie die Huna Polynesiens sagen: Die Welt ist, wofür du sie hältst.[10] Wir haben uns unser Leben so eingerichtet, wie es unseren tiefsten Glaubenssätzen entspricht und diese können förderlich oder hinderlich sein. Die eigentliche Schwierigkeit liegt darin, dass wir es getan haben, *ohne es zu wissen*. Es scheint sich so ereignet zu haben, denn wir kennen nur unsere bewusste Orientierung und nicht die eigentliche, wesentliche, die darunter liegt. Die in unseren Glaubenssätzen enthaltenen Gedanken und Gefühle, die wir aussenden, kommen jedoch meist nicht umgehend zurück, sondern zeitlich versetzt. Die entsprechenden Ereignisse treten oft so viel später ein, dass wir zwischen unseren Gedanken und ihrer Manifestation keinen Zusammenhang mehr herstellen können, weshalb wir glauben, dass »es uns geschieht«.

Die Aufforderung, bewusst mit unserem Leben umzugehen und achtsam zu sein, finden wir im Buddhismus, im Taoismus, in den Lehren der Huna, in zahlreichen anderen Lehren und im Christentum. Psychologische Richtungen wie der Konstruktivismus haben den Gedanken vom Menschen als Schöpfer (»Konstrukteur«) seiner Wirklichkeit aufgegriffen. Richtig gelesen vermitteln sie uns alle die Botschaft, dass wir unsere Erfahrungen selbst in jedem Augenblick erschaffen und die Umstände und Situationen, denen wir begegnen ebenso, und zwar durch unsere tiefsten und verborgensten Ansichten und Erwartungen. Wir richten unsere Aufmerksamkeit auf die Themen, Ereignisse und Menschen, die diesen Bildern entsprechen, dorthin fließt unsere Energie, das ziehen wir an. Das gilt auch besonders für diejenigen Dinge, vor denen wir Angst haben, denn Furcht ist eine starke Energie.

Am Anfang war das Wort, sagt die Bibel. Die Idee war zuerst da, der Bauplan, benannt und ausgesprochen. In allen Kulturen hat der Name – das Wort – magische Kraft. Was wir denken und was wir mit Worten benennen, hat Schöpferkraft. Es erschafft die Welt, in der wir leben, unser privates Universum.

Diese Gedanken sind, wie ich schon am Anfang erwähnte, alte Gedanken. Sie finden sich in Lao-Tses Tao-Te-King, in der Bibel und in zahlreichen anderen Schriften. Der Grundgedanke, wonach wir selbst der Schöpfer unseres Lebens sind, findet sich besonders kurz und prägnant in den vier Grundaussagen der polynesischen Huna-Philosophie, die ein uraltes magisches System darstellt, das auf einem tiefen psychologischen Wissen fußt:

Ike – Ich schaffe meine eigene Realität.
Kala – Es gibt keine Grenzen.
Makia – Ich bekomme das, worauf ich mich konzentriere.
Manawa – Der Augenblick der Macht ist *jetzt*.[8]

Ike drückt aus, dass die Welt das ist, wofür wir sie halten. Sie ist das Ergebnis unserer Gedanken über sie. Kala fordert uns auf, auch scheinbar Unmögliches für möglich zu halten. Nur so sprengen wir die Grenzen unserer alltäglichen Vorstellungskraft und stoßen in ihre wahrhaft kreativen Bereiche vor. Makia beschreibt den Grundsatz, dass Energie der Aufmerksamkeit folgt, und Manawa drückt aus, dass es immer nur das Jetzt gibt. Nur im Jetzt können wir leben, gestalten, verändern.

Wie in anderen Systemen spielt auch hier die Zahl Drei die ausschlaggebende Rolle. Das *Ich* der Huna ist etwas, das aus drei Funktionen besteht: Unterbewusstsein, Bewusstsein und höheres Selbst. In der christlichen Religion sprechen wir von Vater, Sohn und Heiliger Geist, in anderen philosophischen Systemen von Gedanke, Wort und Tat bzw. Körper, Geist und Seele. Der in den verschiedenen Schulen des Buddhismus immer wieder hervorgehobene Leitsatz der Achtsamkeit, mit der wir uns selbst und dem Leben begegnen sollen, hat seinen Ursprung in dem Wissen, dass wir diesem Schöpfungsprozess nur nahe sind, wenn wir achtsam – also bewusst – wahrnehmen und reagieren und wenn wir so mit dem *Jetzt* verbunden sind.

Was bedeutet das Wissen, dass wir uns unsere Wirklichkeit erschaffen, für uns tägliches Leben? Wie geht dieses Erschaffen genau vor sich?

Um diesen Prozess zu verstehen, müssen wir uns bewusst machen, dass wir in jedem Augenblick unseres Lebens vor einer Wahl stehen. Wir treffen unablässig Entscheidungen darüber, was wir mit dem nächsten Augenblick anfangen wollen. Will ich nun Kaffee trinken oder Tee? Gehe ich einkaufen oder nicht? Beantworte ich jetzt einen Brief oder gehe ich spazieren?

Tue ich etwas für meine Gesundheit oder beginne ich sofort mit meiner Tagesarbeit? Diese Entscheidungen sind uns so in Fleisch und Blut übergegangen, dass sie uns selbstverständlich und vielleicht sogar wenig bedeutungsvoll erscheinen. Nur die großen Entscheidungen scheinen zu zählen. Tatsächlich *sind* sie jedoch bedeutungsvoll. Wir entscheiden nämlich darüber, was wir mit der ablaufenden Uhr unserer Lebensspanne tun. *Jede* Wahl, die wir treffen, ist wesentlich, denn wir drücken mit ihr aus, wer wir sind. Unsere Persönlichkeit zeigt sich in dem, was wir tun, und was wir tun, ist das Ergebnis dessen, was wir in jedem Augenblick entscheiden.

Diese Aussage wird vielleicht noch leichter verständlich, wenn wir uns deutlich machen, dass die Wahl, die wir treffen, immer etwas darüber aussagt, *wer wir in Bezug auf das entsprechende Thema sein wollen.* Das ist es genau, was unsere Entscheidung ausdrückt. Wer will ich sein in Beziehung zu der Frage, ob nun Kaffee- oder Teetrinken das Wünschenswerte ist? Wer will ich sein in Beziehung zu meinem Partner oder meiner Partnerin? Wer will ich sein in Bezug auf ein Ereignis, das ich als Kränkung, Leid oder als Glück erfahren habe?

Wir können diese Entscheidungen unbewusst treffen. Wir können sie unseren verborgenen Glaubenssätzen über uns, anderen Menschen oder dem Leben an sich überlassen. Wir können sie auch durch unsere instinktiven Reaktionen (Aszendent) oder von anderen Menschen und Umständen (Deszendent) bestimmen lassen, was letztlich nichts anderes ist als eine Wahl unserer Persönlichkeit (Imum Coeli und 4. Haus), die Entscheidung an eine Instanz in uns abzugeben, die auf der Basis von Reiz-/Reaktionsmustern (AC/DC-Achse) funktioniert. Wir können uns jedoch auch darin üben, eine *bewusste Wahl* zu treffen, oder, anders ausgedrückt, *achtsam* zu sein.

Dane Rudhyar definiert den aufrechten Gang des Menschen als Zeichen dafür, dass er sich über die instinktive Ebene erheben kann. Ein Tier, das den aufrechten Gang nicht kennt, bewegt sich in der Horizontalen, auf der Ebene der AC/DC-Achse im

Abbildung 3: »Die Wahl«, von Alexander Reinl

Rahmen der Reiz-Reaktionsmuster. Der Mensch jedoch richtet sich auf in die Vertikale, deren Symbol die IC/MC-Achse ist. So wird bewusste Entwicklung möglich.[9]

Die Quelle der Schöpferkraft des menschlichen Bewusstseins sprudelt am Imum Coeli. Wenn wir ihre Beschaffenheit und Botschaft zu verstehen beginnen, wird es uns leichter fallen, die richtige Wahl in allen anderen Lebensbereichen zu treffen. Das Horoskop unterstützt uns darin, indem es uns sowohl zeigt, welche Reaktions- und Verhaltenstendenzen wir haben und welche Bewertungen wir vornehmen, als auch Alternativen dazu aufweist. Wir werden aufmerksam auf die Fallen, in die wir tappen können und sind in der Lage, sie zu identifizieren, wenn sie sich vor uns auftun oder wir schon hineingeraten sind. Und es zeigt uns, wie wir das Glück in unserem Leben vertiefen können.

Die Deutung der IC/MC-Achse

Die Deutung des IC (Imum Coeli, Spitze des 4. Hauses, Himmelstiefe):

1. Deuten Sie das Zeichen an der Spitze des 4. Hauses.
2. Wenn Sie eine überprüfte und eventuell korrigierte Geburtszeit haben, sodass Sie von exakten Hausspitzen ausgehen können, sollten Sie darauf achten, ob die Spitze des 4. Hauses auf einem kritischen Grad steht.[10] Die Kritischen Grade liefern wichtige und individuelle Zusatzinformationen.
3. Überprüfen Sie, ob Aspekte von Planeten auf die Spitze des 4. Hauses vorhanden sind (maximaler Orbis 3° nach beiden Richtungen). Diese Planeten wirken intensiv auf das Thema des IC ein und wandeln es gemäß der Planetenqualität ab. Die Stärke der Wirkung hängt davon ab, wie exakt der Aspekt ist. Innerhalb von einem Grad gilt er als völlig exakt. Wenn Uranus z.B. ein Quadrat auf die Spitze des 4. Hauses bildet, ist das Kapitel *Löwe am MC* und dort insbesondere *Wassermann am IC* einzubeziehen.
4. Interpretieren Sie die Hausposition des Herrschers des 4. Hauses. Diese Position wird auf zwei Arten untersucht:

- zum einen die Hausposition des Herrschers des 4. Hauses (z.B.: die Venus steht als Herrscherin des 4. Hauses im 8. Haus);
- zum anderen die Tatsache, dass die Venus als Herrscherin des 4. Hauses im 8. Haus steht, sie also eine Verbindung zwischen beiden Häusern darstellt.

5. Deuten Sie Planeten im 4. Haus (falls vorhanden). Steht z.B. Saturn im 4. Haus, fließen auch Themen des Kapitels *Krebs am MC* und dort besonders *Steinbock am IC* ein.
6. Deuten Sie die Aspekte zu den Planeten im 4. Haus. Durch Aspekte fließen weitere Qualitäten im Sinne des Planeten-

prinzips und der Hausthemen ein, da diese Planeten wiederum über bestimmte Häuser herrschen.

7. Deuten Sie die Hausverbindung, die der Planet im 4. Haus herstellt, indem er als Herrscher von Haus x im 4. Haus steht (z.B. Jupiter steht als Herrscher des 11. Hauses im 4. Haus).

Das IC antwortet auf folgende Fragen:

1. Auf welchem Fundament baut meine Persönlichkeit auf? Was ist die Basis meines Charakters?
2. Wie fühle ich? Wie ist meine emotionale Grundstimmung?
3. Welches sind meine charakteristischen Gefühlsreaktionen?
4. Welche tief verwurzelten und verborgenen Überzeugungen habe ich über das Leben und darüber, was es bereithält? *Welche Glaubenssätze steuern mein Leben?* Wie bewerte ich das, was ich erlebe? Welche Bedeutung gebe ich den Dingen? Welches sind die wichtigsten und verborgensten Regieanweisungen meines Lebensdrehbuches?
5. Was für eine seelische Wirklichkeit schaffe ich durch diese Glaubenssätze in mir und welche Entsprechungen bzw. welche Folgen hat das in meinem äußeren Leben?
6. Wie ist mein verborgenes Selbstbild? Was bin ich in meinen Augen wert?
7. Welches ist die höchste Vision des Fühlens und damit des Erschaffens, die ich von mir zeichnen kann? Wie sieht meine innere Quelle der Kraft und der Kreativität aus?
8. Wer will ich aus tiefstem Herzen sein?

Die Deutung des MC (Medium Coeli, Spitze des 10. Hauses, Himmelsmitte):

1. Deuten Sie das Zeichen an der Spitze des 10. Hauses.
2. Wenn Sie eine überprüfte und eventuell korrigierte Geburtszeit haben, sodass Sie von exakten Hausspitzen ausgehen können, sollten Sie wie beim IC darauf achten, ob die Spitze des 10. Hauses auf einem kritischen Grad steht.

3. Überprüfen Sie, ob Aspekte von Planeten auf die Spitze des 10. Hauses vorhanden sind (maximaler Orbis 3° nach beiden Richtungen). Diese Planeten wirken intensiv auf das Thema des MC ein und wandeln es gemäß der Planetenqualität ab. Die Stärke der Wirkung hängt davon ab, wie exakt der Aspekt ist. Innerhalb von einem Grad gilt er als völlig exakt. Wenn Uranus z.B. ein Quadrat auf die Spitze des 10. Hauses bildet, ist das Kapitel *Wassermann am MC* einzubeziehen.
4. Interpretieren Sie die Hausposition des Herrschers des 10. Hauses. Diese Position wird auf zwei Arten untersucht:
   – zum einen die Hausposition des Herrschers des 10. Hauses (z.B.: die Venus als Herrscherin des 10. Hauses steht im 8. Haus);
   – zum anderen die Tatsache, dass die Venus als Herrscherin des 10. Hauses im 8. Haus steht, sie also eine Verbindung zwischen beiden Häusern darstellt).
5. Deuten Sie Planeten im 10. Haus (falls vorhanden). Steht z.B. Saturn im 10. Haus, fließen auch Themen des Kapitels *Steinbock am MC* ein.
6. Deuten Sie die Aspekte zu den Planeten im 10. Haus. Durch Aspekte fließen weitere Qualitäten im Sinne des Planetenprinzips und der Hausthemen ein, da diese Planeten wiederum über bestimmte Häuser herrschen.
7. Deuten Sie die Hausverbindung, die der Planet im 10. Haus herstellt, indem er als Herrscher von Haus x im 10. Haus steht (z.B. steht Jupiter im 10. Haus als Herrscher des 11. Hauses).

Das MC antwortet auf folgende Fragen:

1. Welche Eigenschaften und Verhaltensweisen helfen mir auf meinem Lebensweg?
2. Welche Eigenschaften und Verhaltensweise muss ich entwickeln, um zu mir selbst zu finden?
3. Welche Eigenschaften und Verhaltensweisen helfen mir, alte Muster zu durchbrechen?

4. Wonach sehne ich mich? Wie wäre ich gern? Was möchte ich erreichen?
5. Was erwarte ich vom Leben? Was soll das Schicksal für mich bereithalten?
6. Was erwarte ich von der Gesellschaft? Welche Rolle und welche Möglichkeiten soll sie mir zur Verfügung stellen?
7. Welchen Beitrag kann ich in der Gesellschaft leisten?

Die IC/MC-Achse insgesamt antwortet auf folgende Fragen:

1. Was ist mein Lebensziel?
2. Welchen Entwicklungsweg soll ich gehen?
3. Welche Lebensaufgaben warten auf mich?

Die Interpretation des Horoskops

Bekanntlich führen viele Wege nach Rom. Es ist möglich, mit unterschiedlichen Deutungsansätzen zu korrekten und sinnvollen Aussagen zu kommen. Die Wahl der Vorgehensweise bei der Interpretation ist deshalb im Wesentlichen eine Frage des persönlichen Geschmacks und der Entscheidung darüber, mit welchem Modell man am schnellsten zu den gewünschten Ergebnissen kommt.

Grundsätzlich kann die Interpretation der IC/MC-Achse nach dem Modell der EOA (Entwicklungsorientierte Astrologie) in jede Deutungssystematik eingefügt werden, vorausgesetzt, sie berücksichtigt die elementare Bedeutung der Häuser. Es ist ein eigenständiges Konzept, das anwendbar und gültig ist, unabhängig davon, ob Sie mit den Häusern, den Planeten, dem Aszendenten, usw. beginnen.

Die Deutungsgrundlage des IC/MC-Modells

Die Deutung der IC/MC-Achse nach dem Modell der EOA berücksichtigt die unterschiedliche Bedeutung zwischen dem Haus und dem Planeten, der zwar aufgrund seiner ursprünglichen astrologischen Zuordnung zu diesem Haus gehört, aber im Einzelfall nicht über es herrscht. Das 4. Haus und der Mond sind zwar thematisch verwandt, betreffen jedoch unterschiedliche Themen, wenn der Mond im individuellen Horoskop nicht gleichzeitig über das 4. Haus herrscht oder dort steht. Das Gleiche gilt für die

Sonne und das 5. Haus, Pluto und das 8. Haus, usw. Generell sind das Zeichen, das Haus und der Herrscherplanet ähnlich und teilweise deckungsgleich, aber insgesamt nicht identisch. Widder, das 1. Haus und Mars haben eine qualitative Verbindung, sind jedoch nicht völlig gleichzusetzen. Mit dem Fortschreiten des Tierkreises werden auch die Zeichen-, Haus- und Planetenbedeutungen komplexer, sodass die Unterschiede ebenfalls größer werden. Die Fische, das 12. Haus und Neptun weisen entsprechend die deutlichsten Abweichungen voneinander auf.

Die Planeten und Häuser, die thematisch zusammengehören wie der Mond und das 4. Haus. haben eine *qualitative* Ähnlichkeit. Der Planet, hier der Mond, trägt Eigenschaften, die auch das Haus aufweist, in einen weiteren Lebensbereich hinein. Sowohl der *Mond* als auch das *4. Haus* haben mit Gefühl und unserer emotionalen Orientierung zu tun. Der *Mond* entspricht jedoch unserer *Wahrnehmung* und bezeichnet durch seine Stellung im Horoskop, auf welchen Lebensbereich unsere grundlegende Wahrnehmung im Leben gerichtet ist (Hausposition des Mondes), welche Lebensbereiche einfließen (Mond als Herrscher eines Hauses und seine Aspektplaneten) und welche Eigenschaften diese Wahrnehmung hat (Zeichenposition des Mondes). Er zeigt unseren Aufmerksamkeitsschwerpunkt. Das 4. Haus dagegen beschreibt unsere emotionale Veranlagung, unsere Art zu fühlen und worauf sich diese Veranlagung richtet. Darüber hinaus ist es, wie im Kapitel »Das Schöpfungsprinzip in der Astrologie« erläutert, unser seelischer Motor und somit die Quelle unserer Persönlichkeit. Die Aussagen von Mond und 4. Haus können widersprüchlich sein. Ein Mond, der keine schwierigen Aspekte aufweist, sondern als gut gestellt zu bezeichnen ist, wiegt problematische Glaubenssätze bzw. eine problematische innere Haltung, die durch das 4. Haus angezeigt ist, nicht auf, sondern weist nur einen Weg zur Lösung des Problems.

Die Gesamtinformation aus Mond und 4. Haus beschreibt unsere grundlegende Lebensorientierung und in beidem sind unsere persönlichen Sichtweisen zu finden. Das 4. Haus als Fundament und Ausgangsbasis hat jedoch die größere Bedeutung für den Ablauf unseres Lebensweges. Dies gilt auch für alle anderen Verbindungen. Um alles zu beschreiben, wofür wir offen sind, was uns anspricht und reizt, muss die Gesamtinformation aus dem 7. Haus und der Waage-Venus berücksichtigt werden. Das 7. Haus hat jedoch für das Thema Umweltbeziehungen und Partnerschaften die ausschlaggebende Bedeutung, während die Waage-Venus zusätzlich Aspekte und Themen über ihre Haus- und Herrscherposition einbringt, usw.

Beispiele

Eine umfassende Beschreibung der Häuser- und Planetenedeutungen würde über den Rahmen und das Thema dieses Buches hinausgehen. Deswegen sollen hier nur einige Beispiele genannt werden.

4. Haus:

Lebensmotive und Wirklichkeitskonstruktion: Was motiviert mich aus tiefster Seele zu sein und zu handeln? Welche Gefühle und Überzeugungen bewegen micht und treiben mich an? Wie sieht meine innere Landschaft aus? Was ist die Wurzel meines Lebensdrehbuches und die Basis meines Lebensthemas?

Mond:

Das Scheinwerferprinzip: Worauf richte ich meinen Blick? Worauf richtet sich mein Aufmerksamkeitsfokus? Wo liegt der Schwerpunkt meiner Wahrnehmung der Welt (und zwar ohne Unterscheidung zwischen Ich und Du)?

5. Haus:

Handlungsbasis und nach aussen gezeigte seelische Motivation: Wie drücke ich das aus, was mich innerlich bewegt (4. Haus)?

Zu welchem Handeln motivieren mich meine Gefühle? Wohin fliesst meine seelische Energie (4. Haus) wenn ich aktiv werde (5. Haus) und auf welche Weise tut sie das?

Sonne:

Handeln: Worauf konzentriert sich mein Handlungs- und Verhaltensschwerpunkt? Wie ist mein Verhaltensstil?

7. Haus:

Das »Fenster nach draußen«: Welche Beziehung habe ich zur Umwelt? Wie sieht mein Partnerbild aus? Welche Menschen, Eindrücke und Objekte sprechen mich an? Was spricht mich an, das ich als draussen, als Nicht-Ich erlebe? Was provoziert eine Reaktion in mir?

Waage-Venus:

Anziehung durch und Interesse an bestimmten Themen: Was spricht mich in der Umwelt über die Themen des 7. Hauses hinaus an? Was erregt meine Aufmerksamkeit, was reizt mich?

Zusammenfassung

Die tiefere und bestimmende Ebene sind immer die Häuser. Sie bilden unsere Anlagen in den verschiedenen Lebensbereichen ab. Die Planeten, die diesen Häusern qualitativ entsprechen (wie z.B. Sonne und 5. Haus), tragen diese Qualität in andere Lebensbereiche hinein.

Die Planeten sind die *Bewegungsprinzipien* der Häuser. Mit ihrer Hilfe beobachten wir *die Häuser in Aktion*. Die Planeten zeigen, wohin die Energie eines Hauses fließt und auf welche Weise sie das tut.

Das Deutungsmodell der Entwicklungsorientierten Astrologie EOA

Das Deutungsmodell der Entwicklungsorientierten Astrologie EOA verbindet das von Michael Roscher entwickelte kybernetische Modell mit der besonderen Bedeutung der IC/MC-Achse und des 4. und 10. Hauses. Die transpersonale Astrologie nach Dane Rudhyar bildet einen weiteren wesentlichen Baustein des gedanklichen Hintergrundes.

Deutungsschritte

Die grundlegende Lebensorientierung

1. Die Zeichen der IC/MC-Achse als Grundthema des Horoskops
2. Die persönlichen Planeten Mond – Merkur – Sonne
3. Das Imum Coeli und das 4. Haus
4. Das Medium Coeli und das 10. Haus

Zu 1.: Verschaffen Sie sich einen Überblick über das grundsätzliche Lebensthema, um das es im jeweiligen Horoskop geht, indem Sie sich die Zeichen am Imum Coeli und Medium Coeli betrachten.

Zu 2.: Die Interpretation von Mond, Merkur und Sonne beschreibt die offensichtlichen Themen, um die die Persönlichkeit kreist.

– Der *Mond* zeigt, worauf unsere Wahrnehmung (das Augenmerk) gerichtet ist. Das Haus und das Tierkreiszeichen, in dem der Mond steht, seine Aspekte und die Häuser, die die entsprechenden Planeten durch diese Aspekte mit dem Mond verbinden, beschreiben, womit wir uns beschäftigen, wo unser Aufmerksamkeitsfokus liegt. In dieser Wahrnehmung sind emotionale Reaktionen enthalten, die diese Wahrnehmung beeinflussen.

– *Merkur* beschreibt die (meist unbewussten) Überlegungen, die dieser Mensch anstellt, um den Eindrücken, die der Mond liefert, gerecht zu werden. Er verarbeitet die Informationen, die ihm durch den Mond zufließen, und entwickelt eine Reaktionsstrategie. Diese Strategie wird an die Sonne weitergegeben.
– Die *Sonne* setzt das Ergebnis in Handlung um. Sie beschreibt unsere Handlungsweise.
– Es entsteht ein Kreislauf aus Input (Mond), Verarbeitung der Informationen des Inputs (Merkur) und Output (Sonne).

Durch die Schwerpunkte, die wir in unserer Wahrnehmung, Überlegung und im Handeln setzen, entsteht der sichtbare Teil unserer Persönlichkeit. Die meisten Menschen können sich relativ schnell in diesen Aussagen wiedererkennen, bzw. andere können die entsprechenden Themen leicht an ihnen nachvollziehen.

Zu 3.: Das *Imum Coeli und das dazugehörige 4. Haus* stellen unser Lebensgrundgefühl und die tiefste Form der Wirklichkeitskonstruktion dar. Unter der Ebene von Mond, Merkur und Sonne liegt die Urquelle unserer Persönlichkeit. Dort befindet sich die Basis unseres Charakters und dort entscheiden wir – normalerweise unbewusst –, *wer wir sind und nach welchen Regeln unser Leben abläuft*. Im 4. Haus finden sich unsere tiefsten und wirkungsvollsten Glaubenssätze und die zentralen Regieanweisungen für unser Lebensdrehbuch. Dort ist der eigentliche Sitz unseres Gefühls. Alle anderen Faktoren im Horoskop können sich immer nur so gut entfalten, wie es das 4. Haus zulässt. Das gilt auch für den Mond, Merkur und die Sonne. Wenn einer dieser Planeten über das 4. Haus herrscht oder dort steht, fallen die entsprechenden Aussagen zusammen.

Zu 4.: Das Medium Coeli und das dazugehörige 10. Haus nennen die Eigenschaften und Verhaltensweisen, mir deren Hilfe

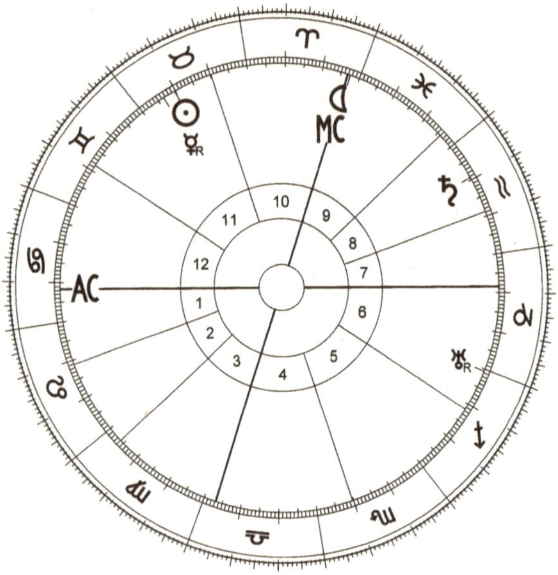

Abbildung 4

wir eventuelle Schwierigkeiten am Imum Coeli bewältigen können und ganz allgemein die, die wir entwickeln müssen, um zu einem inneren Gleichgewicht zu kommen.

Beispiel

Das Horoskop von Salvador Dalí, geboren 11.5.1904 in Figueras, Spanien, um 8 Uhr 45 GMT; zur Vereinfachung sind nur die oben genannten Planeten und Aspektplaneten angezeigt. Das vollständige Horoskop finden Sie weiter unten.

Deutung

1. Die *Zeichen der IC/MC-Achse*: *Waage und Widder*. Dalís Lebensthema sind zwischenmenschliche Beziehungen. Von

einem Menschen, der sich auf seine Partnerin, Freunde oder generell ein Netz an Beziehungen stützt, muss er sich zu einem Menschen hin entwickeln, der seine Bedürfnisse und seinen eigenen Weg behauptet und der das auch dann tut, wenn seine Bezugspersonen ihm nicht folgen. Eine ausgewogene Bereitschaft, in Beziehungen zu leben, sie aber auch aufzugeben, wenn sie mit dem persönlichen Weg nicht vereinbar sind, ist eine wesentliche Herausforderung dieser Achse.

2. Der *Mond steht im Widder im 10. Haus*. Der Aufmerksamkeitsfokus ist auf das 10. Haus gerichtet, es geht also z.B. darum, in der Gesellschaft Bedeutung zu erlangen oder einen Beitrag zur Gesellschaft zu leisten. Der Mond im Widder beschreibt eine Sichtweise, die von dem Empfinden geprägt ist, dass man in der Welt kämpfen und sich behaupten muss (hilf dir selbst, dann hilft dir Gott). Der Mond kommt aus dem 1. Haus: Der Wunsch, in der Gesellschaft etwas zu werden (sich hineinzuboxen, Mond im Widder im 10. Haus), ist eine angeborene Veranlagung. Er entspricht einem instinktiven, stark motivierenden und automatisch ablaufenden Antrieb.
3. Der *Mond hat ein Quadrat zum Uranus*. Das, was in der Gesellschaft erreicht werden soll, soll extravaganten, originellen oder erfinderischen Charakter haben und mit gängigen Regeln brechen. Es soll dazu dienen, die eigene Individualität und Besonderheit hervorzuheben. Durch das Quadrat besteht eine große Spannung und Herausforderung, die sowohl Übertreibung als auch Unsicherheit und Versagensangst beeinhaltet. Die Herausforderung besteht darin, die eigene, extravagante Selbstdarstellung (Uranus steht im 6. Haus) in eine solche Form zu bringen, dass sie von der Gesellschaft gleichzeitig als etwas Besonderes gewürdigt, dabei aber auch noch akzeptiert wird (10. Haus).
4. *Uranus kommt aus dem 8. Haus:* Das Besondere und Individuelle, das zu gesellschaftlicher Bedeutung führen soll, liegt im Bereich von Ideen (hier der eigene künstlerische Stil).

5. *Merkur steht im 11. Haus und kommt aus dem 3. Haus.* Die Überlegungen, die dazu angestellt werden, wie Bedeutung in der Gesellschaft erreicht werden kann (Mond im 10. Haus), sagen aus, dass es notwendig ist, ein eigenständiges und individuelles Profil zu erlangen (11. Haus). Dieses Profil wird durch das persönliche Auftreten und Styling sowie durch handwerkliche Fähigkeiten erreicht (3. Haus).
6. Die *Sonne steht im 11. Haus in Konjunktion mit Merkur und kommt aus dem 2. Haus:* Dalí handelt ganz im Sinne dessen, was der Merkur als Reaktionsstrategie entwickelt und dient so der Existenzsicherung (2. Haus).
7. Beide haben ein Quadrat zum Saturn als Herrscher von Haus 7 in Haus 8: In Dalí vereinen sich zwei widerstreitende Bedürfnisse: das Verlangen nach Freiheit und Extravaganz (11. Haus) und das nach Struktur und klar umrissenen Regeln, die eine eindeutige Selbst- und Rollendefinition ermöglichen. Saturn als Herrscher des 7. Hauses repräsentiert auch seine Frau Gala, von der Dalí selbst sagte: »Es ist ein Glück, von ihr beherrscht zu werden«; und: »Sie macht aus meinen Wahnideen mein Genie.« Gala »machte aus dem neurotischen, schüchternen Dalí den Markenartikel des 20. Jahrhunderts. Solange es ihr Spaß machte, war sie sein Manager, sein Antreiber, seine Krankenschwester, sein Therapeut, seine Schwester, seine Mutter – war sie alles.«[11] Das Wechselspiel von Mond Quadrat Uranus und Sonne/ Merkur Quadrat Saturn zeigt auch die Gratwanderung an, die Dalí zwischen der Anpassung an Regeln und deren Infragestellung zu gehen hatte. Diese Spannung war nur mit Kreativität zu lösen.
8. Die *tiefste Ebene der Motivation, das Imum Coeli und das 4. Haus,* liegen in der Waage. Es geht also wie schon beschrieben um Beziehungen und ein Ausgerichtetsein auf die Umwelt oder eine Partnerin. Das Thema der Herrscherin des 4. Hauses, der Venus, fällt in Dalís Horoskop mit den von Sonne und Merkur angesprochenen Themen zusam-

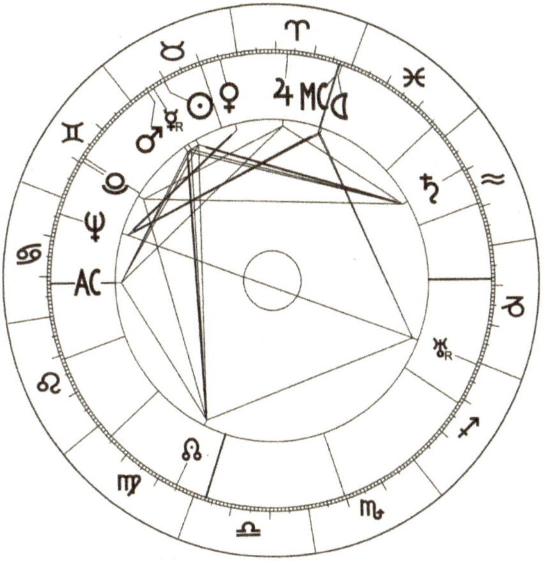

Abbildung 5: Vollständiges Horoskop von Salvador Dalí

men: Venus steht im Konjunktionsorbis zur Hausspitze 11. Das Fundament seiner Persönlichkeit und die Absicht seiner Seele liegen darin, sich für Ungewöhnliches, Herausragendes und Neuartiges (11. Haus) zu öffnen (Venus) und auf diesem Gebiet schöpferisch zu sein (4. Haus). Außerdem geht es um persönliche Freiheit und Unabhängigkeit (11. Haus). Gleichzeitig liegt in der Venus als Herrscherin von Haus 4 in Haus 11 die Angst vor Versagen, davor, zu hoch hinaus zu wollen und abzustürzen. Emotionale Sicherheit wird in Beziehungen oder in einer Beziehung gesucht (Waage-IC). Dafür war Dalí auch bereit, sich unterzuordnen und persönliche Bedürfnisse aufzugeben. Seine Ängstlichkeit ließ ihn im Privaten in der Abhängigkeit von Gala Dalí verharren, die ihm den Rahmen und die Anleitung gab (Saturn), die er zu benötigen glaubte.

9. *Mars als Herrscher des Medium Coeli und des 10. Hauses steht im 11. Haus:* Zu entwickeln ist die Bereitschaft, sich mutig mit den persönlichen Zielen durchzusetzen (Widder am Medium Coeli) und als ein Mensch, der aus der Masse herausragt (11. Haus), auch eine potenzielle Zielscheibe von Angriffen zu werden (11. Haus). Zivilcourage und Eigenständigkeit befreien aus der Abhängigkeit von Menschen, die einen glauben machen, es ginge nur mit ihnen, aber nicht ohne sie (Waage am Imum Coeli). So wird ein ausgewogenes Verhältnis zwischen den eigenen Zielen und Bedürfnissen und der Umwelt geschaffen. Mut und Eigenständigkeit sind auch bei der Durchsetzung eines eigenen künstlerischen Stils gefragt,. Dazu hat Gala ihren Mann immer wieder ermuntert.

Weitere Deutungsschritte

Der Mensch, seine instinktiven und körperlichen Anlagen und seine Beziehung zur Umwelt

1. Der Aszendent
2. Der Deszendent
3. Venus und Mars

Die Deutung folgt der gleichen Systematik: Zeichen des Hauses, sein Herrscher, seine Hausposition, seine Aspekte, Planeten im Haus und deren Aspekte.

Die AC/DC-Achse beschreibt unsere körperlichen Anlagen und instinktiven Antriebe, die durch die Umwelt aktiviert werden. Wir entscheiden durch unser Bewusstsein darüber, welchen Gebrauch wir von dieser Ebene machen wollen, gemäß dem Grundsatz: *Geist herrscht über Materie* (die AC/DC-Achse steht im Quadrat zur IC/MC-Achse). Unser Lebensauftrag (IC/MC-Achse) muss die geeignete Form finden, um sich im Körperlichen und in der Umwelt auszudrücken. Wir können uns unseren physischen Antrieben (Aszendent) überlassen oder auch den Eindrücken, Aufforderungen und Impulsen, die uns aus der Umwelt erreichen (Deszendent), und wir können versuchen, sie zu einem bewussten Ausdruck unserer Persönlichkeit werden zu lassen. Dabei geht es nicht um eine verkopfte Form der Selbstkontrolle, sondern um einen Wechsel zwischen bewusstem Reflektieren und seelischem Wachstum, der in eine natürliche innere Haltung mündet.

Das Quadrat zwischen der IC/MC-Achse und der AC/DC-Achse zeigt, dass der Mensch mehr ist als nur ein durch Instinkte und körperliche Bedürfnisse angetriebenes Wesen und dass er auch mehr ist als nur ein Wesen, das aus seiner Beziehung zur Umwelt heraus existiert. Durch die IC/MC-Achse hat er die Möglichkeit, sich als eigenständiges Individuum zu erschaffen (siehe auch das Kapitel »Das Große Kreuz«).

Nach dieser Deutungsabfolge kann die weitere Vorgehensweise nach Bedarf und Fragestellung gewählt werden. Das ist auch schon nach der Interpretation der IC/MC-Achse und von Mond, Merkur und Sonne möglich. Die Auswahl des weiteren Interpretationsverlaufs orientiert sich an den Häusern. Je nach Fragestellung werden das entsprechende Haus, sein Herrscher, Planeten im Aspekt zur Hausspitze, zu seinem Herrscher und zu Planeten im Haus herangezogen.

Das Große Kreuz – die AC/DC-Achse und die IC/MC-Achse

Traditionell wird die Achsenkombination aus Aszendent/Deszendent und Medium Coeli/Imum Coeli das Große Kreuz genannt. Diese Bezeichnung drückt ihren elementaren Stellenwert aus. Sie bildet das Grundgerüst des Horoskops. Über die Berechnung der beiden Hauptachsen besteht Einigkeit unter den Astrologen, da sie auf astronomischen, von der persönlichen Sichtweise unabhängigen Grundlagen fußt, während die Berechnung der Zwischenhäuser nach unterschiedlichen Methoden erfolgt und folglich voneinander abweichende Ergebnisse herauskommen.

Die Linie vom Aszendenten zum Deszendenten bildet die *horizontale Ebene* im Horoskop. Der Aszendent ist das am Osthorizont aufsteigende, der Deszendent das am Westhorizont untergehende Zeichen. Da wir uns mit der AC/DC-Achse auf der Ebene des Horizontes bewegen, kann die AC/DC-Achse als *Ortsachse, Raumachse* oder *Begegnungsachse* bezeichnet werden. Aufgrund der Schiefe der Ekliptik ist ihr Fortschritt ungleichmäßig, je nachdem, wie schnell das betreffende Tierkreiszeichen über den Horizont aufsteigt. Bildhaft gesprochen kann diese »eiernde« Bewegung als ein Symbol für das Auf und Ab des Lebens betrachtet werden.

Die vom IC (Imum Coeli) zum MC (Medium Coeli) verlaufende Häuserlinie bildet die *senkrechte Achse* des Großen Kreuzes. Das MC entspricht dem Tierkreiszeichengrad, der zum Zeitpunkt der Geburt die *zeitliche Mitte* zwischen seinem Aufgang und Untergang erreicht hat. Es ist der zum Zeitpunkt der Geburt kulminierende Grad. *Unter dem Gesichtspunkt der Zeit ist das MC der Höhepunkt des Horoskops – mithilfe seiner Eigenschaften können wir den Höhepunkt dessen erreichen, was in der Zeit unserer Lebensspanne für uns erreichbar ist.* Die IC/MC-Achse kann deshalb als *Zeitachse* betrachtet werden. Ihr Fortschritt ist nahezu gleichmäßig – etwa 1° alle vier Minuten (genau 3 Minuten 56 Sekunden mit geringen Schwankungen).

Die Kombination aus Raum- und Zeitachse bildet das Große Kreuz. Am Schnittpunkt der beiden Achsen befindet sich der Standort, den unser Bewusstsein letztlich einnehmen muss – die Mitte zwischen vier Polen. Wenn wir dort angelangt sind, sind wir im *Hier* (in der Mitte zwischen Aszendent und Deszendent) und *Jetzt* (in der Mitte zwischen Imum Coeli und Medium Coeli, in der Mitte zwischen Vergangenheit und Zukunft).

Die menschliche Entwicklung verläuft im Raum und in der Zeit. Wenn wir vollendet sind, werden wir nicht mehr von dem Spannungsfeld der in unserem Horoskop abgebildeten Themen hin- und hergerissen, sondern ruhen im Zentrum. Erst dann sind wir wirklich fähig, den gegenwärtigen Augenblick als das zu leben, was er ist: alles, was existiert.

Die horizontale Ebene der AC/DC-Achse

Der *Aszendent* beschreibt, mit welchen körperlichen und instinktiven Anlagen wir auf die Welt kommen – also *wer wir von unseren physischen und instinktiven Bedürfnissen her sind und wie wir uns instinktiv verhalten.* Das Zeichen des Aszendenten, sein Herrscher und eventuelle Planeten im 1. Haus sowie Aspekte zeigen die in uns angelegten *Antriebe* und *Instinkte,*[13] die uns veranlassen, aktiv zu werden und zu reagieren. Unsere körperlichen und instinktiven Bedürfnisse sowie unser instinktives Verhalten werden durch spezifische Schlüsselreize ausgelöst, die wir in der Umwelt (Deszendent) finden.[17] Unsere angeborenen Antriebe sind in uns verankerte Motivationen bzw. Impulse, die uns dazu antreiben, etwas Bestimmtes zu tun oder haben zu wollen. Dieser Bereich ist uns weitgehend unbewusst, weil die dort enthaltenen Reaktionen automatisch ablaufen. Wir lernen etwas über unsere unbewussten Reaktionsmuster und angeborenen Bedürfnisse durch die Begegnung mit anderen Menschen und der Welt insgesamt.

Das am Deszendenten untergehende Zeichen verschwindet in der unteren Hälfte der Erdkugel, es ist nach wie vor vorhanden, entzieht sich aber unserem direkten Zugriff. Der Deszendent, sein Herrscher und eventuelle Planeten im 7. Haus sowie Aspekte symbolisieren, *welche Menschen, Ereignisse und Eindrücke wir benötigen, um uns selbst (Aszendent) zu erfahren. Sie üben deshalb eine Anziehungskraft auf uns aus.* Wir (Aszendent) begegnen an einem Ort (der horizontalen Ebene) dem, was wir als die äußere – von uns scheinbar getrennte – Welt (Deszendent) erleben und erfahren uns durch das Anderssein und den Gegensatz, der gleichzeitig eine Ergänzung ist. Beide Pole der AC/DC-Achse bedingen und beeinflussen sich gegenseitig. Unser Verhältnis zur Umwelt hängt davon ab, wie wir selbst veranlagt sind. Wir begegnen der Welt gemäß unserer Natur und sie antwortet entsprechend darauf. Aszendent und Deszendent stehen in fortwährender Wechselwirkung.

Die Begegnung findet auf einer *gleichwertigen* Ebene statt. Die horizontale Linie von Aszendent und Deszendent macht keinen qualitativen Unterschied zwischen den beiden Polen – das Ich (Aszendent) befindet sich auf derselben Ebene wie das Du (Deszendent). Wenn ein Mensch einem anderen begegnet, sind beide in ihrer Daseinsberechtigung gleich. Ein Steinbock-Aszendent bedingt einen Krebs-Deszendenten und umgekehrt: Unsere Veranlagung (Aszendent) bedingt eine bestimmte Art von Umwelt und zwischenmenschlichen Beziehungen (Deszendent).

Die vertikale Linie der IC/MC-Achse

Die IC/MC-Achse ist die Achse unserer seelischen Entwicklung, die durch die Entwicklung unseres Bewusstseins entsteht. In diesem Sinne kann sie auch als Identitätsachse bezeichnet werden. Da sie durch den Faktor Zeit bestimmt wird, ist sie ein Bild dessen, was wir in der Zeit unserer Lebensspanne verwirklichen können. Ihr fast gleichmäßiger Fortschritt tickt wie ein Metronom, dessen Zeiger immer in die gleiche Richtung zeigt. Das legt das Bild eines Wegweisers nahe, der uns mitteilt: *Dort geht es lang*, das ist *die große Richtung*, die im Auf und Ab des Lebens beizubehalten ist. Das Imum Coeli stellt dabei das Fundament und die seelische Ausgangsbasis dar, die Quelle unseres Seins, durch die wir unsere Persönlichkeit gestalten. Das Medium Coeli nennt die ergänzenden Eigenschaften, die wir in der besten denkbaren Form entwickeln und integrieren müssen, um unser Bewusstsein und unsere Persönlichkeit wachsen zu lassen.

Dane Rudhyar sieht in der senkrechten Achse des Horoskops ein Bild des sich aufrichtenden Menschen. Der Mensch ist das einzige Lebewesen in der uns bekannten Natur, das die Eigenschaft des reflektierenden Denkens hat. Der aufrechte Gang entspricht unserer Fähigkeit, uns über die horizontale Ebene des reinen Ich und Du zu erheben, auf der wir ausschließlich in Reiz-Reaktionsmustern gefangen sind. Durch unser Bewusstsein, das der Ausdruck unserer Persönlichkeit ist, setzen wir der materiellen Welt, in der das Gesetz der Entropie herrscht, eine entgegengesetzte Bewegung entgegen: Während dort geordnete Zustände in weniger geordnete übergehen, sodass Zerfalls- und Alterungsprozesse entstehen, können wir durch die Entwicklung unseres Bewusstsein *mehr* Ordnung schaffen.

Eine genaue Beschreibung der Bedeutung von Imum Coeli und Medium Coeli finden Sie in den Kapiteln »Das Schöpfungsprinzip in der Astrologie« sowie »Vorgehensweise für die Deutung der IC/MC-Achse«.

Die Beziehung zwischen der AC/DC-Achse und der IC/MC-Achse

Die AC/DC-Achse und die IC/MC-Achse beschreiben beide, wer wir sind, die eine auf der körperlichen und materiellen Ebene, auf der Begegnungen stattfinden, die andere auf der emotionalen und seelischen.

Die eigentliche Definition dessen, was wir als Persönlichkeit sein können und sein wollen, findet am IC statt. Die Reaktionen des 1. Hauses sind instinktive, automatische, unbewusste. Auch im 4. Haus können wir unbewusst im Sinne alter, fest gefügter seelischer Muster reagieren. Dort können wir aber Bewusstsein entstehen lassen und festlegen, wer wir in Beziehung zu dem sein wollen, was wir instinktiv empfinden (Aszendent) und zu dem, was von außen auf uns zukommt (Deszendent). Wir entscheiden, welche Reaktionen wir produzieren wollen und welche nicht.

Der Mensch als Wesen mit der Fähigkeit, bewusst zu reflektieren, kann sich seinen automatischen Reaktionen auch bewusst widersetzen (IC Quadrat AC), wenn sie nicht dem entsprechen, was er als Person sein will (IC). Auch für unsere automatischen Reaktionen gibt es verschiedene Ausdrucksebenen, unter denen wir wählen können.

Durch die Entscheidung, wer wir sein wollen und wer nicht, machen wir uns auch in gewissem Umfang von der Umwelt unabhängig (IC Quadrat DC), indem wir selbst bestimmen, wer wir in Bezug auf die Umwelt sein (IC) und wie wir reagieren wollen (AC). Die Selbstbestimmung dessen, wer und was wir sein wollen, findet am IC statt und führt über die Ziele, die wir am Medium Coeli entwickeln.

Marshall B. Rosenberg schreibt in seinem Buch *Gewaltfreie Kommunikation*[14] im Kapitel über den Ärger, dass wir den Auslöser des Ärgers von der Ursache unterscheiden müssen: »Das, was andere Menschen tun, ist niemals die Ursache für das, was wir fühlen.« Astrologisch gesehen liegt der Auslöser unseres Ärgers im 7. Haus. Was wir dazu fühlen – d. h. die Entscheidung, die wir darüber treffen, wie wir fühlen wollen – findet im 4. Haus statt. Diese Entscheidung beeinflusst auch unsere Reaktionen am Aszendenten, die wir in unterschiedliche Bahnen lenken können. Nach Rosenberg findet sich im Kern jeden Ärgers (Gefühl) ein Bedürfnis, das nicht erfüllt ist. Dieses Bedürfnis kann emotionaler (IC) oder körperlicher (AC) Art sein.

»Wenn z.B. jemand zu spät zu einer Verabredung kommt und wir die Bestätigung brauchen, dass wir ihm etwas bedeuten, dann fühlen wir uns vielleicht verletzt. Wenn wir stattdessen das Bedürfnis haben, unsere Zeit sinnvoll und konstruktiv zu verbringen, sind wir vielleicht frustriert. Wenn wir andererseits das Bedürfnis nach einer stillen halben Stunde haben, dann sind wir unter Umständen sogar dankbar für die Verspätung und ärgern uns keineswegs. So wird deutlich, dass nicht das Verhalten des anderen, sondern unser eigenes Bedürfnis unser Gefühl hervorruft.«[15]

Hier wird das Quadrat zwischen der IC/MC-Achse und der AC/DC-Achse mit einer Erfahrung aus dem täglichen Leben beschrieben, die wir alle kennen. Etwas in der Umwelt (Deszendent), z.B. eine potenzielle Partnerin, ein potenzieller Partner, löst in uns das Verlangen aus, mit ihm in Kontakt zu treten. Wir wollen auf diesen Menschen zugehen, möchten, dass er auf uns reagiert. Wenn das aus irgendwelchen Gründen nicht möglich ist, entsteht Frustration (Aszendent). Die letzte Entscheidung, wie wir uns damit fühlen und welche Reaktionen wir produzieren, findet jedoch an der Wurzel unserer Persönlichkeit in Übereinstimmung mit unseren Glaubenssätzen statt (IC).

Das Quadrat zwischen der IC/MC-Achse und der AC/DC-Achse zeigt, dass der Mensch mehr ist, als nur ein durch Instinkte und körperliche Bedürfnisse angetriebenes Wesen und dass er auch mehr ist als nur ein Wesen, das aus seiner Beziehung zur Umwelt heraus existiert. Durch die IC/MC-Achse hat er die Möglichkeit, sich als eigenständiges Individuum zu erschaffen.

Weitere Deutungsgrundlagen

Kulminierende Planeten

Kulminierende Planeten bilden ein Quadrat zur AC/DC-Achse (für Hauptachsen gilt ein maximaler Aspektorbis von 3° nach beiden Seiten. Das Quadrat wird hier von der oberen Horoskophälfte aus gebildet). Ein Planet, der ein Quadrat zu Aszendent und Deszendent bildet, hat die Hälfte seines Tagbogens zurückgelegt. Er steht in der Mitte zwischen seinem Auf- und Untergang. Er bildet damit eine Analogie zum Medium Coeli, das der

Tierkreisgrad ist, der zum Zeitpunkt der Horoskopberechnung seine Kulmination erreicht hat. Unter dem Gesichtspunkt der Zeit sind beide Faktoren gleich zu bewerten. Räumlich gesehen kann dieser Planet höher als das Medium Coeli stehen. Seine Qualität fließt in das Lebensthema ein.

Für eine grundsätzliche Deutung kann das Kapitel gelesen werden, das dem Tierkreiszeichen entspricht, über das der Planet herrscht. Für eine genauere Deutung sind der Planet selbst, das Haus, aus dem er kommt, und seine Aspekte zu berücksichtigen.

Das Gleiche gilt für Planeten, die von der unteren Horoskophälfte aus ein Quadrat auf Aszendent und Deszendent bilden. Sie sind mit in die Deutung des IC einzubeziehen.

Beispiel

In der Radixabbildung steht der Aszendent auf 21° 15' Löwe, Uranus auf 22° 15 Minuten Stier. Uranus bildet damit ein fast exaktes Quadrat auf die AC/DC-Achse. Für dieses Horoskop gilt das Kapitel *Stier am MC* und auch das Kapitel *Wassermann am MC.* Die Aussagen beider Kapitel müssen verbunden werden, was nicht ganz einfach ist, da Stier und Wassermann große Unterschiede aufweisen.

Uranus am Quasi-MC ist auch nicht identisch mit Wassermann am MC, es bestehen jedoch sehr ähnliche Themen. Der betreffende Mensch muss also z.B. ein Gefühl für seinen Körper und für Wohlbefinden ganz allgemein entwickeln und sich seine Gruppe von Menschen suchen, bei der er sich wirklich wohl fühlt. Zusätzlich fordert Uranus ihn dazu auf, Individualität und Eigenständigkeit zu entwickeln, sich also nicht mit anderen um der Zusammengehörigkeit willen zu identifizieren.

Bei dieser Uranusposition ist auch das Quadrat zu Aszendent und Deszendent zu beachten. Es kann z.B. auf Entscheidungsschwierigkeiten in Beziehungen hinweisen.

Von den Aspekten, die Planeten zum Medium Coeli oder

zum Imum Coeli bilden können, sind in erster Linie die Konjunktion und das Quadrat wichtig. Wer weiter gehende Aspekte einbeziehen möchte, kann noch das Anderthalbquadrat (135°), das Bilin (75°) und das Septil (51°, genau 51° 42') berücksichtigen.

Planeten in Konjunktion und im Quadrat zum Medium Coeli bzw. zum Imum Coeli haben eine starke Wirkung und beeinflussen das jeweilige Thema im Sinne der Planetenqualität und des Hauses, über das er herrscht, sowie im Sinne der Aspekte.

Eingeschlossene Zeichen

Wie bei allen anderen Häusern können durch die Häuserverteilung auch am Imum Coeli und am Medium Coeli eingeschlossene Zeichen vorkommen. Das eingeschlossene Zeichen hat den gleichen Stellenwert wie das Zeichen an der Hausspitze. Deshalb sollten beide MC-Kapitel gelesen werden. Für eine detaillierte Interpretation sind beide Zeichen und ihre Herrscher einzubeziehen.

Die Problematik bei eingeschlossenen Zeichen besteht darin, dass es sich um benachbarte Tierkreiszeichen handelt, die sich fremd sind, sodass sehr unterschiedliche Energien miteinander zu vereinen sind (siehe das Kapitel *Die Beziehung von Tierkreiszeichen und Häusern untereinander*).

Die Beziehung von Tierkreiszeichen und Häusern untereinander

Jedes Tierkreiszeichen und jedes Haus kann über die Aspektstruktur verstanden werden, die es innerhalb des Horoskops bildet. Tierkreiszeichen bzw. Häuser, die im Quadrat zueinander stehen, haben eine große Spannung bis hin zur Widersprüchlichkeit. Sie stellen füreinander die größte Herausforderung dar, da die beteiligten Themen nur schwer im Gleichgewicht zu halten sind. Das

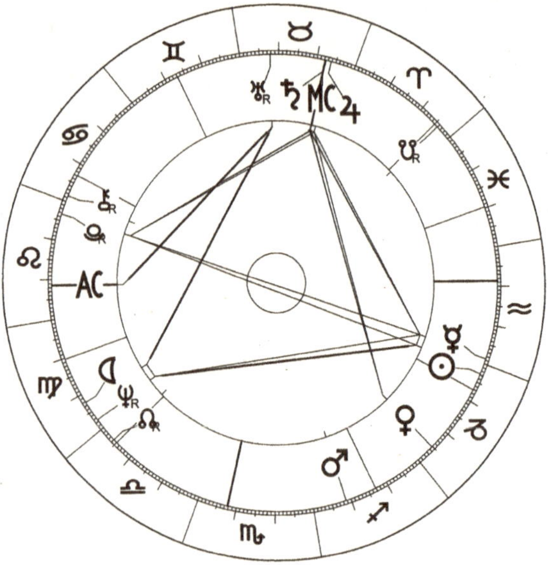

Abbildung 6: Planeten in Konjunktion mit dem IC oder MC oder im Aspekt dazu

Quadrat verlangt Einsatz und Kreativität, um geeignete Lösungen zu finden. Es hat deshalb einerseits Saturnqualität (Arbeit, Einsatz, Geduld, Leistung), aber auch Uranusqualität (kreative Ideen, Umdenken, neue Wege gehen, aber auch: aus der Balance geraten). Um unser Bedürfnis nach langfristigen Bindungen (Skorpion, 8. Haus) und Sicherheit (Stier) mit unserem Verlangen nach Freiheit und Individualität (Wassermann) und einem eigenständigen Lebensweg (Löwe) zu vereinen, bedarf es eines kontinuierlichen Einsatzes und ständiger Erfindungsgabe. In diesem Sinn sind Quadrate besondere Aufforderungen zu Persönlichkeitswachstum.

Benachbarte Zeichen und Häuser sind sich fremd. Sie sind nicht widersprüchlich wie beim Quadrat, sondern haben einfach völlig unterschiedliche Orientierungen. Widder und Stier denken und leben in völlig unterschiedlichen Welten, Skorpion und Schütze ebenso. Gleichzeitig ist das nachfolgende Zeichen bzw. Haus immer die logische Fortentwicklung des vorhergehenden. Alle Tierkreiszeichen und Häuser bauen in einer sinnvollen Reihenfolge aufeinander auf.

Fremd sind sich auch die Zeichen und Häuser, die im Quincunx zueinander stehen (150°) wie Krebs und Schütze oder Widder und Jungfrau. Tierkreiszeichen und Häuser, die durch ein Sextil verbunden sind, weisen Übereinstimmungen auf, regen sich allerdings gegenseitig an und brauchen kreative Energie, die jedoch leicht zur Verfügung steht, um miteinander zurechtzukommen. Trigonverbindungen dagegen sind ausgesprochen harmonisch, stellen gewissermaßen Geschenke dar, die uns in die Wiege gelegt wurden, die aber auch kein besonderes Wachstumspotenzial enthalten.

Der Fluchtpunkt der IC/MC-Achse – wie wir vermeiden, was wir lernen sollen

Jedes MC-Kapitel enthält einen Abschnitt mit dem Titel *Ihr Fluchtpunkt.* Damit ist der Bereich im Horoskop angesprochen, zu dem wir greifen, wenn uns die Herausforderung unserer IC/MC-Achse zu groß erscheint. Dabei handelt es sich um das Tierkreiszeichen, das ein Quadrat zur IC/MC-Achse bildet (siehe vorheriges Kapitel *Die Beziehung von Tierkreiszeichen und Häusern untereinander*). Dieses Tierkreiszeichen kann mit dem Aszendenten identisch sein, muss es aber nicht.

Der Fluchtpunkt stellt eine Ausweichstrategie dar, mit deren Hilfe wir das vermeiden, wovor wir Angst haben oder was uns zu mühsam ist. Für den Stier am Medium Coeli ist der Löwe der Fluchtpunkt. Er ist in dem weiter oben abgebildeten Radix gleichzeitig der Aszendent.

Der Fluchtpunkt enthält jedoch nicht nur Vermeidungsstrategien, sondern auch Ressourcen. Wer Stier am Medium Coeli hat, kann sich vor der Aufgabe, sich aus einem Umfeld sowie von Bindungen zu lösen, die ihm nicht gut tun, nicht nur dadurch drücken, dass er sich wichtig und unabkömmlich fühlt (Löwe), sondern er kann auch ein freies und unabhängiges Selbstbewusstsein entwickeln (Löwe) und so den Mut aufbringen, zu sich zu stehen.

Der Weg der Edith Piaf

Am 29. Dezember 1960 steht Edith Piaf nach einer schweren Operation und dem Befund, dass ihr Körper durch und durch von Krebs befallen ist, wieder auf der Bühne des *Olympia* und singt ihr Lebensbekenntnis *Nein, ich bereue nichts*. Drei Jahre vor ihrem Tod teilt sie so das Resümee eines Lebens mit, das von Einsamkeitsängsten, Krankheiten, Sucht und verlorenen Lieben, aber auch von einer unglaublichen Fülle an Erfolg, Zuneigung und Wertschätzung geprägt war. Trotz aller Tiefs hat die »Piaf« – der »Spatz« – nie wirklich aufgegeben. Sie lebte nach dem Leitsatz: *Mut heißt, bis zum Ende zu gehen.* Ihr unverwüstlicher Optimismus, ihre Vitalität und Leidenschaft zog Männer wie Marcel Cerdan, Yves Montand, Georges Moustaki, Charles Aznavour, Eddie Constantine, Douglas Davies, Jean Cocteau und viele andere in den Bann einer Frau, die »als klein mit einem mächtigen Kopf auf den Schultern«[16] beschrieben wird und die sich selbst als hässlich empfand. Viele Jahre war auch Marlene Dietrich die treue, sorgende Freundin an ihrer Seite.

Edith Piaf wird in schwierige Bedingungen hineingeboren (Aszendent auf 23° Skorpion, ein Tierkreisgrad, der den Inhalt Saturn/Uranus hat[17], die unruhigen, zersplitterten Verhältnisse). Ihr Vater, Louis-Alphonse Gassion, ist »Parterreakrobat, ein Schlangenmensch, der sein Gesicht um 180° wenden, sich selbst aufs Steißbein schauen kann«. Ihre Mutter, die siebzehnjährige Anetta, eine »Nougatverkäuferin vom Jahrmarkt, die außerdem ein winziges Pferdekarussell betreibt und sich gelegentlich als Sängerin hören lässt«,[18] stammt aus einer Gruppe von Berbern, die für ihre Freiheitsliebe bekannt sind. Beide sind es gewohnt, ohne feste Bindungen und ohne Heimat zu leben. Als Louis-Alphonse vor Ediths Geburt zum Militär einberufen wird, ist Anetta ohne Partner nicht stark genug, »ihrem Leben Sinn und Halt zu geben«[19] und auch noch ein Kind zu versorgen. Sie ergibt sich mehr und mehr dem Alkohol, streift durch die Kneipen und beginnt zu verwahrlosen. (Die Hausspitze 4 von Edith Piaf liegt in den Fischen und zwar auf 12°, was einer Verbindung von Jupiter mit Neptun entspricht.[20] Jupiter/Neptun ist die um ein vielfaches intensivierte Form des Neptun, also im negativen Sinn Haltlosigkeit und Suchttendenzen; Neptun als Herrscher des 4. Hauses steht an der Spitze des 9. Hauses, was als Hauskonstellation nochmals Jupiter/Neptun entspricht.[21])

Edith wird zu ihrer Großmutter abgeschoben, doch die kann sich auch nicht wirklich um sie kümmern, da sie ebenfalls Alkoholikerin ist. Sie gibt ihr Rotwein ins Fläschchen, um sie ruhig zu stellen (Deszendent auf 23° Stier = Saturn/Uranus, Mangel- und Fehlernährung; der Deszendent entspricht der Mutter der Mutter, da er das 4. Haus vom 4. im Radix ist), und reibt sie mit billigem Fusel ab, um sie zu waschen. »Unterernährt, rachitisch, mit ihrem dürren Hälschen kaum in der Lage, den Kopf zu steuern, geistig wie seelisch verhungert, so findet Louis-Alphonse seine Tochter vor, als er aus dem Krieg zurückkehrt.«[22] Ediths Vater ist jedoch auch »eher ein Hallodri, der es faustdick hinter den Ohren hat. Der täglich eine Flasche Pastis schlürft. Dem es nicht nur einmal passiert ist, in einem fremden Bett zu erwachen und eine ihm unbekannte Frau neben sich zu finden«[23] (Mars als Herrscher des 5. Hauses steht im 9. Haus = Sonne/Jupiter, der Hallodri, Schürzenjäger, der gerne trinkt, Mars Spiegelpunkt Neptun, auch Mars im 9. Haus = Mars/Jupiter). Er übergibt Edith seiner Mutter, die sie zu sich nimmt. »Zu sich« ist das Bordell, in dem sie als Köchin arbeitet. Dort wächst sie auf, von den Prostituierten liebevoll umhegt.

Als ein heimtückisches Leiden ihr Augenlicht gefährdet und die Mediziner wenig Hoffnung machen, kommt die Chefin des

Etablissements auf die Idee, nach Lisieux zur Heiligen Theresa zu pilgern. Wenige Tage nach der Pilgerfahrt erlangt Edith ihre volle Sehkraft wieder (Jupiter/Neptun am Imum Coeli und Jupiter im 4. Haus, der intensive Glaube, der ein Wunder geschehen lässt).

Louis-Alphonse nimmt Edith notgedrungen wieder zu sich, als der Pfarrer der Schule ihm ins Gewissen redet, er müsse seine Tochter »aus dem Sündenpfuhl befreien«. Seit Jahren fährt er mit einem Wohnwagen durch Frankreich und Belgien, um sich auf Jahrmärkten das nötige Geld zu verdienen. Von 1923 bis 1930 zieht Edith mit ihm durch das Land. Eine harte Zeit beginnt. Sie muss für den Vater kochen, mit seinen häufig wechselnden Partnerinnen umgehen, sie als Tagesmütter akzeptieren (Imum Coeli auf 12° Fische = die große seelische und emotionale Betäubung). Sie lernt, sich mit List und Erfindungsgabe auf der Straße, im außerbürgerlichen Milieu durchzuschlagen (Sonne Konjunktion Merkur im 2. Haus). »Sie leben von der Hand in den Mund, animalisch, ohne Zwänge, ohne Kandare. Keine Eltern, keine Lehrer, keine Chefs«[24] (12° Fische am Imum Coeli und 23° Skorpion am Aszendenten). Schließlich findet Louis-Alphonse eine Lebensgefährtin, die ihm eine Tochter schenkt. Edith spürt, dass sie von nun an für den Vater nur noch eine Nebenrolle spielt. Zum zweiten Mal erlebt sie die schmerzliche Erfahrung des Alleingelassenwerdens (Jupiter/Neptun, die grenzenlose Einsamkeit). Liebe wird für sie zu etwas Zerbrechlichem, Flüchtigem. Diese

Non, rien de rien
Non, je ne regrette rien
Ni le bien qu'on m'a fait,
ni le mal
Tout ca m'est bien égal
Non rien de rien
Non, je ne regrette rien
C'est payé, balayé, oublié
Je me fous du passé
Edith Piaf

Nein, nichts
Ich bereue nichts
Weder das Gute,
das man mir erwiesen hat,
noch das Schlechte
Das alles ist mir gleichgültig
Nein, nichts
Ich bereue nichts
Es ist bezahlt,
ausgewogen, vergessen
Die Vergangenheit
ist mir gleich
Edith Piaf

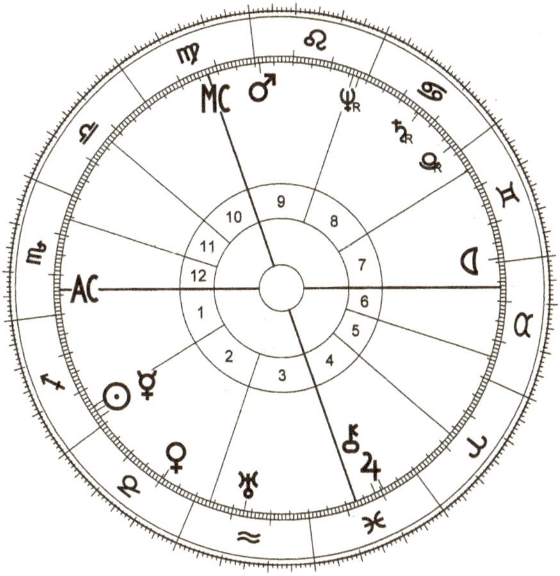

Abbildung 7

Erwartung bestätigt sich in ihrem späteren Leben: Nie habe sie den Menschen, den sie liebte, lang in den Armen halten können, klagt sie.

Der Gegenpol der Einsamkeit mit Jupiter/Neptun ist die grenzenlose Glückserwartung, die in Edith Piafs Horoskop noch durch den Jupiter im 4. Haus verstärkt wird (Mond/Jupiter). Ein Leben lang sehnt sie sich nach Erlösung und nach dem Absoluten, das alle Widersprüche und Schwierigkeiten heilt. Sie sucht es in anderen Menschen, in ihren Liebesbeziehungen (Mond im 7. Haus), im Alkohol und im Morphium, in den sie nach einem schweren Autounfall verfällt (Jupiter/Neptun). Wie ihr Vater die Geliebten so wechselt sie die Liebhaber oft in rasendem Tempo (Mars als Herrscher des 5. Hauses steht im 9. Haus, Sonne/Jupiter, Mars/Jupiter). Maß halten ist nicht ihre Sache (Jupiter/Neptun, Mond/Jupiter). Der Alkohol begleitet sie das ganze Leben, Morphium einen großen Teil davon. Entziehungskuren, Rückfälle, ein erneuter Entziehungsversuch. Der Tod von Marcel Celan, zerbrochene Liebschaften und wieder die Suche nach der *blauen Blume*, nach dem von der Einsamkeit erlösenden Glück und der allumfassenden Liebe (Jupiter/Neptun).

Ihr Medium Coeli liegt auf 12° Jungfrau (Merkur/Jupiter). Die ausgleichenden und ergänzenden Eigenschaften haben also mit einer sehr ausgeprägten Form der Jungfrau zu tun: Zugang zu den eigenen Gefühlen und Motivationen finden, diese zeigen lernen; Maß halten oder bereit sein, physische oder finanzielle Substanz zu opfern (Merkur steht als Herrscher über das 8. Haus im 2. Haus in Konjunktion zur Sonne = Venus/Pluto); seinen Platz im Leben finden (Jungfrau am Medium Coeli), um seelische Sicherheit und Geborgenheit zu gewinnen (Fische am Imum Coeli). Edith Piaf war vernünftig, ordnend und planvoll (Jungfrau am Medium Coeli) denjenigen Menschen gegenüber, an die sie sich gebunden hatte (Mond als Herrscher von Haus 8 in Haus 7). Sie war bereit, für diese Menschen ihre finanziellen Mittel einzusetzen (Merkur als Herrscher des 8. Hauses im 2. Haus), was ebenfalls Teil ihres Lebensthemas ist (Merkur ist Herrscher des 10. Hauses). Sie hat so zahlreichen jungen Sängern zu ihrem Debüt verholfen, große Geldsummen verdient und wieder durchgebracht. (Beides entspricht Jupiter als Herrscher des 2. Hauses im 4. Haus, was auf eine tiefe Bereitschaft zur finanziellen Großzügigkeit hindeutet.)

Edith Piaf hat in ihrem Leben alles bis zur Neige ausgekostet. Ihr tiefster innerer Abtrieb war, nach Glück zu suchen, nach dem Absoluten, nach dem Wunderbaren, nach magischen Augenblicken (12° Fische am Imum Coeli, Neptun im 9. Haus). Sie schuf sich eine Leben, in dem ihre frühen Glaubenssätze vom Verlassenwerden und der Zerbrechlichkeit der Liebe bestätigt wurden, doch

Das Leben ist wundervoll. Es gibt Augenblicke, da möchte man sterben. Aber dann geschieht etwas Neues und man glaubt, man sei im Himmel.
Edith Piaf

auch eines, in dem es rauschhafte Augenblicke der Liebe und der Ekstase gab. Sie übertrieb (Jupiter/Neptun und Mond im 4. Haus), ging durch extreme Hochs und Tiefs, verlor über dem Auf und Ab ihrer Drogenabhängigkeit ihren Mann Jacques Pills und ihre Freundin Marlene Dietrich, die resigniert aufgaben, sodass sich ihr Urtrauma bestätigte (mangelndes Maßhalten und Vernunft, Jungfrau-MC führen zu Verlust in festen Beziehungen: Merkur ist Herrscher von Haus 10 und Haus 8). Sie überstand schwierigste Bedingungen mit dem ihr eigenen Vertrauen und Lebensmut (Jupiter im 4. Haus), wobei es darum ging, sich selbst und ihrer Wahrheit treu zu bleiben (Jupiter/Neptun). Ihr Jungfrau-MC verhalf ihr dazu, sich nicht unterkriegen zu lassen. Gleich, was geschah, sie verstand es, durch den Schmerz hindurch und mit den Ereignissen zu gehen.

Nach gängigen Maßstäben hat Edith Piaf verloren, sie hat gekämpft und nicht gesiegt. Ihre unstillbare Sehnsucht musste sie mit einem frühen Tod bezahlen. Doch der Spatz von Paris hat so gelebt, wie es seinem tiefsten Seelenantrieb entsprach: ekstatisch, extrem, sich allen Grenzen und bürgerlichen Moralvorstellungen verweigernd.

Ich habe gelebt.
Edith Piaf

Das Horoskop der Edith Piaf ist aktueller denn je, obwohl ihr Tod fast 40 Jahre zurückliegt. Sie drückt das Lebensgefühl vieler Menschen von heute aus: den Wunsch nach einem intensiven, erfüllenden und sinnerfüllten Leben, auf das wir am Ende mit Zustimmung zurückblicken können, die Bereitschaft, auch mit größten Widrigkeiten zurechtzukommen, und die Fähigkeit, immer wieder aufzustehen und neu zu beginnen.

Widder am MC

Entdecken Sie Ihre individuellen Anlagen und stehen Sie dazu

Aszendenten in der nördlichen Hemisphäre:

Krebs, Löwe[25]

Waage am IC: Die Urquelle Ihrer Wirklichkeit

- Ihr tiefstes Wesen strebt nach Kontakt, Austausch und Kooperation
- Sie haben sich ein Netz von Beziehungen geschaffen
- Ihr Leben kreist immer wieder um die Frage, wie Sie Ihr Verlangen nach Beziehungen mit Ihren persönlichen Wünschen und Bedürfnissen in Einklang bringen
- Sie haben Angst vor Ablehnung und Disharmonie
- Sie haben eine angeborene Begabung zu strategischem Verhalten, das ohne Konflikte sein Ziel erreicht
- Sie wollen gewinnen, denn Erfolg ist Ihr Lebenselixier

Widder am MC: Ihr Leitstern auf dem Weg zu Ihrem Lebensziel

- Entdecken Sie Ihre individuellen Anlagen, die Sie von anderen unterscheiden
- Entwickeln Sie den Mut, zu Ihren Bedürfnissen zu stehen
- Verfolgen Sie Ihre Ziele mit Energie, Durchsetzungskraft und persönlichem Einsatz
- Sehen Sie die positiven Seiten von Konfrontationen – entwickeln Sie Kampfgeist
- Sehen Sie sich als Pionier und Eroberer, wagen Sie Alleingänge
- Lassen Sie sich durch Hürden und Widerstände anspornen
- Übernehmen Sie die Rolle des Motors, Vorreiters oder Kämpfers für andere

Waage am IC: Die Urquelle Ihrer Wirklichkeit

Sie finden Erfüllung durch Begegnungen, Austausch und Beziehungen

Begegnungen aller Art sind es, die Sie erfüllen. Sie sind vielseitig interessiert und offen für alles, was Sie aufnehmen und integrieren können: Denkweisen, Ideen, Erlebnisse, Informationen, Wahrnehmungen, Menschen. Sie lieben es, die Welt und ihre Phänomene zu betrachten, sie auf sich wirken zu lassen und sich Gedanken darüber zu machen. Sie brauchen es, in Beziehung zu sein.

Eure Freunde sind die Antwort auf eure Sehnsüchte.
Khalil Gibran

Sie kooperieren gern mit anderen. Durch das Zusammenführen unterschiedlicher Elemente fühlen Sie sich in Ihrer Kreativität angeregt. Es ist, als würden Sie erst so vollständig. Menschen, Erlebnisse und Eindrücke – etwas von außen – ergänzt Sie durch sein Anderssein, das zu Ihnen passt wie der Schlüssel zum Schloss. Sie erfahren sich selbst durch das, was Sie nicht sind, in der gegensätzlichen Natur anderer, in dem Widerspruch, den die Ereignisse dann und wann zu Ihren Absichten bilden. Und Sie erfahren sich ebenfalls durch Harmonie und Ergänzung mit der Welt um Sie herum. Dies mag wie ein Thema klingen, das jeden Menschen betrifft, und tatsächlich ist es das in gewisser Weise auch, doch für Sie gilt es in besonderem Maße: Anziehung und Abstoßung, Ähnlichkeit und Gegensatz sind die Kräfte, durch die Sie zu sich selbst finden.

Der Mensch ist nicht nach dem zu beurteilen, was er weiß, sondern nach dem, was er liebt.
Aurelius Augustinus

Was Sie tun, machen Sie gern zusammen mit Ihrem Partner, einem Freund, einem Arbeitskollegen oder in einem Team. Deshalb fällt es Ihnen nicht leicht, sich zu unabhängigen Entscheidungen durchzuringen. Sie wollen andere nicht durch einen Alleingang verärgern und ziehen es deshalb oft vor, sich zu arrangieren. Bei Ihren Plänen, Entscheidungen, Ansichten und

Handlungen beziehen Sie Ihre Umgebung mit ein. Sie können ausgesprochen großzügig sein und empfinden Glück, wenn andere Menschen Ihnen dafür Zuneigung entgegenbringen. Sie suchen Harmonie und manchmal sind Sie auch harmoniesüchtig. Konflikten gehen Sie so weit wie möglich aus dem Weg. Um Übereinstimmung zu erzielen, passen Sie sich in Ihren Worten und in Ihrem Auftreten mit viel Fingerspitzengefühl der jeweiligen Situation an. Sie haben ein feines Gespür dafür, was Ihre Umgebung akzeptiert und was nicht, und stellen sich darauf ein. Das bedeutet jedoch nicht zwingend, dass Sie das Wesen anderer wirklich verstehen. In erster Linie bemühen Sie sich darum, entgegenkommend, positiv und angenehm zu wirken und so die äußere wie auch Ihre innere Harmonie zu wahren.

Da Sie Wert auf eine entspannte Atmosphäre legen, kann es sein, dass Sie so tun, als ob alles in bester Ordnung wäre, anstatt sich offen mit einer unliebsamen Wahrheit auseinander zu setzen und dadurch Missklang zu erzeugen. Wer Sie dazu bewegen will, unmissverständlich Ihre Meinung zu sagen und Partei zu ergreifen, wird es ziemlich schwer haben. Sie sagen nicht gern unverblümt Ihre Meinung. Auch kommt es Ihnen egoistisch und rücksichtslos vor, einfach zu tun, was nur Sie möchten. Dabei geht es Ihnen nicht um Etikette und die Frage, ob »man« etwas tut oder nicht. Es widerstrebt Ihnen lediglich, sich auf Konfrontationen einzulassen. Dabei könnten Sie die Chance versäumen, Probleme gerade durch Offenheit und Direktheit zu vermeiden.

Was Schönheit für Sie bedeutet

Sie lieben das Schöne, das Ästhetische, das Faire, das Ausgewogene, das Unparteiliche. Sie ergehen sich gern in einer losgelösten Betrachtung der Dinge und fühlen sich besonders in Augenblicken wohl, in denen Sie nicht selbst tätig werden müssen.[26] Ihre Neigung zum Kultivierten lässt Sie von allem

Abstand nehmen, was Ihnen grob oder unelegant erscheint. Wie die Chinesen lieben Sie es, den Weg der Mitte zu gehen, bei dem Ausgleich und Ausgewogenheit die obersten Prinzipien sind. Alles Fanatische und Extreme ist Ihnen fremd, Sie lehnen es ab, einseitig zu sein. Eine Ihrer großen Vorzüge ist die Gabe, eine harmonische Atmosphäre zu schaffen, weil Sie in allem eher das Verbindende als das Trennende sehen. Sie verfügen über ein bewundernswertes Talent, einen gelungenen Abend oder ein gemeinsames Projekt zu organisieren. Immer wenn es darum geht, das Zusammensein von Menschen in eine angenehme und stilvolle Form zu bringen, sind Sie in Ihrem Element. Sie sehnen sich zutiefst danach, in einer Welt zu leben, in der die Dinge schön, vollkommen und ausgewogen sind. Vielleicht träumen Sie von einer Welt, in der niemand alt wird, niemand leidet, alle sich verstehen und guter Dinge sind – Sie schaffen sich eine ideale Vision. Um dieses Bild aufrechtzuerhalten, laufen Sie möglicherweise mit einer rosaroten Brille durch die Welt.

Schön ist alles, was wir mit Liebe betrachten.
Christian Morgenstern

Ihr tiefes Verlangen, Ihre Bedürfnisse und Ziele auch gegen andere zu behaupten

Ihre freundliche Art kann zu Zeiten sehr plötzlich ins Gegenteil umschlagen, dann, wenn Sie sich in Ihren Wünschen und Plänen ernsthaft behindert sehen, oder wenn andere Ihren Freiraum, Ihren Erfolg oder Ihre Ziele beschneiden. Vor allem, wenn Sie sich die meiste Zeit auf der Seite des harmonischen Arrangements bewegt haben, kann aus Ihnen ein sehr verärgerter, sehr wütender, vielleicht sogar verletzender Mensch hervorkommen. Sie wollen sich nicht durch Freundlichkeit einlullen und von sich selbst abbringen lassen. Sie verlangen danach, sich als ein unverwechselbares und einzigartiges Individuum bestätigt zu sehen,[27] das seinen eigenen Beitrag zum Leben leistet, der von anderen unabhängig ist. Es drängt Sie, dort erfolgreich zu sein, wohin es Sie spontan zieht.[28] Dieses Bedürfnis kann sich auf persönliche und zwischenmenschliche Themen beziehen und ebenso auf berufliche und gesellschaftliche Fragen, die Ihnen am Herzen liegen: z.B. Ihr privater oder beruflicher Freiraum, den Sie wahren wollen, Ihre Durchsetzungsfähigkeit in Beziehungen, Ihre Sexualität, Ihre Sicherheitsbedürfnisse. Dort, wo Ihre angeborenen natürlichen Bedürfnisse liegen, möchten Sie mit anderen sein, ohne sich selbst zu verleugnen. Die Menschen in Ihrer Umgebung sollen Anteil an Ihren Erlebnissen nehmen und auch Sie nehmen Anteil an deren Erlebnissen, doch Sie bleiben dabei ganz Sie selbst.

Lebenselixier Erfolg

Sie sind ehrgeizig. Als Kind wurden Sie vermutlich besonders dafür gelobt und belohnt, wenn Sie erfolgreich waren oder besondere Leistungen vorweisen konnten. Attraktivität, besonderes Wissen, ungewöhnliche Aktivitäten und ein gewinnendes Auftreten brachten Ihnen Wohlwollen und Bestätigung ein. Um Gefühlswärme, Geborgenheit, Zärtlichkeit ging es weniger. Offene Auseinandersetzungen waren verpönt. Schon früh haben Sie gelernt, dass nicht zu streiten nicht gleichbedeutend ist mit Herzenswärme, die jemand für Sie verspürt. Sie kennen dieses harmonische Nebeneinanderherleben, bei dem essenzielle Fragen nicht diskutiert, wichtige Aussagen nicht gemacht werden.

Jedes gelöste Problem ist eine Treppenstufe zum Erfolg!
Unbekannt

Sie haben die Botschaft verinnerlicht, dass es das Ziel aller Ziele ist, im Leben und in der Gesellschaft Erfolg zu haben. Sie wollen gewinnen, so hoffen Sie ganz tief in Ihrer Seele geliebt zu werden. Deshalb haben Sie sich angewöhnt, eine optimistische Atmosphäre zu verbreiten, die anderen von vornherein signalisiert, dass Sie Ihr Leben im Griff haben. Scheinbar mühelos strahlen Sie eine vertrauenerweckende Leichtigkeit und überzeugende

Kompetenz aus und schaffen so eine positive Atmosphäre für das Durchsetzen Ihrer Ziele. Kaum jemand sieht das Engagement, die Mühen, die Energie, die Sie in die Verwirklichung Ihrer Ziele investieren. Etwas in Ihnen glaubt, Ihr Wert hänge von dem ab, was Sie tun und wie Sie sich verhalten, nicht von dem, was Sie sind. So drücken Sie auch Ihre Zuneigung zu anderen durch Taten aus. Eigentlich streben Sie jedoch danach, *zu sein, wer Sie nun einmal sind und so wie Sie sind angenommen zu werden.* Obwohl Sie auf all die Attribute, die Sie erwerben, und auf Ihren Erfolg stolz sind, spüren Sie, dass es eigentlich etwas anderes ist, das Sie in Wahrheit suchen. Da Sie über einen starken Motor verfügen, schließen sich Ihnen andere gern an und möchten von Ihrer Kraft, Ihrem Mut und Ihrer Freundlichkeit profitieren. Wenn Sie sich Ziele gesetzt haben, die Ihre Seele zufrieden stellen, werden Sie mit echtem Glück belohnt.

Lebensmuster oder Wir säen, was wir ernten

Zwei grundlegende Formen, Ihr Waage/Widder-Thema zu leben, bieten sich an: Je nachdem, welche von beiden Seiten gerade stärker in Ihnen wirkt, sind Sie der aktive, erfolgsorientierte Mensch, der sich nicht zu schade ist, die Ärmel hochzukrempeln und zuzupacken, oder aber der passive, diplomatische, der sich lieber einen anderen sucht, der nach Möglichkeit die Kastanien aus dem Feuer holt.

Stellen Aktion und Erfolg das dar, woraus Sie Ihr Selbstverständnis beziehen, kann beides zu einem Mittel werden, mit dem Sie das überdecken, woran es Ihnen seelisch fehlt und wodurch Sie ungewollte persönliche Gefühle ausblenden. Sie richten Ihre Aufmerksamkeit konsequent auf das Positive und erschaffen vor sich selbst und anderen das Bild des durchsetzungsfähigen Erfolgsmenschen. Sie lieben die Zukunftsvision[29], in der »sie glücklich lebten immerfort«. Diese Vision stellt tatsächlich ein starkes Zugpferd dar, eine Kraft, die auf ganz wunderbare Weise wirksam werden kann und das scheinbar Unmögliche wahr werden lässt. Sie muss jedoch auf einem starken Fundament ruhen, das Sie nur durch die Bereitschaft erbauen können, sich mit Ihren tiefsten emotionalen Bedürfnissen, Sehnsüchten und auch einem eventuellen Mangel auseinander zu setzen. *Was bedeutet Scheitern für Sie? Welche Gefühle löst die Vorstellung, dass Sie versagen könnten, in Ihnen aus? Was geschieht, wenn Ihr Erfolg ausbleibt? Wer sind Sie dann?*

Think pink kann Sie sehr erfolgreich machen und Ihnen ein bewundertes und auch viel beneidetes Image verleihen. Doch Sie werden dann mehr zu Ihrer Rolle, als dass Sie Sie selbst sind. Wie bei einem Perpetuum Mobile schieben Ihr Erfolg und das, was Sie dafür tun (müssen), Sie weiter voran auf diesem Weg, bei dem Sie, wie es scheint, selbstständig und unabhängig Gestalter Ihres Lebens sind, während doch ein wichtiger Motor für Ihr Handeln die Bewunderung und Akzeptanz Ihrer Umgebung ist. Sie zeigen die Seiten von sich und verhalten sich so, dass es den Charakteristika entspricht, die von der Gesellschaft oder Ihrer Umwelt geschätzt werden.

Diese Tendenz, in eine bei anderen angesehene Rolle zu schlüpfen, gilt auch für die umgekehrte Variante, bei der Sie ebenfalls wichtige persönliche Bedürfnisse und Ansprüche verleugnen. Sie vermeiden Konfrontationen, übergehen Unliebsames mit einem Lächeln. Auch sind Sie eher bequem, weshalb es durchaus verlockend für Sie ist, nicht selbst aktiv werden zu müssen und stattdessen andere vorzuschicken. *Erlernte Hilflosigkeit*[30] kann zu Ihrem Mittel der Wahl werden, um sich nicht selbst bemühen zu müssen. Entscheidungen zögern Sie hinaus. Sie wägen ab, beziehen die Meinung anderer mit ein, können verschiedenen Ansichten etwas abgewinnen und vermeiden nach Möglichkeit, nach außen klare und eindeutige Grenzen zu ziehen, weil sie nicht riskieren wollen, Ablehnung, Kritik oder sogar Feindschaft zu provozieren. Sie sind bereit, im Hintergrund strategisch und diplomatisch die Dinge zu lenken, an die vorderste Front wollen Sie sich nicht begeben. Ihre Gefühle und Stimmungen hängen von den äußeren Umständen und Ihren zwischenmenschlichen Beziehungen ab und sind deshalb oft ebenso wenig voraussagbar wie diese vielfältigen und wechselhaften Einflüsse. Ihre Fragen lauten: *Wer bin ich, wenn es keinen anderen um mich herum gibt? Niemanden, der zusieht, der mich unterstützt oder mich motiviert? Will ich höflich sein oder authentisch?* Was Ihnen fehlt, ist die Fähigkeit, gleichzeitig bei sich selbst und bei anderen zu sein, anstatt sich von den Absichten und Launen anderer bestimmen zu lassen. Latente Aggression ist die Folge, eine Gereiztheit, die sich gegen Sie selbst richtet.

Ein Diplomat ist ein Mensch, der zweimal überlegt, bevor er nichts sagt.
John Steinbeck

Widder am MC: Ihr Leitstern auf dem Weg zu Ihrem Lebensziel

Entdecken Sie Ihre individuellen Anlagen und stehen Sie zu sich

Sie *wissen*, dass Sie nicht einfach wie jeder andere sind. Sie fühlen, dass Sie – und jeder andere Mensch – ein einzigartiges, unverwechselbares Individuum sind, mit Anlagen und ganz persönlichen Eigenheiten, mit einem eigenständigen Lebensweg und individuellen Bedürfnissen. Sie wissen es, und doch ist es nicht selbstverständlich, dass Sie genau diese Seite von sich zeigen, die *Sie* nun einmal ausmacht.

Sie müssen sich nun entscheiden. Sie wurden physisch geboren, nun liegt es an Ihnen, Ihre psychische Geburt zu gestalten. Sie besteht in der Aufgabe, sich Ihrer individuellen Anlagen, Ihrer Fähigkeiten und Gaben, aber auch ganz einfach Ihrer persönlichen Bedürfnisse bewusst zu werden – sie als das zu erkennen, was zu Ihnen gehört und den Mut aufzubringen, zu ihnen zu stehen, wenn nötig, gegen die Meinung Ihres Partners, Ihrer Freunde, Ihres sozialen Umfeldes, Ihrer Vorgesetzten oder der Gesellschaft an sich. Dabei kann es sich um das Verlangen nach einem bestimmten Lebensstil, Ihre Bedürfnisse in einer Beziehung, Ihre Form der Sexualität, Ihre Lebensziele und Wertvorstellungen oder jedes andere beliebige Gebiet, zu dem Sie sich wie von selbst hingezogen fühlen, handeln.[31] Sie müssen dazu bereit sein, allein für sich zu stehen, *Ihren* Weg zu gehen, vielleicht sogar sich von Ihrer Umgebung zu isolieren. Ihre Entscheidung handelt von der Frage, wem Sie den Vorrang in Ihrem Leben geben, dem, was von außen an Sie heran getragen wird, oder dem, was Sie in sich spüren: Für Prinz Charles, der Widder am Medium Coeli hat, ging es um seine gesellschaftliche Rolle, die im Widerspruch zu seinen erotischen und emotionalen Bedürfnissen stand; für Salvador Dalí handelte es sich um das Bedürfnis, sich mit einem avantgardistischen Stil und durch exaltiertes Auftreten als etwas Besonderes in der Gesellschaft zu behaupten; für Franz Kafka war es die schmerzhafte Erfahrung des Andersseins, des sich nicht identifizieren Könnens, das Gefühl, allein sein zu müssen, um kreativ sein zu können.[32]

Wir können der Angst nicht entkommen. Wir können sie lediglich in einen Begleiter verwandeln, der uns bei allen aufregenden Abenteuern begleitet … Gehe ein Risiko pro Tag ein – eine kleine oder kühne Tat, bei der du dich großartig fühlen wirst, sobald du sie erst einmal unternommen hast.
Susan Jeffers

Es war einmal ein Löwe, der wuchs unter Schafen auf. Obwohl die Kraft des Löwen in ihm schlummerte, benahm er sich wie ein Schaf und er glaubte auch fest daran, ein Schaf zu sein. Eines Tages kam ein alter Löwe des Wegs. Er packte den jungen Löwen, zerrte ihn an einen Tümpel und zeigte ihm sein Spiegelbild. Da fiel es dem jungen Löwen wie Schuppen von den Augen, und er erkannte, was er wirklich war![33]

Gehen Sie Ihren Weg

Ihren Weg zu gehen kann bedeuten, dass Sie in bestimmten Situationen gehen müssen – aus einem Job, einer Liebesbeziehung, von einem Ort. Gehen ist meist nicht einfach, selbst wenn man unbedingt gehen will. Harriet Rubin nennt die Bereitschaft zum Alleingang Soloing.[34] In dem gleichnamigen Buch beschreibt sie, mit welchen Strategien und Methoden der Sprung aus einer abhängigen (hier beruflichen) Position in eine selbstbestimmte Zukunft gelingen kann: »*Soloing* heißt, in vielerlei Hinsicht wie ein Künstler zu sein. Fern von ermüdenden Kompetenzstreitigkeiten, hemmender Bürokratie und einengenden Terminplänen sind Sie von nun an für niemanden mehr verantwortlich – außer für sich selbst. *Soloing* erfordert Kreativität, Selbstdisziplin und Eigeninitiative. Vor allem aber verlangt *Soloing* Mut und Unternehmungsgeist, eigene Ideen ohne fremde Hilfe erfolgreich zu verwirklichen.«[35]

Was hilft aller Sonnenaufgang, wenn wir nicht aufstehen.
Christoph Friedrich Lichtenberg

Widder an Ihrem MC zeigt Ihnen, wie Sie über den Weg der Vereinzelung und des Abnabelns zu einer neuen Form der Gemeinschaft und Gegenseitigkeit finden. In dem Augenblick, in dem Sie den Mut aufbringen, die volle Verantwortung für sich selbst zu übernehmen und bereit sind, im Zweifel auch auf die Unterstützung durch andere zu verzichten, verändern sich auch Ihre Beziehungen – zum positiven. Wer dann noch bei Ihnen ist, ist es aus vollem Herzen, wer Sie dann unterstützt, tut es, weil er Sie wegen Ihrer Persönlichkeit schätzt und nicht wegen Ihrer Produkte und Leistungen.

Es gibt viel zu tun – packen Sie es an

Die Welt ist voller spannender Aufgaben und Herausforderungen. Erleben Sie das Leben als ein Abenteuer. Wenn Sie gefunden haben, was Sie brauchen und wissen, was Sie wollen, stehen Ihnen ein großes Maß an Spontaneität, Antriebskraft und ein natürlicher Wille zu siegen zur Verfügung. Jede Situation kann so zu einem fairen, sportlichen Wettbewerb werden, der Ihre Kräfte stimuliert und das Beste Ihres Potenzials zum

Wenn der gerade Weg zu sehen ist, mach keinen Umweg.
Sprichwort aus Russland

Vorschein kommen lässt. Betrachten Sie jede Hürde, vor der Sie stehen, als eine sportliche Herausforderung, als etwas, woran Sie Ihre Kräfte mit anderen messen können. Sie wollen und können etwas bewegen. Um das zu tun, brauchen Sie Mut zum Risiko und die Bereitschaft, sich wo nötig, in klärende Konflikte zu begeben. Sehen Sie die positiven Seiten von Konfrontationen: Das Wort *sich ent-scheiden* geht auf den Ausdruck *das Schwert aus der Scheide ziehen* zurück. Richten Sie Ihren Blick auf die Herausforderungen des Lebens, für die Sie sich aus tiefster Seele *entscheiden* können, auf Ziele, die Sie *lieben* können. Werden Sie zum Hürdenläufer. Sie wachsen an den sich bietenden Widerständen und erproben Ihre Kraft.

Man kann niemanden überholen, wenn man in seine Fußstapfen tritt.
Francois Truffaut

Hier ist wiederum nicht die Jagd nach Erfolg um seiner selbst willen, nach Imagegewinn und Bewunderung gemeint. Machen Sie *Ihr Ding*, weil Sie es so wollen, weil es Ihrem Bedürfnis entspricht. Entwickeln Sie einen gesunden Egoismus. Suchen Sie sich einen Wirkungskreis, in dem Sie weitgehend nach Gutdünken schalten und walten können. Aufgaben, die permanente Rückfragen und Absprachen mit anderen erfordern, sind nur dann geeignet, wenn Ihnen die Tätigkeit an sich ausgesprochen liegt. Auch dann sollten Sie eine Form finden, bei der Sie so unabhängig und selbstständig handeln können wie nur möglich. Eine wichtige Aufgabe kann für Sie darin liegen, die Rolle des Motors, Vorreiters oder Kämpfers für andere zu übernehmen, was nicht gleichbedeutend damit ist, dass Sie Verantwortung für andere übernehmen.

Wenn wir wahrhaft abenteuerlustig sind, bewegen wir uns wie ein Kind. Wir gehen voll Vertrauen Schritt für Schritt, unsere Sehnsucht treibt uns ins Unbekannte. – Abenteuer hat nichts mit Plänen, Landkarten, vorgefertigten Programmen oder bedachter Organisation zu tun.

Das Kind in uns ist das Symbol für ein Verlangen, das jeden von uns jederzeit überkommen kann – zu Hause, im Büro, in der

Wildnis, in der Stadt, beim schöpferischen Tun oder in einer Beziehung. Wenn wir vertrauensvoll wie ein Kind, unschuldig und aufgeschlossen ins Neue und Unbekannte gehen, können selbst die alltäglichsten Dinge zum größten Abenteuer werden.[36]

Ihr Fluchtpunkt: Krebs

Emotionale Abhängigkeit

Auf dem Weg zu sich selbst gibt es zwei große und sehr unterschiedliche Vermeidungsstrategien, die beide ihre Wurzel im Krebsprinzip haben. Die eine ist emotionale Abhängigkeit – die seelische Identifikation mit einem anderen Menschen oder der Familie. Wenn Ihnen Beziehung wichtiger erscheint als Ihre Unabhängigkeit, oder die Angst vor dem Alleinsein überwiegt[37], flüchten Sie sich in ein Übermaß an Gefühlen. Genauer gesagt und aus Ihrer Perspektive betrachtet: Sie werden von einem Übermaß an Gefühlen übermannt. Für eine Weile könnte es scheinen, als seien Sie nichts ohne den oder die anderen, dort befindet sich Ihre Seele, dort liegt Ihre Identität. Sie könnten von einer immensen Leidenschaft für eine Frau oder einen Mann ergriffen sein, doch die Leidenschaft ist nur ein Teil der Wahrheit. Emotionale Manipulation ist dann ein Weg für Sie, Macht in der Ohnmacht auszuüben. Letztlich ist eine Beziehung, in der das mit Ihnen geschieht, eine Herausforderung für Sie, sich selbst zu finden, so, dass Sie diesem Menschen, Ihrem Umfeld oder der Gesellschaft gegenüber offen zu Ihren Gefühlen und/oder Ihren sexuellen und sonstigen Bedürfnissen stehen und dafür, wenn nötig, auch Ablehnung in Kauf zu nehmen.

Erfolg durch die Kreativität anderer

Erfolg kann sehr schnell zu einer Droge werden. Der Widder an Ihrem Medium Coeli ist ein Feuerzeichen, und Feuer benötigt

Brennmaterial. Ihr Erfolg braucht die Zufuhr von Substanz, auf den Sie ihn gründen können. Dieses Material suchen Sie in der Umwelt, in dem, was Ihnen begegnet. Dazu gehört alles, was Ihre Umwelt an Kreativem zu bieten hat: Ideen, Erlebnisse, Gefühle, Schöpfungen. Ihre Herausforderung besteht darin, angeregt durch äußere Einflüsse Ihre eigene kreative Quelle – den Krebs – zu aktivieren, um aus ihm das benötigte Brennmaterial zu schöpfen. Ihre Falle ist, dass Sie die Kreativität anderer mit der eigenen verwechseln könnten. Je größer Ihr Drang nach eigenständiger Selbstbehauptung ist, je unbedingter Sie sich in Ihrem Umfeld profilieren möchten, desto größer ist dieses Risiko. Eine tief sitzende Angst, andere könnten Sie überrunden und das Feuer Ihres Erfolges zum Erlöschen bringen, tut das ihre dazu. Sie assimilieren das Wissen, die Gedanken, das Potenzial, das Sie in Ihrer Umwelt finden, und machen es zu Ihrem eigenen, sodass die Grenzen zwischen dem selbst Geschaffenen und dem Aufgenommenen verschwimmen.

Ihr Lebensziel

Die Mitte zwischen Waage und Widder

Widder am Medium Coeli ist die Chance, sich durch Ihren Mut, zu sich selbst zu stehen, als überzeugendes Mitglied in die Gemeinschaft zu integrieren. Mit Partnern, Freunden, Kollegen, Vorgesetzten finden Sie die für beide Seiten jeweils angemessene Beziehungsebene. *So bin ich,* lautet der magische Satz, aus dem sich unmittelbar ergibt: *So bist du.*

Wenn Sie es wagen, sich als individuelle Persönlichkeit mit Ihren individuellen Bedürfnissen einzubringen, hat sich Ihr Entwicklungsziel erfüllt. Das kann an manchen Stellen bedeuten, dass Sie sich von anderen abgrenzen und allein und ohne Unterstützung Ihre Ziele verfolgen. Sie leben Ihre ureigenste Natur, bleiben individuell und sind gleichzeitig dazu in der Lage, die Beziehungen aufzubauen, die Sie brauchen und erfüllen. *So bin ich* erlaubt auch Ihre Form der Sexualität zu leben, sich gegen Vorurteile und Beschränkungen der Gesellschaft zu behaupten, Autoritäten auf ihren Platz zu verweisen und so einen unabhängigen Lebensstil zu verwirklichen, mit eigenständigen Ideen und dem Willen, diese zu realisieren. Sie wagen es, besonders, anders, *Sie selbst zu sein.*

Um große Erfolge zu erzielen, muss etwas gewagt werden.
Helmut von Moltke

Wenn Sie sich selbst gerecht werden, was nichts anderes heißt, als dass Sie das tun, was für *Sie* das Beste ist, tun Sie auch ganz von selbst das Beste für den anderen. Auch wenn es im Augenblick anders aussehen mag, weil ein anderer Mensch leidet, so kann es niemals das Beste für ihn oder Sie selbst sein, wenn Sie in einer Lüge leben und sich verleugnen. Wenn Sie zu Ihrer Wahrheit stehen, zu dem, was und wer Sie sind und wonach es Sie verlangt, schaffen Sie für andere Menschen die gleiche Möglichkeit.

Widder am Medium Coeli ist eine besondere Form der Selbstfindung, die mit dem Mut zur Vereinzelung, zum Alleingang, dazu, selbst Engagement, Energie und Zivilcourage aufzubringen, zu tun hat.

Mit der physischen Geburt treten wir aus der Welt der Einheit und Verschmelzung, des Versorgtseins und Genährtwerdens hinaus in eine eigenständige Existenz. Wir werden *isoliert*[38] – auf uns selbst gestellt, um das Abenteuer des Lebens zu erfahren und zu meistern. Durch unsere Geburt in einem Körper sind wir mit bestimmten Anlagen versehen, die nach Ausdruck verlangen. Diese Anlagen entsprechen starken Antriebskräften in jedem Menschen, die erfahren und gelebt werden wollen. Sie können sich auf alle menschlichen Bereiche richten: zwischenmenschliche Beziehungen, Sexualität, Kreativität, Kinder, beruflicher und gesellschaftlicher Erfolg, Kommunikation, das Schaffen und Durchsetzen von Wertvorstellungen, usw. Immer ist eine individuelle Form damit verbunden, eine Art, diese

Lebensbereiche zu empfinden und zu gestalten, die charakteristisch für das einzelne Individuum ist. Wir suchen Anregung, Ergänzung und Bestätigung für diese Anlagen. Wir wollen sie leben, denn sie drücken unser ureigenstes Sein aus.

Jeder von uns ist mit Bedürfnissen geboren, die von instinktiven Triebkräften gespeist werden. Sie isolieren uns in dem Sinn, als sie individuell, also nicht deckungsgleich mit denen anderer Menschen sind. Nun kann ein Tauziehen der Interessen beginnen – wer siegt? – oder auch ein tiefes Verständnis für das Wesen anderer, durch das wir erkennen, dass alle Menschen im Grunde das Gleiche suchen – Liebe in welcher Form auch immer, Glück, Freiheit von Angst, Bestätigung. Durch dieses Verstehen wird es uns möglich, den anderen in seiner Eigenart anzunehmen und nach Lösungen zu suchen, die beide Teile zufrieden stellen. Verschiedene Aspekte stehen jedoch entgegen: die Erwartungen und Wünsche, die andere an uns richten; die Erwartungen und Wünsche, die wir an uns selbst glauben richten zu müssen; gesellschaftliche Normen und Tabus; religiöse Vorschriften und emotionale Bindungen, die im Widerstreit zu unseren Bedürfnissen stehen. Obwohl die Natur uns mit bestimmten Antrieben versehen hat, sie also offensichtlich *natürlich* sind, haben wir aus unterschiedlichen Gründen Probleme damit, diese Bedürfnisse auch als *naturgegeben* anzusehen. Mit Widder an Ihrem MC entdecken Sie genau dies: Dass Ihre Bedürfnisse naturgegeben und daher rechtens sind, und die der anderen auch.

> *Das Pendel muss zwischen Einsamkeit und Gemeinsamkeit, zwischen Einkehr und Rückkehr schwingen. Ich muss irgendwie einen Ausgleich finden oder einen Rhythmus, der zwischen diesen beiden Extremen abwechselt.*
> *Anne Morrow-Lindbergh*

Berühmte Persönlichkeiten mit dem Widder am MC

George W. Bush
Prinz Charles
Salvador Dalí
Celin Dion
Franz Kafka
Pablo Picasso
Julia Roberts
Erik Satie

Stier am MC

Finden Sie heraus, wer und was Ihnen wirklich gut tut

Aszendenten in der nördlichen Hemisphäre:

Löwe, Jungfrau[39]

Skorpion am IC: Die Urquelle Ihrer Wirklichkeit

- Sie haben das Bedürfnis, alles so gut wie möglich, am liebsten perfekt zu machen
- Sie sind tief innerlich davon überzeugt, dass Sie etwas leisten müssen, um akzeptiert und geliebt zu werden
- Sie haben einen starken inneren Zensor und leben nach fest gefügten Prinzipien
- Sie bevorzugen klare Entscheidungen, eindeutige Meinungen und eine konsequente Haltung
- Sie können sehr strikt mit sich und anderen umgehen
- Sie sehnen sich nach Menschen, bei denen Sie sich wirklich zu Hause fühlen

Stier am MC: Ihr Leitstern auf dem Weg zu Ihrem Lebensziel

- Lösen Sie sich von den Meinungen und Werturteilen Ihrer Familie
- Finden Sie Menschen, zu denen Sie wirklich gehören wollen
- Lassen Sie von Ihren Schuldgefühlen und Ihrem verborgenen Bußwunsch ab
- Lieben Sie Ihren Körper und sich selbst – lernen Sie, entspannt zu genießen
- Glauben Sie daran, dass Sie um Ihrer selbst willen geliebt werden können
- Bringen Sie Schönheit in Ihr Leben

Skorpion am IC: Die Urquelle Ihrer Wirklichkeit

Die Sehnsucht nach Vollkommenheit

Im Grunde Ihres Herzens sind Sie ein Perfektionist. Sie glauben, dass es unumgänglich ist, immer und überall das Bestmögliche zu tun, und dass das Beste gerade gut genug ist. Sie sind sorgfältig und genau und haben Angst davor, Fehler zu machen oder zu versagen. Tief in Ihrem Inneren sind Sie davon überzeugt, dass man sich anstrengen muss, um etwas zu erreichen und glauben, dass Sie nur akzeptiert werden, wenn Sie etwas leisten und die an Sie gestellten Erwartungen erfüllen. Um Ihrem steten inneren Antrieb, die Dinge gut und noch besser zu machen, folgen zu können, sind Sie bereit, Raubbau mit sich zu treiben. Sie gestatten sich nur selten, Ihren Gefühlen und Stimmungen zu folgen und neigen dazu, sich auch in Ihrer Freizeit Aktivitäten zu suchen, die Ihnen Leistung abverlangen.

Eine innere Instanz zwingt Sie dazu, die Dinge genau zu sortieren. Sie haben eine Abneigung gegen Zwischentöne und bevorzugen ein klares »Entweder – Oder«. Deshalb sind Sie vermutlich auch ausgesprochen ordentlich. Sie möchten, dass überall gut aufgeräumt ist, in Ihrer Seele und auf Ihrem Schreibtisch. Alles, was Ihre Empfindung nach nicht genau stimmt, macht Sie nervös und lässt in Ihnen den oft geradezu unwiderstehlichen Drang aufkommen, es zu korrigieren. Wenn Sie einen Raum betreten, sehen Sie sofort, wenn ein Bild schief hängt, und sei es auch noch so versteckt in der hintersten Ecke. Sie können nicht anders als Ihren Gefühlen zu folgen, die Ihnen genau vorgeben, wann etwas in Ordnung ist und wann nicht. Sie sind deshalb überall dort am richtigen Platz, wo es um Exaktheit geht, um das Aufspüren von Schwachstellen, um Konsequenz und Durchhaltevermögen. Man kann sich auf Sie verlassen. Wenn Sie für etwas verantwortlich sind, werden Sie sich zuverlässig darum kümmern.

Zwischen Entweder und Oder führt noch so manches Sträßlein.
Joseph von Scheffel

Sie sind sehr um Gerechtigkeit bemüht. Weil Sie aber dazu neigen, wenig liebevoll mit sich selber umzugehen, ist dieses Bemühen eher aus dem Verstand als aus dem Gefühl heraus geboren. Eine entspannte, echte Herzlichkeit fällt Ihnen nicht leicht, und so machen Sie aus dem Versuch, anderen gegenüber offen und gleichzeitig korrekt zu sein, wiederum einen Maßstab, an dem Sie sich selber messen. Ihr Sinn für Humor ist nicht sehr ausgeprägt, denn Sie haben gelernt, dass das Leben eine ernste Sache ist. Manchmal versuchen Sie, humorvoll zu sein und mit Worten mag Ihnen das ziemlich gut gelingen. Das Lachen vergeht Ihnen jedoch ziemlich schnell, zum Beispiel dann, wenn Ihnen die eigene Unvollkommenheit oder die der Welt auf die Nerven geht.

Die Regeln der Moral sollten so sein, dass Sie nicht das natürliche Glück unmöglich machen.
Bertrand Russel

Sie zögern lange, bevor Sie sich für etwas entscheiden. Das hat vor allem damit zu tun, dass Sie wissen, dass es für Sie nicht so einfach einen Weg zurück gibt. Ein Entschluss ist für Sie bindend, und weil Sie sich nicht leicht mit etwas zufrieden geben, folgen Sie dem Leitsatz: »Drum prüfe wer sich (ewig) bindet.« Ist eine Entscheidung gefallen, sind Sie ausgesprochen konsequent, vielleicht sogar radikal. Wer es mit Ihnen verdorben hat, kann nicht so schnell auf Vergebung hoffen.

Sie suchen das Berechenbare und möchten den Status Quo aufrechterhalten. Veränderungen sind Ihnen daher suspekt. Weil Ihnen jeder Erfolg hart erkämpft scheint, können Sie sich nicht so recht vorstellen, dass Veränderung auch Verbesserung bedeuten kann. Ihre Gefühle gleichen eher einem großen Dampfer, der auf Kurs ist, als einem wendigen Segelboot.

Man entdeckt keine neuen Erdteile ohne den Mut, alte Küsten aus den Augen zu verlieren.
André Gide

Sie halten lange an dem Bild fest, das Sie sich von sich selbst und von anderen Menschen gemacht haben, und das Gleiche gilt für Ihre Pläne. Es ist Ihnen sehr wichtig, die Dinge in der Hand zu behalten. »Vertrauen ist gut, Kontrolle ist besser«, lautet Ihre Devise. Sie neigen zu Misstrauen und schützen sich, indem Sie so wenig wie möglich von sich preisgeben. Auf diese Weise glauben Sie sicherzustellen, dass der Sitz der Kontrolle über das, was in Ihrem Leben geschieht, in Ihnen selbst und nicht irgendwo da draußen, bei jemand anderem, liegt. Ihr größter Schwachpunkt sind Ihre allzeit vorhandenen Schuldgefühle. Trotz Ihres Bemühens um Selbstkontrolle und Unabhängigkeit sind Sie durch sie manipulierbar.

Sie haben eine starke Ausstrahlung. Damit faszinieren Sie andere Menschen, was Sie oft selbst nicht bemerken. Sie möchten gern jemanden umsorgen oder sich voll und ganz für bestimmte Aufgaben einsetzen, doch es kommt immer wieder vor, dass Ihre idealistische und engagierte Seite ausgenutzt wird. Immer wieder haben Sie mit Menschen zu tun, die Ihnen signalisieren, dass Sie sich Zuwendung erst verdienen müssen. So stehen Sie häufig vor der Entscheidung, sich den Erwartungen von außen unterwerfen zu müssen oder abgelehnt zu werden.

Sie haben einen starken inneren Zensor

Sie sind in einem Familienverband aufgewachsen, dessen Werturteile und Ansichten Ihr Leben intensiv bestimmt haben. Es herrschte eine ganz eigene Familienstruktur, die von sehr genauen Vorstellungen darüber, was gut und was falsch ist, zusammengehalten wurde. Vermutlich war es Ihre Mutter, die diese familiären Ziele formulierte und über ihre Einhaltung wachte. Wie freundlich verbrämt ihre Botschaft auch gewesen sein mag, es gab keinen Zweifel darüber, was sie richtig fand, und Kompromisse waren nicht möglich. Sie funktionierten in der gewünschten Weise oder gehörten nicht mehr dazu. Es drohten Liebesentzug, Strafen, Missachtung, wenn Sie versuchten, Ihren eigenen Weg zu ge-

Wenn du dich emporschwingen willst, musst du den ganzen Mist, der dich nach unten zieht, zurücklassen.
Toni Morrison

hen, oder auch die bittere Enttäuschung einer Mutter, die nicht verzeihen konnte, dass die von ihr für das Leben und die Karriere des Kindes gebrachten Opfer nicht angemessen gewürdigt wurden. Es gab einen Auftrag, eine Erwartungshaltung, eine Leistung, die zu erbringen war. Sie sollten durch die »richtige« Heirat die Familie aus einer finanziellen Misere befreien, die Familientradition aufrechterhalten oder die Familienehre wiederherstellen oder vermehren. Wenn Sie ein besonders hübsches Kind waren, bekamen Sie vielleicht vermittelt, dass Sie durch den »Marktwert« Ihrer Attraktivität Erfolg haben sollten und es spielte keine wesentliche Rolle, wie es Ihnen dabei ging.[40]

Seien Sie nicht nachgiebig oder tolerant gegenüber irgendjemandem, der kaltes Wasser in Ihre Richtung schüttet.
Julia Cameron

Sie kennen die Erwartungshaltung, dass aus Ihnen etwas werden soll, dass Sie bestimmte Leistungen zu erbringen haben, dass Sie so, wie Sie sind, nicht genügen. Oder dass der Mensch an sich weniger wichtig ist als ein großes Ideal, eine religiöse Vorstellung vielleicht, oder eine gesellschaftliche Maßgabe. In Ihrem späteren Leben spielen Sie dieses Spiel mit sich selbst. Sie haben eine hohe Messlatte, an der Sie sich messen und tun das durchaus auch mit anderen. Wenn Ihnen etwas nicht passt oder Sie sich überfordert fühlen, schalten Sie »auf Durchzug«. Das kann auch Ihre Art sein, stumme Kritik dort zu üben, wo Sie sich nicht in die Nesseln setzen wollen.

Eventuell stellte Ihre Mutter ein Idol dar, die Verkörperung aller erstrebenswerten Eigenschaften. In ihrer Vollkommenheit war sie unantastbar und es schien keine andere Möglichkeit zu geben, als ihr nachzueifern. Da war kein Platz für Rebellion, für Eigenständigkeit, Kritik oder so genannte negative Gefühle wie Ärger und Wut. So staute sich eine Menge Groll an, der unter Ihrer meist beherrschten Oberfläche schwelte und nach einem Ventil suchte. Sie haben Wege gefunden, um Ihre Spannungen abzubauen, zum Beispiel durch Sport, oder indem Sie sich in Ihre Arbeit, in sexuelle Abenteuer oder anderes stürzen. Doch Ihre seelische Energie fließt nur selten frei. Die starren Prinzipien, mit denen Sie aufgewachsen sind, hindern Sie daran, etwas, das ungewohnt ist oder nicht in den Rahmen Ihrer Vorstellungen passt, anzunehmen und sich daran zu erfreuen. Deshalb sind Sie im Zusammensein mit anderen oft nicht wirklich entspannt. Sobald Sie sich in einer Gruppe von Menschen befinden, fühlen Sie sich unfrei und zu »richtigem« Verhalten gezwungen. Ihr eingepflanztes Programm läuft ab, Sie haben nicht das Gefühl, dass Sie freiwillig dazugehören, so wie Sie auch nicht aus freiem Entschluss zu Ihrer eigenen Familie gehören konnten. Sie gehören dazu – und haben sich das sauer verdient, das vergessen Sie nicht. Und doch treibt etwas in Ihnen Sie an, sich immer wieder Lebenssituationen und Beziehungen zu suchen, in denen Sie jene Härte, jene Leistungsanforderungen spüren, die Sie von Kindesbeinen an kennen.

Das Dilemma des inneren Leistungsdrucks wird ganz eindringlich von Benjamin Hoffs Beschreibung des »Filztun-Balzrück« gezeichnet[41]:

Drehen wir es einmal andersherum: Wenn du gesund, entspannt und zufrieden sein willst, brauchst du nur zu beobachten, was ein Filztun-Balzrück macht, und dann das Gegenteil davon zu tun. Da ist gerade einer, tänzelt vor und zurück, klingelt mit losen Münzen in seiner Hosentasche und schaut nervös auf seine Uhr. Schon bei seinem bloßen Anblick überkommt dich die große Müdigkeit. Der unverbesserliche Balzrück scheint immer gerade irgendwohin gehen zu müssen, zumindest rein äußerlich betrachtet. Trotzdem macht er nie einen Spaziergang; dazu hat er keine Zeit.

Sein Motto ist: »Bin aus – bald zurück – viel zu tun – bald zurück«, oder, etwas genauer: »Rück aus – bald weg – viel zu tun – bald weg.« Der Filztun-Balzrück ist immer irgendwohin unterwegs, irgendwohin, wo er noch nicht war. Immer woandershin, als wo er gerade ist.

Sie zweifeln nicht daran: Das Leben ist auch dazu da, dass man es genießt. Schon immer haben Sie sich Ihre Nischen gesucht, in denen Sie sich etwas gönnten. Vielleicht essen Sie gern, lieben Musik, leben Ihre Sexualität. Vermutlich haben Sie das, was in Ihrer Familie nicht akzeptiert war, heimlich getan, vielleicht sogar schuldbewusst wie jener Geschäftsreisende, der regelmäßig nach Taiwan fuhr. Er besuchte dort ausgiebig alle einschlägigen Etablissements, um am Ende seiner Reise einen Priester aufzusuchen, sich die Beichte abnehmen zu lassen und anschließend nach Hause zu fahren. Eventuell waren Sie zu Zeiten ausschweifend und genusssüchtig. Immer aber war Ihnen klar, ob das, was Sie gerade tun, »gut« oder »schlecht«, »richtig« oder »falsch« war.

Alles, was du besitzt, will dich besitzen.
Regina Elbert

Solange Sie sich im Unklaren darüber sind, was Sie sich wirklich Gutes tun können und wohin Sie gehören, stillen Sie Ihr Bedürfnis nach einem angenehmen und reichhaltigen Leben durch Ersatzbefriedigungen, die einen durchaus extremen Charakter annehmen können. Aus einer Sammelleidenschaft wird Sammelwut, aus dem Wunsch nach Wohlleben Genusssucht. Besitz wird zu einem Mittel der Macht, zu einem Weg, um sich von anderen abzugrenzen, die über weniger materielle Möglichkeiten, Status und Prestige verfügen. Vielleicht beziehen Sie Ihr Selbstwertgefühl aus gesellschaftlicher Anerkennung, die an finanziellen Erfolg und einen entsprechenden Lebensstil geknüpft ist. Die Karikatur einer solchen Haltung ist Dagobert Duck, der voller Genuss in seinem riesigen Dukatenberg wühlt, während er immer in Angst vor den Panzerknackern lebt. Geizig ist er auch, und je mehr er anhäuft, desto weniger kann er hergeben. Sie könnten Zeiten hinter sich haben, in denen Sie materialistisch dachten und in denen Sie den reinen Lebensgenuss ohne ethische Ziele und Ideale suchten.

Etwas in Ihnen treibt Sie an, sich immer wieder in eine Opfersituation zu bringen. Eigentlich sehnen Sie sich nach Wohlbefinden, nach Entspannung, Lebensfreude und -genuss, nach Menschen, die Sie verstehen und Sie annehmen wie Sie sind. Und doch hält Sie etwas wie an unsichtbaren Strängen zurück, wenn Sie in eine entsprechende Situation geraten, als sei es unrechtmäßig, ehrenrührig oder strafwürdig, so zu leben. Solange Sie dieses Muster nicht überwinden, kann es immer wieder geschehen, dass Sie den Menschen verlieren, den Sie eigentlich wirklich lieben, oder die Lebensumstände aufgeben (müssen), die Ihnen wirkliches Glück schenken. Ihre Bewertungen sind die Ursache dafür. Menschen, mit denen Sie »nur« Angenehmes verbindet und Bedingungen, in denen Sie sich einfach gut fühlen, genügen Ihrer inneren Werteskala nicht, die darauf geeicht ist, dass nur wertvoll ist, was Mühe macht.

Nur wenige Menschen … kommen annähernd dazu, die Reichtümer, die in Ihnen liegen, zu erschöpfen. Es gibt verborgene Kraftquellen, die niemals benutzt werden.
Admiral Richard Byrd

Vielleicht lassen Sie sich auch von den Vorstellungen Ihrer Familie leiten, die dem entgegen stehen, was Ihnen Freude machen würde. Sie wählen den Beruf, den Ehepartner, den Ort, der linientreu ist. Ihre Furcht davor, ausgeschlossen, missachtet oder enterbt zu werden, ist größer als Ihr Wunsch nach Lebendigkeit und Lebensfreude.

Stier am MC: Ihr Leitstern auf dem Weg zu Ihrem Lebensziel

Lösen Sie sich von den Werturteilen Ihrer Familie und finden Sie zu den Menschen, bei denen Sie sich zu Hause fühlen

Befreien Sie sich von alten Vorurteilen und Meinungen, die Ihr Verhalten kontrollieren und Sie einschränken. Sie können sich nur dann zu dem genussfähigen und lebensfrohen Menschen entwickeln, der Sie sein wollen, wenn Sie Ihre inneren Antreiber aus Leistungsdenken und Schuldgefühlen zur Ruhe gebracht haben. Überdenken Sie Ihre Wertvorstellungen, Ihren Drang nach Perfektion, den Zwang, sich familiären Zielen unterzuordnen. Was tut Ihnen wirklich gut? *Was und wer hat Ihnen bisher gut getan? Wonach verlangen Sie?* Zögern Sie nicht, die Ihnen eigene Konsequenz auch für das Erreichen Ihrer ganz persönlichen Ziele einzusetzen.

Sie müssen nicht funktionieren. Verinnerlichen Sie diese Botschaft. Sie haben zwar das tiefe Bedürfnis, mit anderen verbunden zu sein und möchten zu einer Gemeinschaft gehören, mit der Sie Ihre Ziele, Wertvorstellungen und Ihr Leben teilen können. Doch diese Gemeinschaft muss nicht die sein, in der Sie aufgewachsen sind und auch nicht eine, die Ihnen die gleichen Verhaltensmuster abverlangt. Je mehr Sie sich von einschränkenden Ansichten und Erwartungen befreien, desto eher finden Sie zu einem Lebensstil, bei dem die Menschen, mit denen Sie zusammen sind, sowie die Ziele, die Sie verfolgen, mit dem übereinstimmen, was zu Ihnen passt. Dort wird man Sie als den Menschen respektieren, der Sie sind. Vor allem aber haben Sie sich freiwillig dafür entschieden, eine bestimmte Arbeit zu tun, mit einem bestimmten Partner zusammen zu sein oder sich einer wie auch immer gearteten Gruppe oder Ideologie anzu-

Umgib dich mit Menschen, die dich achten und gut behandeln.
Claudia Black

schließen. Ob Sie mit anderen zusammen in einer Band spielen, einem Schachclub beitreten, eine neue Stellung antreten oder ob Sie heiraten, immer geht es darum, dass Sie sich selbst aus freien Stücken dafür entschieden haben und nicht, weil es dem Wunsch Ihrer Familie, Ihrer Mutter oder anderen bestimmenden Personen entsprach. Die größte Falle liegt dabei in Ihnen selbst. Möglicherweise haben Sie die Anschauungen Ihrer Familie so verinnerlicht, dass Sie sie für Ihre eigenen halten. So entstehen daraus Erwartungen, die Sie an sich selber richten.

Glauben Sie daran, dass Sie um Ihrer selbst willen geliebt werden können. Die Vergangenheit ist vorbei. In Ihrem jetzigen Leben und in Ihrer Zukunft müssen Liebe und Wertschätzung nicht mehr an Bedingungen geknüpft sein. Sie brauchen auch keinen hohen, schier unerreichbaren Idealen mehr gerecht zu werden. Sie können nun beginnen, sich selbst zu lieben – genügend und auf die richtige Weise. Damit ist etwas anderes gemeint als Selbstliebe aus Eitelkeit, z.B. weil Ihnen vermittelt wurde, wie attraktiv, intelligent oder tüchtig Sie sind. Diese Art von Selbstliebe fußt auf der Information »Ich liebe dich, weil …«, was genauer aussagt »Wenn du nicht schön, intelligent, tüchtig, usw. bist, liebe ich dich nicht mehr.« So hängen Sie in Ihrer Selbstakzeptanz von äußeren Bedingungen ab.

Sei mit jedem geduldig, aber vor allem mit dir selbst. Lasse dich von deinen Unvollkommenheiten nicht niederschlagen, sondern erhebe dich immer wieder mit neuem Mut. Wie können wir mit den Fehlern unserer Nachbarn geduldig sein, wenn wir mit unseren eigenen Fehlern ungeduldig sind? Wer sich über sein eigenes Versagen ärgert und grämt, der wird es nicht korrigieren. Nutzbringende Korrektur kann nur einem ruhigen, friedvollen Geist entspringen.
St. Francis de Sales

Gönnen Sie sich die Erfahrung, dass Sie nicht vollkommen sein müssen, um liebenswert zu sein, dass Sie auch geliebt werden, wenn Sie den Erwartungen anderer nicht entsprechen, wenn Sie also nicht »funktionieren«. Zu Ihrem Reifeprozess gehört, dass Sie sich selbst die innere Erlaubnis geben, Ihren eigenen Weg zu gehen,

Ihre eigenen Erfahrungen zu machen und das zu finden, was Ihnen das Gefühl gibt, am richtigen Ort unter den richtigen Menschen zu sein. Gleichzeitig wächst Ihre Liebesfähigkeit und Akzeptanz anderen Menschen gegenüber. Sie werden duldsamer gegenüber Schwächen, nachsichtiger gegenüber Mängeln und lernen, die Dinge gelten zu lassen, wie Sie sind. Alle Lebenserfahrungen, die Sie machen, fordern Sie auf, innere Zwänge loszulassen, Stück für Stück, und nicht mehr bei allem, was Sie tun, das perfekte Endprodukt vor Augen zu haben. Entwickeln Sie einen gesunden Selbsterhaltungstrieb und die Fähigkeit, pragmatisch statt idealistisch zu denken und lebensfroh statt leistungsorientiert zu sein. Dies geschieht ebenso durch schöne Erlebnisse, die Ihnen zeigen, wie gut Sie sich fühlen können wenn Sie Entspannung zulassen, wie durch schicksalhafte Wendungen, die Sie dann meist auf irgendeine Art zum Loslassen zwingen. Ein fest gefügtes, aber unflexibles Lebenskonzept muss wegen einer Scheidung, einer Krankheit, einem Konkurs oder aus anderen Gründen aufgegeben werden, die eigenen Kinder entwickeln sich ganz anders als geplant, ein Mensch, den man bewundert und auf ein Podest gestellt hat, erweist sich als normaler Sterblicher mit allen menschlichen Schwächen. Alle diese Ereignisse bieten Ihnen die Möglichkeit, bisherige Zielvorstellungen, Meinungen und Urteile zu überprüfen und, wo nötig, zu korrigieren.

Lieben Sie Ihren Körper und sich selbst – lernen Sie, entspannt zu genießen

Kümmern Sie sich liebevoll um Ihren Körper und seine Bedürfnisse und betrachten Sie ihn nicht als Mittel zum Zweck. Vielleicht gehören Sie zu denjenigen Menschen, die in dem Empfinden leben, einen Körper zu *haben*, etwa so, wie man ein Auto hat, das gewartet werden muss und das danach beurteilt wird, wie gut es seinen Dienst tut. Körperpflege und Sport sind dann etwas, das getan werden muss, um den Körper instand zu halten und nicht, weil es ein Genuss sein kann, ihn zu waschen, zu cremen oder zu bewegen. Wenn Ihnen bewusst wird, was Sie da mit sich tun, beginnen Sie, ein Körper zu *sein*. Dabei geht es um das Verständnis dafür, dass sich Geist und Körper nicht so einfach trennen lassen, sondern dass das eine vom anderen abhängt. Das bedeutet auch, sich zu belohnen, wenn etwas geglückt ist. Uns belohnen können wir aber nur, wenn wir vorher mit uns und dem Erreichten zufrieden waren, und genau diese Zufriedenheit, die eine Form von Genügsamkeit ist, ist die größte Herausforderung für Ihre seelische Veranlagung. Mit Skorpion am Imum Coeli wollen Sie alles, das Beste, das Hundertprozentige, das Untadelige, das Einwandfreie.

Hier in diesem Körper sind die heiligen Flüsse: hier sind Sonnen und Mond und ebenso ganze Pilgerstätten …
Ich habe noch keinen anderen Tempel gefunden, der soviel Glückseligkeit ausströmte wie mein eigener Körper.
Saraha

Doch wann sind die Dinge perfekt? Selbst wenn wir sie in einem Augenblick als perfekt betrachten, braucht sich nur unser Betrachtungswinkel ein wenig zu verändern und alles sieht ganz anders aus. Je mehr Sie sich zum Stierprinzip hin entwickeln, desto leichter fällt es Ihnen, sich an etwas zu freuen, auch wenn ein Quäntchen Vollkommenheitswunsch noch übrig bleibt. Sie beginnen, Hobbys nachzugehen, die echte Hobbys sind. Sie musizieren, sind künstlerisch tätig oder sammeln schöne Dinge um der Freude willen, die Ihnen das bereitet, und nicht, weil Sie unbedingt damit auf die Bühne wollen oder weil Sie Ihren Wert vor Augen haben.

Man soll dem Leib etwas Gutes bieten, damit die Seele Lust hat, darin zu wohnen.
Winston Churchill

Papa may have, Mama may have …

Stier an Ihrem Medium Coeli bedeutet materielle Abgrenzung und auch Abgrenzung Ihres eigenen Reviers. Sie sind gut beraten, wenn Sie die Opferbereitschaft, die Sie mit Skorpion an Ihrem Imum Coeli haben, dazu verwenden, um auf gute Gaben zu verzichten, wenn sie nur unter Preisgabe eines eigenen Lebensweges zu haben sind. Lassen Sie sich nicht kaufen, weder durch finanzielle Mittel noch durch emotionale. Schaffen Sie sich eine eigene Absicherung, sodass Sie von Ihren Eltern oder einem Partner unabhängig sind.

Papa may have,
Mama may have,
God bless the child
who has got his own.
Billie Holiday

Finanzielle Unabhängigkeit ist nur eine Voraussetzung, die nötig ist, um das eigene Revier abzustecken. Bauen Sie ein Haus, das von einem Zaun oder einer Mauer umgeben ist, und überlegen Sie sich gut, wen und welches Gedankengut Sie hereinlassen. Das ist sowohl praktisch als auch symbolisch gemeint.

Ihr Fluchtpunkt: Löwe

Stolz ist keine Lösung

Wenn Sie es zu schwierig finden, sich aus Ihrem Familienverband zu lösen, flüchten Sie zu dem Zeichen, das ein Quadrat zur Achse Skorpion-Stier bildet, dem Löwen. Sie sind das Lieblingskind, der kleine Prinz, die Königin. Viel Aufmerksamkeit wird Ihnen zuteil, vielleicht auch Zuwendungen materieller Art. Stolz blicken Sie auf Ihre wichtige Rolle im Familiengeschehen: Sie sind hier etwas Besonderes. Angesichts all dieser Vorteile hinterfragen Sie Ihre Stellung nicht. Ganz automatisch wissen Sie, dass so viel Anerkennung einer Gegenleistung bedarf. Sie halten sich an die Regeln.

Ihre Autonomie steht jedoch auf wackligen Beinen. Was wird aus Ihnen, wenn der Mensch oder die Menschen, die Sie gekrönt haben, Ihnen ihren Beifall entziehen? Sie nehmen Ihre Rolle von anderer Leute Gnaden ein. Der Löwe stellt Ihnen aber auch wirkliche Autonomie zur Verfügung. Anstatt in die Falle der Schmeichelei zu geraten, finden Sie zu Ihrer wahren Identität, zu Ihren eigenen Bewertungen, Meinungen und Ihrem individuellen Lebensstil. Dann sind Sie handlungs- und durchsetzungskräftig, haben eine charismatische Ausstrahlung, können andere überzeugen.

Das Gewinnerspiel

Auch später im Leben wählen Sie immer wieder diese Position. Sie geben sich selbstsicher, wo Sie Schuld- oder Minderwertigkeitsgefühle plagen. Etwas in Ihnen treibt Sie an, sich mit Ihren Überzeugungen unbedingt durchsetzen zu wollen, in Ihrer Ehe z.B. oder im Beruf. Sie glauben, gewinnen zu müssen, Sie wollen mit dem Kopf durch die Wand. Wenn Sie nicht gewinnen, kommt das einem Todesurteil gleich. Ihre Existenzberechtigung scheint davon abzuhängen, dass Sie mit Ihren Ansichten richtig liegen.

Er musste erst mit dem Kopf gegen die Bäume rennen, ehe er merkte, dass er auf dem Holzwege war.
Wilhelm Busch

Ihr Lebensziel

Die Mitte zwischen Skorpion und Stier

Stier an Ihrem Medium Coeli ist Ihre Chance, einen Lebensstil zu entwickeln, der Ihnen gemäß ist und der Sie von altem Ballast, von Erwartungen und Fremdbestimmung befreit. Sie lernen, sich zu entspannen und Genuss nicht als Lebensprinzip zu erleben, dem man nachzukommen hat, sondern als etwas, das aus der Tiefe Ihrer Seele kommt und das mit Treue zu sich selbst zu tun hat. Sie nehmen sich an und aus dieser Haltung heraus können Sie auch andere Menschen annehmen, einfach so, wie sie sind, ohne sie an unflexiblen Idealvorstellungen zu messen.

Die Mitte zwischen Skorpion und Stier entspricht dem Ausgleich zwischen der geistigen und der materiellen Welt. Inwieweit und an welchen Stellen müssen und wollen wir uns in unseren Annehmlichkeiten beschränken, um ideellen Zielen und

Wertvorstellungen zu genügen? Müssen wir mit Menschen auskommen, weil wir in ihrer Mitte geboren wurden oder können wir uns eine eigene neue Heimat suchen? Mit Stier am Medium Coeli geht die Entwicklung in Richtung Wohlergehen und Lockerlassen. Sie suchen Ihre seelische Geborgenheit bei den geeigneten Menschen. Ihr Entwicklungsziel liegt in der Fähigkeit, sich nicht nur von Vorstellungen und Prinzipien leiten zu lassen, sondern der Tatsache Rechnung zu tragen, dass wir in einem physischen Körper leben, dessen Bedürfnisse nicht immer mit unseren Idealen vereinbar sind. Der Bibelsatz »Im Anfang war das Wort« drückt aus, dass die Idee zuerst da war. Aus der Idee entstehen alle Menschen, Dinge und Handlungen. Wenn wir allerdings bei der Idee verharren, werden wir zu einer Art Homunculus, jenem Geistwesen, das nur als Schatten existierte. Wie bei der umgedrehten Achse lässt sich auch hier Axel von Ambessers Zitat anwenden: *Ideale sind ein Leuchtturm, kein Hafen, sind Richtungen, nicht Ziele.*

Habt ihr nicht von dem Mann vernommen, der im Erdboden nach Wurzeln grub und dabei einen Schatz entdeckte?
Khalil Gibran

Ideen und Ansichten müssen an der Realität gemessen werden, an praktischer, alltäglicher Erfahrung, an dem, was uns unser Gefühl, unsere Instinkte und Sinne mitteilen. Wenn wir dem Leben und anderen Menschen so nah sind, wie es der Stier vermag, sind unsere Gedanken keine reine Theorie mehr und unsere Prinzipien orientieren sich an Idealen wie Lebensfreude und Dankbarkeit für das, was uns gegeben ist. »Weisheit des lächelnden Lebens« nannte Lin Yutang sein lesenswertes Buch. Entspannt sein, sich wohl fühlen, mit allen Sinnen das Leben erfahren, Gefühle und Empfindungen zulassen, so wie sie sich einstellen – einfach locker zu lassen, diese Chance bietet der Stier dem Skorpion.

Ausgestattet mit diesen Gaben können Sie ein echtes ethisches Bewusstsein entwickeln, das nicht moralisierend ist. Sie sind zurückhaltend mit Werturteilen, ohne dass es Ihnen deswegen an Prinzipien fehlen würde, nach denen Sie Ihr Leben ausrichten. Weil Sie gelernt haben, sich selbst gerecht zu werden, können Sie auch anderen gerecht werden. Sie sind fähig, Ihre Ziele ausdauernd und konsequent zu verfolgen, ohne sich dabei zu überfordern oder irgendwohin zu zwingen, wo Sie eigentlich gar nicht sein möchten. Sie verzehren sich nicht in Ihrem Wunsch nach einer besseren, vollkommenen Welt und Ihr Realitätssinn hilft Ihnen, mit Enttäuschungen zurechtzukommen, ohne den Menschen oder die Angelegenheit, die Sie enttäuscht hat, in Grund und Boden zu verdammen.

Wenn Sie zu sich gefunden haben, erzeugen Sie ein Energiefeld, das ganz von selbst diejenigen Menschen in Ihr Leben bringt, mit denen Sie zusammenpassen. Stier an Ihrem Medium Coeli fordert Sie auf, nach Menschen zu suchen, bei denen Sie sowohl Ihre Ideale leben können als auch Ihr Verlangen danach, angenommen zu werden wie Sie sind. Sie sind kein Einzelgänger, kein für die Abgeschiedenheit gemachter Individualist. Deshalb ist es eine Ihrer wichtigsten Aufgaben, sich mit Menschen zu umgeben, die nicht ständig versuchen, aus Ihnen etwas anderes zu machen oder Sie vor den Karren ihrer Ziele zu spannen.

Das wahre Vaterland ist das Land, wo man die meisten Menschen trifft, die einem gleichen.
Stendhal

Der Skorpion symbolisiert das Prinzip der Festlegung, der eindeutigen Entscheidung für oder gegen etwas, der langfristigen Verbindlichkeit und damit auch der Treue. Entwickelte Menschen mit diesem Zeichen am Imum Coeli haben aber in erster Linie die Treue zu sich selbst gelernt. Sie verfügen über ein sicheres Gespür dafür, was ihnen gut tut und was nicht, und sie gehen entschlossen ihren Weg, wenn sie ihn einmal für richtig befunden haben. Niemand kann ihnen mehr mit Aufträgen und Forderungen kommen, die sie nicht als sinnvoll und zum eigenen Leben passend betrachten: Auch wenn Ihre Neigung zu Schuldgefühlen wohl nie ganz verschwindet, wissen Sie, dass es schädliche und sinnlose Emotionen sind, und lassen sich nicht mehr von ihnen beherrschen. Keinem wird es gelingen, Sie mit dem Vorwurf, Sie wären ein Egoist, zu manipulieren. Sie wissen, das es normal ist, Fehler zu machen und dass die Welt immer etwas weniger vollkommen sein wird als Ihre Idee. Kritik bedeutet für Sie nicht mehr, dass Ihnen jemand die Lebensberechtigung abspricht, sondern etwas, das Sie vielleicht nicht gerade mit Begeisterung annehmen, aber doch genau prüfen. Der Stier ist stur, und wenn es um Ihr Leben geht, können Sie fest wie eine deutsche Eiche dastehen.

Wer noch nie einen Fehler gemacht hat, hat sich noch nie an etwas Neuem versucht.
Albert Einstein

Trotzdem oder gerade deswegen haben andere nun das Recht, die Dinge anders zu sehen und etwas anderes zu tun als Sie selbst. Ihr innerer Antreiber ist zum Schweigen gekommen und Sie haben die Worte »man müsste …« aus Ihrem Vokabular gestrichen. Stattdessen entwickeln Sie einen kernigen Humor, der Ihnen hilft, sich und die Welt nicht immer ganz so todernst zu nehmen, wie Sie es als kleines Kind gelernt haben. Weil Humor ein so wesentlicher Schlüssel zum Geheimnis der Vereinigung von Stier und Skorpion ist, sei hier zum Abschluss noch aus Max Stirners Einleitung zu seinem Buch »Der Einzige und sein Eigentum« zitiert:[42]

Was soll nicht alles Meine Sache sein! Vor allem die gute Sache, dann die Sache Gottes, die Sache der Menschheit, der Wahrheit, der Freiheit, der Humanität, der Gerechtigkeit; ferner die Sache meines Volkes, Meines Führers, Meines Vaterlandes; endlich gar die Sache des Geistes und tausend andere Sachen. Nur Meine Sache soll niemals Meine Sache sein. ›Pfui über den Egoisten, der nur an sich denkt!‹

Sehen wir denn zu, wie diejenigen es mit ihrer Sache machen, für deren Sache Wir arbeiten, Uns hingeben und begeistern sollen. (Nun legt Stirner dar, warum Gott, die Menschheit, das Volk, usw. immer nur der eigenen Sache dienen. Dann geht es mit dem Sultan weiter, der hier als Bild für all jene stehen soll, die den Skorpion-IC beherrschen möchten):

Aber seht doch jenen Sultan an, der für ›die Seinen‹ so liebreich sorgt. Ist er nicht die pure Uneigennützigkeit selber und opfert er sich nicht stündlich für die Seinen? Ja wohl, für ›die

Seinen‹. Versuch' es einmal und zeige Dich nicht als der Seine, sondern als der Deine: Du wirst dafür, dass Du seinem Egoismus Dich entzogst, in den Kerker wandern. Der Sultan hat seine Sache auf Nichts als auf sich gestellt: Er ist sich Alles in Allem, ist sich der Einzige und duldet keinen, der es wagte, nicht einer der ›Seinen‹ zu sein. Und an diesen glänzenden Beispielen wollt ihr nicht lernen, dass der Egoist am besten fährt? Ich Meinesteils nehme Mir eine Lehre daraus und will, statt jenen großen Egoisten uneigennützig zu dienen, lieber selber der Egoist sein.

Berühmte Persönlichkeiten mit Stier am Medium Coeli

Muhammad Ali
Truman Capote
Sean Connery
Marlene Dietrich
Kirk Douglas
Jane Fonda
André Heller
Liberace
Sophia Loren
Alexander Ruperti
Queen Elizabeth II.
Karl Valentin

Zwillinge am MC

Erkennen Sie die Relativität aller Dinge

Aszendent in der nördlichen Hemisphäre:

Jungfrau[43]

Schütze am IC: Die Urquelle Ihrer Wirklichkeit

- Sie sind von tiefen Überzeugungen erfüllt
- Sie glauben, dass das, was Sie fasziniert, auch andere faszinieren muss
- Sie wollen intensiv und leidenschaftlich leben
- Alles, was Sie denken, glauben und erleben, ist groß und intensiv – im Guten wie im Schlechten
- Sie sind immer auf der Suche nach der optimalen Lösung
- Sie haben eine hohe Glückserwartung
- Sie haben Ihre eigene Lebensphilosophie

Zwillinge am MC: Ihr Leitstern auf dem Weg zu Ihrem Lebensziel

- Zeigen Sie Ihre Überzeugungen ohne missionarischen Eifer
- Entwickeln Sie eine sachliche und neutrale Betrachtungsweise – messen Sie nicht allem eine besondere Bedeutung bei
- Analysieren Sie die Dinge
- Interessen Sie sich auch für das, was Ihr Herz nicht höher schlagen lässt
- Seien Sie offen für die Vielzahl unterschiedlicher Standpunkte
- Arbeiten Sie an Ihrem Auftreten

Schütze am IC: Die Urquelle Ihrer Wirklichkeit

Zeigen Sie, was Sie bewegt und begeistert

Sehnsucht, Liebe, Hoffnung, Verlangen, das ist wahres Leben.
August von Kotzbue

Wenn Sie die Kraft innerer Überzeugung in sich spüren, wird es nur wenige Menschen geben, die ihre Meinung mit ebensolchem Elan, anspornender Begeisterung und mitreißender Intensität vermitteln können. Was immer Sie fasziniert, worin Sie Ihr Glück gefunden zu haben glauben, lässt Sie Energien freisetzen, die auch größte Hürden überwinden können. Gleich, ob es sich um Ihren Liebhaber, einen bewunderten Menschen, Ihr neues Auto, eine Reise, ein Projekt oder ein Buch handelt, das Sie eben gelesen haben, Ihre Faszination teilt sich anderen mit. *Das ist es,* sagt Ihnen Ihr Gefühl, *das ist es, was ich schon lange gesucht habe, das ist der Schlüssel zu meinen Fragen, das ist der Mensch, der mich erfüllt und glücklich macht.* Sie können sich kaum vorstellen, dass andere Ihren Eifer nicht teilen können, oder dass sie den Dingen ganz einfach neutraler gegenüberstehen und sich an und für sich weniger einsetzen wollen. Sie dagegen genießen die Freude an der Freude und *alle* Dinge *sind für Sie von tiefer Bedeutung.* Sie fühlen sich lebendig durch das *Feuer von innen* (Carlos Castaneda), das Sie motiviert und, wie es Ihnen scheint, zu großen Taten befähigt. Tatsächlich ist Enthusiasmus neben Hunger, Angst und Liebe eine der stärksten Triebkräfte, über die wir verfügen. Begeisterung lässt Glaube, Hoffnung und Einsatzbereitschaft entstehen. Die meisten Mensch kennen depressive Phasen, aus denen sie wieder herausfanden, nachdem ihnen gelungen war, ihr Vertrauen in sich und die Zukunft wiederzufinden.

Bewusst oder unbewusst sind Sie Ihr ganzes Leben lang auf der Suche nach intensiven Eindrücken und starken Gefühlen und fürchten sich vor der Routine und Leere, die der Alltag bereit zu halten scheint. Lieber nehmen Sie seelische Schmerzen und den Wechsel zwischen heftigen Phasen des Glücks und der Traurigkeit in Kauf, als nichts Besonderes zu empfinden. Und Sie sehnen sich danach, all diese Empfindungen mitzuteilen. Andere Menschen, Ihre berufliche Umgebung oder die Gesellschaft sollen Zeuge Ihres reichen Innenlebens und Ihrer Einsichten sein.

Ihr starker Glaube hat jedoch auch seine Kehrseite. Sie können derart überzeugt davon sein, den Stein der Weisen gefunden zu haben, dass Selbstüberprüfung und eine gesunde Kritik an dem, was Sie fasziniert, nicht mehr stattfindet. Ihre intensive Überzeugung kann Ihnen das Gefühl verleihen, auserwählt, zu etwas Besonderem berufen zu sein, eine Mission zu haben, mit der Sie auf andere Menschen zugehen und sie beglücken sollen. Sie fühlen sich berufen und Ihre Berufung rechtfertigt jeden Einsatz. Tief in Ihrem Inneren sind Sie sicher, dass andere nicht so genau wie Sie wissen, was gut für sie ist.[44]

Nicht Sieg sollte der Zweck der Diskussion sein, sondern Gewinn.
Joseph Joubert

Wenn Sie verliebt sind, eine neue Diät ausprobieren oder einen Job in Aussicht gestellt bekommen, sehen Sie möglicherweise den »Wald vor lauter Bäumen« nicht (oder, schützegerechter, sehen Sie nur den Wald und nicht die Bäume). Sie übersehen wichtige Details, entschließen sich zu schnell und ohne genaue Prüfung dazu, einen Vertrag zu unterschreiben, zu heiraten oder nach Amerika auszuwandern. Erst später, wenn die erste Begeisterung vom Alltag und seinen Realitäten gedämpft wurde, fallen Ihnen ein paar wichtige zusätzliche Dinge auf, die Sie vorher nicht bedacht hatten.

Da Sie alles, wovon Sie überzeugt sind, mit großer Energie aufladen, tun Sie dies auch mit negativen Überzeugungen, die in Ihnen verborgen sein können und die Ihren bewussten Zielsetzungen entgegenstehen. Mit der gleichen Intensität, mit der Sie Ihre bewussten Wünsche verwirklichen, setzen Sie auch das um, was Ihren unbewussten Überzeugungen entspricht. Das bedeutet nichts anderes, als dass Henry Fords Satz *»Ob Sie* *glauben, dass Sie es können, oder ob Sie es nicht glauben, Sie haben Recht«* für Sie ebenso in besonderem Maße gilt wie für Menschen mit der umgedrehten Entwicklungsachse Zwillinge-Schütze. Was immer Sie glauben wird für Sie zu einer plastischen, völlig realen Welt, auch dann, wenn es nur eine Konstruktion Ihrer Weltsicht ist. Wenn Sie sich vor etwas fürchten, dann fürchten Sie sich sehr, wenn Sie zweifeln, dann zweifeln Sie heftig. Wenn Sie zu selbstzerstörerischen Verhaltensweise neigen, werden Sie diese besonders intensiv betreiben. Wenn Sie von zukunftsträchtigen Dingen überzeugt sind, sind Sie kaum zu bremsen, aber auch wenn Sie glauben, nur ein eingeschränktes und wenig glückliches Leben verdient zu haben. Ohne es zu merken, aber mit der Ihnen eigenen Intensität lenken Sie Ihre Lebensumstände in der Weise, dass sie sich genauso entwickeln, wie Sie es erwarten.

Das Leben in seiner ganzen Fülle erfahren

Sie wollen intensiv leben, wie die Tänzerin Josephine Baker[45] »den Teufel im Leib« spüren.

Sie fürchten sich vor Langeweile und Routine, was für Sie so ziemlich das Gleiche ist, und wollen dem Alltag etwas Besonderes abgewinnen, Ihr Leben lebenswert zu machen. Vielleicht sind Sie ruhelos, immer auf der Suche nach einer Aufgabe, die noch spannender, noch farbiger, noch erhellender ist. Sie suchen die letzte Einsicht, die optimale Lösung, das Ei des Columbus und eventuell auch einfach das, was Ihnen die Anerkennung und Wertschätzung Ihres sozialen Umfeldes einbringt. Das Bedürfnis, gewürdigt und bewundert zu werden, spornt Sie zu immer neuen Höhen an. Gutes soll durch Sie noch besser werden, und dafür ersehnen Sie sich den Beifall der Umwelt. Sich in Ihren Erkenntnissen, Überzeu-

Ist es das, was sie eine Berufung nennen, was man mit Freuden tut, als ob man Feuer im Herzen, den Teufel im Leib hätte?
Josephine Baker

gungen und Ansichten mitzuteilen, ist für Sie elementar, im Gegenzug brauchen Sie das Feedback anderer. Sie lieben es, sich zu inszenieren, zu zeigen, was Sie wissen, wer Sie sind, was Sie glauben, wo Ihre Stärken liegen. Menschen, die auf einer Bühne auftreten, haben relativ häufig Zwillinge am Medium Coeli.

Doch geht es Ihnen nicht in erster Linie darum, gesehen zu werden. Sie möchten eine *Idee* repräsentieren, eine Überzeugung, eine Einsicht, ein System. Wie das Feuer, das an etwas haften muss, das es verbrennt, so brauchen auch Sie etwas, woran Sie haften, worauf Sie Ihre Energie und Leidenschaft richten können. Ihr Denken und Ihr Fühlen müssen von etwas zehren, das Ihr inneres Feuer entfacht, sonst fühlen Sie sich leer und das Leben scheint keinen Sinn zu machen.

Wenn Ihre Umgebung diese seelische Dynamik nicht begreift oder Ihre Bemühungen nicht entsprechend honoriert, fühlen Sie sich schnell abgewiesen und ungeliebt, denn Ihre negativen Gefühle sind Sie ebenso stark wie Ihre positiven. Da der Mensch nicht »hundert gute Tage haben kann«, wie ein chinesisches Sprichwort sagt, neigen Sie zu Gefühlsschwankungen, denn mit einer Abnahme Ihres Freudebaromenters kommen Sie nur schlecht zurecht. Phasen intensiven Freude- oder Glücksgefühls wechseln mit Trübsinn bis hin zu Sinnlosigkeitsgefühlen. Mehr als die meisten anderen Menschen kennen Sie »Hoch«-Phasen, in denen Sie vor Inspiration, Schaffenskraft, und Lebensfreude sprühen, und »Tiefs«, in denen alles im Nichts zu versinken scheint.[46]

Ein tiefes Bedürfnis nach Sinnhaftigkeit

Wenn Sie das Gefühl von Sinnlosigkeit überfällt, geraten Sie in eine ernsthafte Krise. Sie wollen glauben, dass alles gut ist, wie es ist, und einem inneren Zusammenhang unterliegt. Sie sehnen sich danach, die innere Einheit hinter allen Dingen sehen zu können, den Punkt, an dem sich alle Widersprüche auflösen und an dem erkennbar wird, welchen Sinn diese Widersprüche haben. *Das Lebens soll bedeutungsvoll sein.* Die Vorstellung, in einem sinnlosen, mechanistischen Universum zu leben, entsetzt Sie zutiefst. Glaube hat auch in Ihrer Kindheit auf die eine oder andere Art eine wichtige Rolle gespielt. Vielleicht war Ihre Mutter religiös, eventuell sind Sie mit entsprechenden Vorgaben darüber aufgewachsen, was im Sinne des lieben Gottes Recht und Unrecht ist. Die Frage, ob Sie sündig sind oder nicht, mag eine zentrale Rolle in Ihrem Leben spielen. Vielleicht waren Sie auf einer Klosterschule. Die Wurzel Ihres Lebens bildet eine Form von Religiosität, die Ihre eigene, aber auch eine sein kann, die Sie von anderen oder der Kirche übernommen haben. Dasselbe gilt für Ihre Ethik und Moral. Sie müssen nicht nach einer Lebensphilosophie suchen, sie wurde Ihnen sozusagen in die Wiege gelegt.

Lebensmuster oder Wir säen, was wir ernten

Ihre Stärke kann gleichzeitig auch Ihre Schwäche sein. Ihr Wunsch nach intensiven Gefühlen und nach dem Glauben, das Ei des Kolumbus gefunden zu haben, in Verbindung mit Ihrer Neigung, allem eine besondere Bedeutung beizumessen, können Sie in die Irre führen. Sie hören »das Gras wachsen«. Überall scheinen sich Beweise für das aufzutun, was Sie glauben, und was Sie erleben, scheint fraglos immer auf das gleiche Ergebnis hinzuweisen. Ob Sie von einer bestimmten Ernährungsart, einem Produkt oder einer Beziehung überzeugt sind oder glauben zu wissen, was für andere gut ist, Sie finden in allem einen Beweis dafür, dass Sie richtig liegen. Dabei verlieren Sie den Blick fürs Detail, für Schwachstellen und Gegenargumente, denn Sie lieben das Hochgefühl.

Ernüchterung ist damit programmiert. Sie machen die Erfahrung, dass andere trotz Ihres Einsatzes abtrünnig werden oder sich Ihnen ganz einfach entziehen. Auch das, was Sie mit so viel

Enthusiasmus erfüllt hat, kann sich als weniger ideal, weniger spannend erweisen. Sie stellen fest, dass man die Dinge auch noch anders sehen kann und dass es auch andere Möglichkeiten gibt. Anders als beim Skorpion am Imum Coeli errichten Sie nun vermutlich keine hohen Mauern, um diese Erkenntnis von sich fern zu halten, aber Sie fühlen sich tief enttäuscht und in Ihrer Glückserwartung betrogen. *Das* kann Ihre Falle werden, falls Sie nicht auch Sachverstand und Objektivität einsetzen.

Wenn Sie zu den Menschen zählen, denen die Einbindung in ein soziales Umfeld besonders wichtig ist, fließt ein großer Teil Ihrer seelischen Energie in das Bemühen um Anerkennung und Beliebtheit. Sie bemühen sich um ein angenehmes Auftreten und vermeiden es, anzuecken. Sie übernehmen die von Ihnen erwartete Rolle, statt Ihre Rolle selbst zu bestimmen. Es geht Ihnen mehr darum, wie Sie wirken, als darum, wie Sie sind.

Zwillinge am MC: Ihr Leitstern auf dem Weg zu Ihrem Lebensziel

Zeigen Sie Ihre Überzeugungen ohne missionarischen Eifer

Ihr reiches Innenleben und Ihre Begeisterungsfähigkeit suchen einen Weg, um sich auszudrücken. Diese starke innere Motivation stellt Sie vor die Aufgabe herauszufinden, wie Sie Ihre Einsichten, Erkenntnisse und Visionen anwenden und anderen mitteilen können, ohne sie mit Ihrem Enthusiasmus zu überrollen. Dazu müssen Sie innerlich einen Schritt zurücktreten, Luft holen, Distanz zu sich selbst schaffen. Wenn Sie dies nicht tun, können Sie zwar andere von Ihren Ansichten, Ihrem Geschmack, Ihren Plänen und Vorlieben überzeugen, aber Sie können nie sicher sein, inwieweit

Alle großen Dinge sind einfach und viele können mit einem einzigen Wort ausgedrückt werden: Freiheit, Gerechtigkeit, Ehre, Pflicht, Gnade, Hoffnung.
Winston Churchill

sie Ihnen aus freien Stücken folgen. Sie wollen der Welt etwas geben, also lernen Sie, es in der richtigen Form zu tun, sodass es von anderen aus einer eigenen Entscheidung heraus angenommen werden kann. Wenn Sie begreifen, dass andere nicht *hören* und *verstehen müssen,* nur weil Sie etwas *sagen*, und dass sie schon gar nicht Ihrer Meinung zu sein brauchen, nur weil Sie überzeugt sind, haben Sie schon einen guten Teil Ihres Auftrags bewältigt.

Mit Zwillinge am Medium Coeli können Sie Ihre eigene Form der Kontaktaufnahme zu anderen Menschen entwickeln. Sie finden heraus, *wie* Sie sich ausdrücken müssen, um bei Ihrer Umwelt weder Abwehr auszulösen noch Missverständnisse aufzubauen. Was Sie dann sagen, ist überzeugend und einsichtig, Sie äußern Ihre Meinungen in Form eines Angebots und nicht als eine allein selig machende Wahrheit. Sie lassen anderen den Spielraum, selbst zu entscheiden, was sie mögen und was nicht, was sie tun wollen und was nicht, ohne mit Enttäuschung, Ärger oder Ungeduld zu reagieren. Sie sind in der Lage, eine geistreiche und inspirierende Konversation ohne Überschwang und Missionsdrang zu führen. Ihr Sendungsbewusstsein wird zu etwas Persönlichem: Sie finden viele Dinge spannend und bringen die Menschen in Ihrer Umgebung damit in Kontakt. Sie vermitteln Wissen, tragen neue Ideen weiter, regen andere an, nach besseren Lösungen zu suchen. Sie glauben daran, dass es für alles eine optimale Lösung gibt und dass wir sie nur finden müssen. Mit diesem Glauben versehen muntern Sie andere auf, die Flinte nicht ins Korn zu werfen und zeigen ihnen Wege, die sie noch nicht gegangen sind, sowie Möglichkeiten, die sie noch nicht ausprobiert haben. Sie hüten sich jedoch davor, einen Weg als denjenigen anzupreisen, der alles richten wird, sei es eine Religion oder Philosophie, eine spezielle Diät, ein Umzug, ein Beruf oder eine Idee.

Stellen Sie Kontakte zwischen Menschen her. Vermitteln Sie Ihr Wissen weiter, nutzen Sie Ihr Gespür für sinnvolle Zusammenhänge. Wenn Sie in einem Eheanbahnungsinstitut arbeiten, haben Sie vermutlich eine intuitive Einsicht darin, wer zu wem passen könnte, aber Sie greifen nicht wirklich ein. In einer Kneipe, einem Internetcafé oder in einem Seminar, beim Wandern oder in einer Diskussionsrunde bringen Sie Menschen zusammen. Sie schaffen Verbindungen, lassen die Menschen an Ihren Erfahrungen teilhaben, weisen ihnen den Weg zu neuen eigenen Erfahrungen, zeigen ihnen, wie sie ihr Wissen erweitern können und wie vielfältig und interessant das Leben ist. Üben Sie sich dabei in der Politik der kleinen Schritte, nur so werden echte Einsichten geschaffen.

Eines Tages tobte ein Sturm. Das Meer war aufgewühlt und riesige Wellen brachen sich mit ohrenbetäubendem Getöse am Strand.

Schließlich ließ das Unwetter wieder nach und der Himmel klarte sich auf. Am Strand lagen zahllose Seesterne, die an den Strand geworfen worden waren.

Ein kleiner Junge lief am Strand entlang. Behutsam nahm er Seestern für Seestern in die Hand und warf jeden Einzelnen zurück ins Meer.

Da kam ein Mann vorbei. Er sagte zu dem Jungen: »Was machst du denn da? Das hat doch keinen Sinn! Siehst du nicht, dass der ganze Strand voll von Seesternen ist? Die kannst du nie alle zurück ins Meer werfen! Was du da tust, ändert nicht das Geringste!«

Der Junge schaute den Mann ganz ruhig an. Dann ging er zu dem nächsten Seestern, hob ihn vorsichtig vom Boden auf und warf ihn ins Meer. Dann sagte er: »Für ihn wird es etwas ändern!«[47]

Interessieren Sie sich auch für das, was Ihr Herz nicht höher schlagen lässt

Eigentlich möchten Sie sich nur dem widmen, was Ihnen dieses Glücksgefühl vermittelt, diese innere Sicherheit, deshalb verfolgen Sie einige Aktivitäten mit bewundernswertem Elan.

Anderes fällt dagegen durch das Netz Ihrer Aufmerksamkeit. Doch Ihre Überzeugungen sollen aus einem breit gefächerten Spektrum von Interessen erwachsen. Sie müssen nicht allem auf den Grund gehen, nicht alles muss Ihnen wunderbar, großartig oder beeindruckend erscheinen. Es genügt, wenn Sie sich einfach nur für vieles interessieren, für so viel wie möglich offen sind. *Wer Perlen sucht, muss viele Austern öffnen und auch Austern ohne Perlen habe ihren Sinn und ihre Daseinsberechtigung.* Ein wenig mehr Gleichmut wird Ihnen helfen, neue Ideen und Perspektiven zu entwickeln, die Sie bisher noch gar nicht in Betracht gezogen haben. Während Sie, beflügelt von Ihrer Fantasie, von einer Leidenschaft oder einer Vision, mit Siebenmeilenstiefeln durch die Landschaft des Lebens stürmen, fordern die Zwillinge am Medium Coeli Sie auf, eher beschwingt und wirklich aufmerksam durch eben diese Landschaft zu wandern, um sie in ihren vielfältigen Details, Schattierungen und Spielarten wahrzunehmen. Seien Sie Ihr Leben lang offen für unterschiedliche Standpunkte. Hören Sie auf, bei allem nach dem Sinn zu fragen. Werden Sie zu einem Menschen, der geistig und/oder räumlich unterwegs ist, immer bereit zu neuen Horizonten aufzubrechen – ohne den Drang, das Tal der Seligen zu finden. »Das Leben, ob glücklich oder unglücklich, ob erfolgreich oder erfolglos, ist außerordentlich interessant«, formulierte George Bernard Shaw und drückte damit die Relativität aller Bewertungen aus. Alles ist interessant, nicht alles bringt unser Herz dazu, höher zu schlagen. »Wissen ist Macht« ist ein weiteres bekanntes Zitat, und tatsächlich bedeutet in Ihrem Fall viel zu wissen auch mehr Macht, und zwar im positivsten Sinn. Nur wenn Sie von vielem gehört haben, vieles schon gesehen oder erlebt haben, können Sie den Überblick entwickeln, nach dem Sie verlangen. Ihr innerer Antrieb sucht nach der Gesamtschau, nach dem großen Verständnis, nach dem inneren Zusammenhang. Sie wollen verstehen, doch

Jeder Mensch hat die Chance, mindestens einen Teil der Welt zu verbessern, nämlich sich selbst.
Paul Antone de Lagarde

verstehen können Sie nur, wenn Sie wissen, auf welchen Wegen Sie zu dem Ergebnis gekommen sind, das die Basis Ihres Verständnisses darstellt. Sie wollen das, was Sie überzeugt und begeistert, anderen vermitteln, doch das können Sie nur tun, wenn Sie selbst mit Sachverstand und Genauigkeit nachvollzogen haben, was Sie selbst so an der Angelegenheit fasziniert. *Lassen Sie den Sinn aus Ihren Erfahrungen entstehen, statt den Sinn, den Sie schon zu kennen glauben, überall finden zu wollen.*

Erforschen Sie Ihr Auftreten und seine Wirkungen

Sage nicht immer, was Du weißt, aber wisse immer, was Du sagst.
Matthias Claudius

Wir haben unterschiedliche Wege, um unsere Erkenntnisse und Überzeugungen zu vermitteln. Wir können das in Wort und Schrift tun, ein anderer Weg ist der über den Körper. Madonna ist dafür ein besonders leicht nachzuvollziehendes Beispiel. Sie ist nicht einfach Sängerin oder Schauspielerin, sondern inszeniert ihren Körper in immer neuen Varianten, die jeweils eine bestimmte Lebensanschauung ausdrücken. Sie nennt sich Madonna und stellt sich lasziv in freizügigen Posen dar als Antwort auf die religiöse Enge ihrer Mutter. Doch ihr Styling, ihre Songs und die damit verbundenen Stilrichtungen drücken eine enorme Vielfalt aus – die Fähigkeit, beliebig das Outfit, die Haarfarbe, den Typ, die Gesellschaftsklasse zu wechseln. Mit den Zwillingen am Medium Coeli können Sie ein Chamäleon aus Überzeugung sein, vielseitig und interessant, ungebunden und keinen gesellschaftlichen Vorgaben unterworfen. Sie drücken das aus, was Ihrer momentanen Ansicht entspricht. Das kann, aber muss das nicht immer mit Nachdruck, Ausdruckskraft, oder sogar Dramatik geschehen.

Ich fand, dass man mit leiseren Mitteln zu starker Wirkung kommen kann.
Heinz Rühmann

Auch wenn Sie nicht auf einer Film- oder Theaterbühne stehen, ist das Leben eine Bühne, auf der wir uns inszenieren. Wir tun dies eher unbewusst und vielen Menschen ist nicht klar, welche Wirkungen von ihrem Auftreten ausgehen. Sie nehmen wahr, wie andere auf sie reagieren, wissen aber nicht, weshalb und was sie selbst dazu beitragen. Schütze an Ihrem Imum Coeli veranlasst Sie, Gefühle auszudrücken, in denen sich Ihre Überzeugungen spiegeln. Mit den Zwillingen beginnen Sie genau zu beobachten, was Ihre Mimik, Ihre Gestik, Ihre Stimmlage, Ihre Bewegungen bei anderen Menschen auslösen. Sie lernen diese Dinge als das wichtige Instrument der Kommunikation kennen, das es ist. Nur ein Teil unserer gegenseitigen Verständigung läuft über unsere Worte. Unsere Körpersprache spielt eine wesentliche Rolle dabei, wie wir von anderen aufgenommen und verstanden werden. Wenn Sie mit leiser Stimme, aber eindringlich und ohne nachzulassen anderen mitteilen, was Sie für richtig halten, mögen Sie mit Erstaunen feststellen, dass sie sich genauso abwehrend oder distanziert verhalten, wie wenn Sie eine Predigt halten würden. Nicht nur das *Was*, auch das *Wie* unserer Mitteilungen entscheidet über Erfolg und Misserfolg.

Wenn Menschen Liebe gepredigt wird, lernen sie nicht lieben, sondern predigen.
Alice Miller

Intelligenz ist nicht nur etwas, das wir mit einem Intelligenzquotienten messen können. Es gibt verschiedene Arten von Intelligenz, die gleichberechtigt nebeneinander stehen. Neben der intellektuellen gibt es die emotionale Intelligenz, die sich auf die praktischen Dinge des Lebens und auf unsere Fähigkeit bezieht, mit uns selbst und anderen in Beziehung zu treten. Die Zwillinge am Medium Coeli fordern dazu auf, die kommunikative und körperbezogene Intelligenz zu entwickeln: die sprachliche Intelligenz, die die richtige Wahl der Worte ermöglicht, und die Bewegungsintelligenz, mit der wir uns im Raum orientieren und uns anderen präsentieren.

Ihr Fluchtpunkt: Jungfrau

Geschickt die Lücke finden

Wenn Ihre Ansichten und Wünsche zu stark in Ihnen wirken, als dass Sie sich mit einer distanzierteren Einstellung anfreunden könnten, flüchten Sie sich zur Jungfrau, die ein Quadrat zu den Zwillingen am Medium Coeli bildet. Sie beobachten und hören genau zu, um die Lücke bei dem zu finden, den Sie überzeugen wollen und der sich Ihnen widersetzt. Sie versuchen allerlei Strategien und Taktiken, umrunden ihn, klopfen da und dort an, um schließlich Ihr trojanisches Pferd platzieren zu können. Gelingt es Ihnen, nehmen Sie es als Beweis für Ihre Ansicht. Immer wieder aber stellen Sie fest, dass so gewonnene Anhänger nur selten bei der Stange bleiben. Das Gleiche gilt für Ihre Liebesbeziehungen, in denen Sie vermutlich mit Menschen zu tun haben, die sich ihrer Gefühle weniger sicher sind als Sie.

Schuster, bleib bei deinen Leisten ...

Sie sehnen sich nach Glück, nach Weite, nach vielen Erfahrungen und nach der Würdigung Ihrer Umgebung für das, was Sie sind. Wenn es Ihnen, aus welchen Gründen auch immer, unmöglich erscheint, dieses Glück zu verwirklichen, ziehen Sie sich auf eine vernünftelnde Haltung zurück. Sie ordnen sich ein in die Hierarchie, die Ihr Umfeld vorzugeben scheint und bescheiden sich mit der Überzeugung, dass man nicht alles haben kann. Sie akzeptieren Grenzen, die Sie als gegeben hinnehmen. Sie versäumen es, offen für Ideen, Tipps und Informationen zu sein, die Ihnen einen anderen Blickwinkel und neue Perspektiven auftun könnten. Sie bringen nicht den Mut auf, Ihre Sehnsüchte und Visionen in gangbare Wege umzusetzen.

Ihr Lebensziel

Die Mitte zwischen Schütze und Zwillinge

Zwillinge am Medium Coeli ist Ihre Chance, voll Freude und Spannung an der Vielfalt teilzunehmen, die das Leben bietet. Sie entwickeln ein breit gefächertes Interesse, das sich nicht selektiv nur auf bestimmte Themen, die Sie faszinieren, richtet. Mit dieser Offenheit und dem Willen, vieles und immer wieder Neues auszuprobieren, und zwar gerade auch dann, wenn sich nicht sofort ein Aha-Erlebnis einstellt, bewirken Sie eine Haltung, in der sich innere Überzeugung mit der Bereitschaft zum Hinterfragen verbindet. Sie bilden eine Synthese aus gegensätzlichen Eigenschaften: Ihre Sehnsucht nach dem Wunderbaren, Beeindruckenden und Bedeutungsvollen wird durch Sachlichkeit in eine realistische Form gebracht. Wenn Sie eine Vision hegen, finden Sie mit den Zwillingen auch den Weg, über den Sie diese Vision verwirklichen können. Nicht nur die Ziele, die ein Mensch im Leben hat, sind wichtig, sondern auch die praxisorientierte Vorgehensweise und das Talent, an die richtigen Informationen zu kommen, um diese Ziele umsetzen zu können.

Wenn Sie Ihre intensive Emotionalität nicht nur auf einige wenige Themen konzentrieren, verhindern Sie, in eine rein subjektive Weltsicht zu verfallen, in der nur zählt, was Sie selbst als sinnvoll und wahr betrachten. Trotzdem können Sie große Visionen verwirklichen. Sie entwickeln das Vertrauen, dass das Leben Sie genau zu den Orten und zu den Informationen und Erfahrungen bringen wird, die Sie gerade auf Ihrem Weg benötigen. Sie verfügen über eine treffsichere Intuition, die Ihnen sagt, wo Sie sich hinbegeben müssen um zu finden, was Sie gerade brauchen. Die Gewissheit, dass dieser Mechanismus funktioniert, fördert ein gesundes Selbstvertrauen sowie Neugier auf alles, was das Leben zu bieten hat, ohne dabei über das Ziel hinauszuschießen.

Mit Schütze-Zwillinge als Lebensthema können Sie intensive

Gefühle und emotionalen Überschwang in Wort und Schrift ausdrücken. Dafür ist der Dichter Rainer Maria Rilke, der seine Gedanken und Visionen in ausdrucksvolle Worte und Bilder fasste, ein eindrucksvolles Beispiel, ebenso die Schriftstellerin Tania Blixen. Was wäre aus Rilke geworden, wenn er nicht seine innere Intensität als Triebfeder für sein Schreiben genommen hätte? Sie können eine Lebensphilosophie vermitteln wie Albert Camus oder sich durch Ihr Handeln und Auftreten mitteilen wie die Schauspielerin und Sängerin Madonna.

Die Achse Schütze-Zwillinge strebt echte Toleranz gegenüber den verschiedenen Meinungen, Glaubensformen, Lebensstilen, Menschen und Völkern an. Die Einsicht, dass jeder Mensch in seinen Sehnsüchten, Hoffnungen und Ängsten zu respektieren ist, führt dazu, nach Wegen zu suchen, wie jeder zu dem kommen kann, was das Beste in seinem Leben ist. Nichts und niemand wird ausgeschlossen, sondern alles akzeptiert und in seiner Vielfalt geschätzt. Oft entsteht daraus ein Interesse an sozialen Fragen und soziales Engagement.

Berühmte Persönlichkeiten mit Zwillingen am Medium Coeli

Marianne Bachmeier
Tania Blixen
George Bush
Bill Clinton
Doris Day
Marlene Dietrich
Placido Domingo
Ernest Hemingway
Howard Hughes
Madonna
Anaïs Nin
Rainer Maria Rilke
Emil Steinberger

Krebs am MC

Tauchen Sie hinab zu den Fundamenten Ihres Lebens – leben Sie, was Sie fühlen

Aszendent in der nördlichen Hemisphäre:

Waage[48]

Steinbock am IC: Die Urquelle Ihrer Wirklichkeit

- Sie sind diszipliniert, ehrgeizig und wollen Anerkennung
- Sie lassen Ihren Gefühlen nur selten freien Lauf
- Sie sind ausdauernd und genügsam
- Sie sehnen sich nach Zuneigung, Geborgenheit und Wärme, können aber nicht gut damit umgehen
- Sie brauchen Zeit, um sich für andere Menschen zu öffnen
- Gesellschaftliche Normen und Meinungen spielen eine wesentliche Rolle in Ihrem Leben
- Sie wollen Ihren Beitrag zur Gesellschaft leisten und beruflich erfolgreich sein

Krebs am MC: Ihr Leitstern auf dem Weg zu Ihrem Lebensziel

- Schenken Sie Ihren Gefühlen mehr Beachtung – lockern Sie Ihr inneres Korsett
- Entdecken Sie Ihre wahre seelische Identität
- Nehmen Sie die Liebe, Aufmerksamkeit und Fürsorge anderer mit offenem Herzen entgegen
- Betrachten Sie es als eine Ihrer Aufgaben, Fürsorge für andere zu entwickeln, und übernehmen Sie dort Verantwortung, wo es Ihrem Herzen entspricht
- Befassen Sie sich mit dem Sinn und Wert von gesellschaftlichen Spielregeln und Statussymbolen
- Richten Sie sich nach den Maßstäben, die Ihnen Ihr natürliches Empfinden vorgibt, und nicht nach allgemeinen Regeln
- Finden Sie heraus, was Erfolg für Sie bedeutet

Steinbock am IC: Die Urquelle Ihrer Wirklichkeit

Die Gabe der Selbstdisziplin

Sie zählen zu denjenigen Menschen, die sich auf bewundernswerte Weise disziplinieren können. Obwohl Sie auch Zeiten kennen, in denen Sie sich ausufernd irgendwelchen Leidenschaften hingeben, sind Ihre Zähigkeit, Ihre Ausdauer und Ihre Bereitschaft, für Ziele zurückzustecken, beeindruckend. Anders als viele andere Menschen müssen Sie sich diese Eigenschaften nicht erst mühsam antrainieren. Sie haben sie bereits als natürliche Veranlagung in sich. Arbeit wird Ihnen selten zu viel, solange sie die Erwartungen erfüllt, die Sie an sie richten: Arbeit ist das Medium, das Sie benützen, um Erfolg und Anerkennung zu bekommen und Ihren Ehrgeiz zu befriedigen.

Es genügt Ihnen nicht, einfach nur zu leben oder den Dingen ihren Lauf zu lassen. Sie wollen etwas aktiv gestalten, Verantwortung tragen und sich so selbst Ihren Wert beweisen. Ihr Streben geht über Ihre Privatsphäre hinaus. Obwohl Ihnen zwischenmenschliche Beziehungen wichtig sind, suchen Sie im Grunde Ihres Herzens nach einer Aufgabe, für die Sie sich engagieren können und die Ihnen die Möglichkeit bietet, sichtbare Resultate zu erzielen und den Lauf der Dinge zu prägen. Ihr tiefstes Gefühl ist nicht so sehr persönlicher Art und es kreist auch nicht in erster Linie um persönliche Themen. Sie empfinden eine Distanz zu sich selbst.

Der Schlüssel Ihrer Lebensgeschichte ist ein emotionaler Mangel. Sie wurden in eine Situation hinein geboren, in der Wärme und Nähe rar waren. Aus unterschiedlichen Gründen war Ihre Mutter, die für Sie die wichtigste Bezugsperson überhaupt darstellte, und eventuell auch Ihr Vater nicht in der Lage, Ihnen die seelische Geborgenheit zu geben, nach der Sie sich so sehr sehnten. Ihre Mutter konnte ihre Gefühle nicht zeigen, hatte vielleicht Mühe mit Körperkontakt und Zärtlichkeiten. Vielleicht war sie in einer schwierigen finanziellen Lage und musste für das Einkommen sorgen, oder sie hatte gerade eine neue Karriere begonnen. Eventuell sind Sie das Kind einer Zeit, in der strenge Maßstäbe und Unnachgiebigkeit als Erziehungsideale galten, oder Ihre Mutter gab einfach ein Erziehungsmuster weiter, mit dem sie selbst aufgewachsen war. Sie kennen Situationen, in denen Sie beobachteten, wie andere Eltern mit Ihren Kindern spielten, während Sie allein Ihre Sandförmchen füllten, oder solche, in denen Sie noch am Bahnhof warteten, während Ihre Kameraden längst abgeholt worden waren. Es mag auch sein, dass Ihre Eltern ein sehr gesellschaftliches Leben führten und Etikette und korrekte Verhaltensregeln wichtiger waren als der spontane Ausdruck dessen, was Sie fühlten. Welche Umstände es auch immer waren, die Ihnen das Gefühl gaben, Sie müssten sich zusammennehmen, für sich selbst sorgen und durchhalten – für Sie war es der Beweis, dass Sie im Vergleich zu anderen vernachlässigt wurden. Andere Kinder schienen mehr geliebt, mehr liebkost, mehr verwöhnt und wichtiger genommen zu werden. Auch wenn Ihre Mutter oder beide Eltern gute Gründe für ihr Verhalten hatten, für Sie als Kind zählten die Enttäuschungen, die unerfüllte Sehnsucht, das Gefühl, zurückgewiesen zu werden. Alles schien wichtiger zu sein als Sie selbst. Auch der Versuch Ihrer Eltern, besonders gerecht zu sein, kann zu einem solchen Empfinden geführt haben, denn Gerechtigkeit um ihrer selbst willen schert alle Menschen über einen Kamm und versäumt, den Einzelnen in seiner Einzigartigkeit und Besonderheit zu würdigen.

Man sagte mir, alle Gefühle seien weiß oder schwarz oder dazwischen, also grau. In mir kamen bunte dazu, sogar zweifarbige, zum Malen des Lebens. Ich erfuhr, dass die meisten Menschen ihre farbigen Gefühle verdrängen, sodass nur schwarz und weiß und grau verbleiben kann.
Kristiane Allert Wybranietz

Sie haben gelernt, mit Frustrationen zurechtzukommen. Wenn es notwendig ist, können Sie emotional, aber auch was materielle Dinge angeht, mit ausgesprochen wenig auskommen. Auch heute noch halten Sie in Situationen durch, in denen es scheint, als ob all Ihre ernsthaften Bemühungen gebremst oder nicht honoriert würden. Im Gegenteil, bewusst oder unbewusst haben Sie immer wieder private und berufliche Situationen aufgesucht, in denen Sie sich sehr eingesetzt haben, ohne Ihrem Empfinden nach den Gegenwert zu bekommen, den Sie anstrebten. So kann es sein, dass Sie zwar ausgesprochen erfolgreich sind, dabei jedoch nur finanziell oder durch Ihren Status gewinnen, nicht aber emotional.

Die Faszination äußeren Erfolges

Immer, wenn man die Meinung der Mehrheit teilt, ist es Zeit, sich zu besinnen.
Mark Twain

Eigentlich geht es Ihnen um Liebe. Seelische Geborgenheit ist Ihr Ziel. Vermutlich haben Sie beides zumindest zu bestimmten Zeiten in Ihrem Leben durch beruflichen, gesellschaftlichen oder finanziellen Erfolg gesucht. Sie mögen der Don Juan sein, dem in Wahrheit nichts an den eroberten Frauen liegt, der erfolgreiche Manager, der zu hohen Preisen eingekauft wird, die korrekte und tadellose Mutter und Hausfrau, die engagierte Lehrerin. Ein Weg, um mit Ihrer inneren Einsamkeit zurechtzukommen, ist ein durchdachter Tagesablauf und nie wirklich Zeit zu haben, um sich zu entspannen und den Rhythmen Ihrer Gefühle und Ihres Körpers zu überlassen. Sie fühlen sich getrieben, aktiv und tätig zu sein. Dabei sind Ihnen Luxus und die Güter, die Sie eventuell durch Ihre Arbeit anhäufen, nicht wirklich wichtig, auch wenn das so aussehen mag, weil Sie zeitweise verschwenderisch mit Ihren Mitteln umgehen. Sie haben eine tief verwurzelte Abneigung gegen Verschwendung aller Art, auch der von Zeit. Gang gleich, wie Ihr äußerer Lebensstil aussehen mag, Ihre Seele verlangt nach Genügsamkeit.

Sie wollen akzeptiert und anerkannt werden, je mehr desto besser, deshalb sind Sie auch von Partnern fasziniert, die Ihnen auf dramatische Weise vermitteln, wie sehr sie Sie lieben und brauchen. Menschen mit übersteigerten Gefühlsäußerungen oder solche, die seltsam unberechenbar sind, weil sie zwischen großer Nähe und dem Bedürfnis nach Distanz hin und her schwanken, üben eine große Faszination auf Sie aus. Nicht zuletzt zwingen diese Menschen Sie, aus Ihrer inneren Isolation herauszukommen und sich dem Fühlen zu öffnen. Das kann sehr schmerzhaft für Sie sein, in jedem Fall ist es beunruhigend, denn Sie sind gewohnt, sich hinter einer Mauer aus Nüchternheit und Härte zu verschanzen.

Intimität braucht Zeit. Sie ergibt sich nach und nach. Sie muss gefördert, geschätzt, gehegt werden – und man muss ihr Raum lassen, damit sie sich festigen kann. Wenn wir versuchen, sie zu manipulieren, zerstören wir sie. Im Grunde stellen wir oft nur deshalb so rasch Intimität her, um zu vermeiden, dass es zu wahrer Intimität kommen könnte.
Anne Wilson Schaef

Um sich einem anderen Menschen öffnen zu können, brauchen Sie Zeit. Sie öffnen Ihre Seelentüren langsam, Stück für Stück. Wirklich lieben mag sich für Sie anfangs so anfühlen wie halb erfrorene Hände, die wieder auftauen – wer das schon einmal erlebt hat, weiß, wie weh das tut.

Die Vorschriften, Meinungen und Erwartungen anderer Leute und der Gesellschaft

Die herrschenden Normen sind die Normen der Herrschenden.
Ernst Borneman

Wir alle kennen dieses große »Man«, das über uns schwebt. Immer dort, wo sich Saturn und der Steinbock im Horoskop finden, sind wir mit der Frage konfrontiert, nach welchen Regeln wir unser Leben gestalten wollen, ob es unsere eigenen oder solche sind, die wir übernehmen oder gar aufgezwungen bekommen. Mit Steinbock an Ihrem Imum Coeli ist es eine Ihren gesamten Lebensweg prägende Herausforderung, was die Gesellschaft und manchmal auch einfach der Nachbar nebenan für richtig und für falsch hält, was »man« tut und was »man« lässt, was aus einem werden soll und was nicht. Das Empfinden, dass der Einzelne nicht so viel zählt wie alle zusammen, dass er hinter der Gesamtheit zurückstehen muss, löst in Ihnen sowohl eine tiefe Traurigkeit aus, die zu Zeiten auch in Depression umschlagen kann, wie es Sie auch befähigt, Ihre persönlichen Interessen im Dienst der Allgemeinheit zurückzustellen.56 Wenn Sie eine Aufgabe haben, für die Sie sich einsetzen können und mit der Sie Ihren Beitrag in einer Firma, einer Familie, einem Land oder wo auch immer leisten, sind Sie in der Lage, über sich selbst hinauszuwachsen und uneigennützig Ihr Bestes zu geben.

Doch wie jeder westliche Mensch, der weit entfernte Regionen mit anderen Zeitvorstellungen besucht, schnell merkt, ist unser Bild der Zeit nur eines von vielen. Es haben nicht nur andere Wahrnehmungen Gültigkeit, sie können auch praktischer sein.
Diana Hunt

Zeit spielt eine wichtige Rolle in Ihrem Leben: Zeit zu planen, zu organisieren, Zeit überhaupt zu haben. Ebenso wie es eine spannende Erfahrung ist, die Wertmaßstäbe und Spielregeln anderer Kulturen und Völker kennen zu lernen und mit denen unseres Kulturkreises zu vergleichen, so ist es auch eine aufschlussreiche Erfahrung, die Zeitbegriffe anderer Völker auf sich wirken zu lassen.[50]

Lebensmuster oder Wir säen, was wir ernten

Mit distanzierten Gefühlen, Kühle, Sachlichkeit, Realismus kennen Sie sich aus. Auch damit, was es heißt, aufzustehen und sein Soll zu leisten. Ihre Seele bewegt sich sicher in ungeheizten Gefühlsräumen oder in solchen, die nur leicht erwärmt sind. Sie sind es gewohnt, Ihre Glücksgefühle nur leichte Wellen schlagen zu lassen. Das Gefühl, sich nicht allzu viel Platz nehmen zu dürfen oder zu können, ist Ihnen vertraut. Sie träumen davon, dass das »Schicksal sich wendet«[51], und davon, »nach Hause« zu kommen, was immer zu Hause für Sie bedeutet. Doch Sie werden unruhig, unsicher, sogar abwehrend, wenn sich Glück, Wärme und Geborgenheit einstellen wollen. Ein emotionaler

Temperaturanstieg in Ihren Beziehungen kann Sie regelrecht aus der Fassung bringen. Deshalb wählen Sie unbewusst ein Leben, in dem Sie Ihre Gefühle immer wieder zurückhalten müssen oder die Erfahrung der Zurückweisung machen. Sie selbst halten Ihren Partner auf Distanz oder suchen unbewusst einen Menschen aus, der auf seine Art ebenfalls Probleme mit Nähe und Wärme hat. Sie könnten auch Lebens- und Berufsumstände wählen, die Sie unbefriedigt lassen und die Ihnen das Gefühl vermitteln, wieder um das gebracht worden zu sein, was Sie sich eigentlich wünschen. Sie sorgen dafür, dass Ihr Leben genügend Anforderungen an Sie stellt, damit Sie nicht zum Nachdenken kommen. Und Sie könnten sich trotz allen Erfolges letztlich als Verlierer erleben. Ihre tief verwurzelten Überzeugungen darüber, dass Sie in letzter Konsequenz doch nicht glücklich sein werden, scheinen sich vor allem in den Augenblicken und Zeiten zu bestätigen, in denen Sie sich emotional öffnen.

Es gibt in Ihrem Leben jedoch auch Phasen, in denen Sie sich unverantwortlich wie ein Kind verhalten. In solchen Zeiten versuchen Sie Ihren Traum von einem emotional erfüllten Leben zu verwirklichen, und eventuell tun Sie das ganz einfach durch Rebellion gegen jede Vernunft, gegen Regeln und Verpflichtungen. Ihr undiszipliniertes, vielleicht sogar unerwachsenes Verhalten ist letztlich ein Hilferuf an den oder die Menschen, von denen Sie sich vernachlässigt glauben. Und es sind auch Testläufe für das, was in Ihrem Leben an persönlicher Erfüllung möglich ist.

Ihr Fluchtpunkt: Waage

Kontakte und Begegnungen ohne echte Beteiligung Ihrer Gefühle

Es fällt Ihnen leicht, Kontakte herzustellen. Sie wissen instinktiv, wie Sie mit anderen umgehen müssen, um von ihnen positiv beurteilt zu werden. Dieses Feedback und die darin enthaltene

Akzeptanz tun Ihnen gut. Deshalb haben Sie gern mit Menschen zu tun und Ihr persönlicher Erfolg beruht genau auf der Fähigkeit, sich auf angenehme Weise durchzusetzen. In den meisten Fällen ist jedoch Ihr Herz nicht dabei. Sie erfüllen eine Aufgabe, werden Erwartungen gerecht, die andere oder Sie selbst an sich richten.

Beliebtheit sollte kein Maßstab für die Wahl von Politikern sein. Wenn es auf die Popularität ankäme, säßen Donald Duck und die Muppets längst im amerikanischen Senat.
Orson Welles

In Ihrem Auftreten können Sie dann sehr glatt sein, oder auch sehr positiv motivierend wirken, je nachdem, was Sie anstreben. Das macht Sie zu einem guten Verkäufer von Ideen und Produkten. Erhalten bleiben Ihnen aber die innere Distanz, die Einsamkeit, das Unbefriedigtsein, weil Sie nicht mit Ihren Gefühlen dahinter stehen und im Zusammensein mit anderen Menschen keine wirkliche Herzlichkeit erleben.

Scheinbare Harmonie

Auch wenn Sie davon träumen, dem Gefängnis emotionaler Enge und Lieblosigkeit zu entkommen, macht es Ihnen doch Angst. *Was wird auf Sie zukommen, wenn Sie plötzlich geliebt werden? Kann es geschehen, dass Sie sich öffnen und gerade dann, wenn Sie dazu in der Lage waren, werden Sie wieder zurückgewiesen oder verlassen? Wie fühlt sich ein zufriedenes, glückliches und erfülltes Leben an?* Im Zwiespalt all dieser Fragen mögen Sie es vorziehen, sich mit dem Status quo zu bescheiden: Sie lassen alles, wie es ist, und tun so, als sei alles in bester Ordnung. Sie trösten sich mit der Überzeugung, dass es ja immer ein Haar in der Suppe gibt und dass alles im Leben auch seine Schattenseiten hat. Unterhalb der Fassade, die Sie sich selbst und anderen präsentieren, liegt jedoch eine andere Wahrheit.

Krebs am MC: Ihr Leitstern auf dem Weg zu Ihrem Lebensziel

Schenken Sie Ihren Gefühlen mehr Beachtung – entdecken Sie Ihre seelische Identität

Ihr wichtigster Leitsatz auf dem Weg zu einem erfüllten und glücklichen Leben ist: *Schenken Sie Ihren Gefühlen mehr Beachtung.* Lockern Sie Ihr inneres Korsett, entwickeln Sie ein natürliches, von Abwehr unverfälschtes Verhältnis zu Ihren Neigungen, Stimmungen und Sehnsüchten. Achten Sie auf Ihre emotionalen Reaktionen. Durch den Zugang zu Ihren Empfindungen erhalten Sie Zutritt zu einer intuitiven Weisheit, die durch kein Nachdenken und keine Planung ersetzt werden kann. Sie sind in der Lage, sich auf Ihre Umgebung einzustimmen, mit ihr zu schwingen und in Harmonie mit den Gegebenheiten zu entscheiden und zu handeln. Intuitiv wissen Sie, was gebraucht wird, was man von Ihnen wünscht und ob und wie Sie es erfüllen wollen. In Ihnen lebt eine Vision, bei der es darum geht, alles Lebendige zu hegen und zu fördern. Sie wollen Ihren Beitrag zum Leben und zur Gesellschaft leisten. Dazu müssen Sie aus der Quelle schöpfen, die alles Lebendige miteinander verbindet: das Gefühl. Es ist Ihre innere Welt, durch die Sie wirklich mit der äußeren verbunden sind, nicht durch Konventionen, Denksysteme, Regeln oder ein besonders korrektes und ansprechendes Auftreten. *Finden Sie heraus, wer Sie aufgrund Ihrer Art zu fühlen wirklich sind. Entwickeln Sie ein von allgemeinen Erwägungen und Normen unabhängiges inneres Zentrum, aus dem heraus Sie handeln und sich mit Ihren Gaben in die Welt einbringen. Sie finden zu sich selbst, indem Sie sich Zeit und Ruhe nehmen, um dem nachzuspüren, was in Ihnen vorgeht.*

> *Ich glaube, dass wir uns im persönlichen Leben durch die tiefen, inneren Bedürfnisse unseres Wesens leiten lassen sollten.*
> *Sigmund Freud*

Um zu Ihrer Quelle des Fühlens und der Inspiration vorzudringen, ist es auch wichtig, Quantität nicht mit Qualität zu verwechseln. Gehen Sie achtsam mit dem um, was Sie zu sich nehmen. Das gilt sowohl für Ihren Magen wie für Ihren Charakter: Nahrung, Wissen, Eindrücke, Beziehungen, das, womit Sie Ihren Tag verbringen. *Was für eine Beziehung haben Sie zu sich selbst? Was tun Sie für Ihre seelische Gesundheit? Mit welchen Menschen pflegen Sie Umgang und was für ein Umgang ist das? Welche Gefühle werden dadurch in Ihnen wach? Können Sie Menschen lieben – und damit auch sich selbst – oder fühlen Sie sich trotz zahlreicher Kontakte von anderen getrennt und unverstanden? Stimmt das, was Sie sagen und wie Sie handeln mit Ihren inneren Lebensmotivationen überein? Sind Sie authentisch?* Sie können Ihre Außenwirkung auf einer Rolle oder auf einer inneren Wahrheit aufbauen. Lernen Sie, beliebt zu werden, indem Sie den Menschen echte Freundlichkeit und Verständnis entgegenbringen statt elegante Glätte, die Sie unangreifbar macht, auch wenn das bedeutet, dass Sie Ihre Schutzmauern fallen lassen müssen. Werden Sie populär, indem Sie die Gefühle der Menschen ansprechen, jedoch ohne den Star oder die Charmante zu spielen, sondern mit echter innerer Anteilnahme. Wenn Sie andere beurteilen, achten Sie darauf, welchen Bereichen diese Menschen besondere Aufmerksamkeit schenken, wovon sie ihren Körper und ihre Seele ernähren. So werden Sie das Wesen dieser Menschen verstehen und wissen, was sie bewegt.

Die eigentliche Weisheit steigt nicht mit dem Springbrunnen des Intellekts hervor, sie ruht im Grundwasser der Seele.
Carl Zuckmayer

Werden Sie jung

»Als Kind war ich gezwungen, ein Leben zu führen, das weit über mein Alter hinausging; jetzt habe ich die Ordnung auf den Kopf gestellt, und ich beabsichtige, unbegrenzt jung zu bleiben«, formulierte Mary Pickford. Mit diesen Worten hat Sie Ihnen aus der Seele gesprochen, denn Sie sehnen sich nach innerer Freiheit, nach Spontaneität, nach Frohsinn. Sie möchten ein kreatives Leben führen, das auch Wegweiser und Maßstab für andere sein kann. Dazu brauchen Sie zwei Dinge: das Vertrauen, dass Türen nach außen aufgehen, wenn man nur bereit ist, sie zu öffnen. Mit diesem Vertrauen überwinden Sie die Angst, sich in Gebiete vorzuwagen, auf denen Sie zwar auch emotional enttäuscht, aber auch reich belohnt werden können. Und Sie brauchen die Bereitschaft, alte Lasten, die mit »ich sollte«, »man müsste«, »ich sollte nicht« beginnen, abzuschütteln. Wenn Ihr Leben von inneren Antreibern bestimmt ist, die Sie zu immer mehr Leistung anspornen, entspannen Sie sich, lösen Sie sich von den Erwartungen anderer sowie von denen, die Sie an sich selbst richten. Nutzen Sie dazu jedes Hilfsmittel – Gespräche, Bücher, eine Therapie, Spaziergänge in der Natur. Öffnen Sie sich für das, was das Leben der Menschen bewegt, für Ihre Sorgen, Ihr Glück und Ihre Bedürfnisse.

Am Baum des Ernstes ist Heiterkeit die Blüte.
Ferrucio Busoni

Hüten Sie sich vor Verallgemeinerungen. Was zählt, sind Ihre persönlichen Erfahrungen, Ihre Gefühle und die individuelle Bedeutung, die Sie allem, was Sie erleben, beimessen. Aus diesen Elementen formt sich Ihre Persönlichkeit und das, was Sie anderen anzubieten haben.

In den Verallgemeinerungen steckt der Teufel.
Georges Bernanos

Lassen Sie Ihrer Fantasie freien Lauf. Erlauben Sie sich Tagträume, Visionen, kreative Gedankenspiele. Von dem Schriftsteller Paul Claudel stammt das Zitat: »Ordnung ist die Lust der Vernunft, aber Unordnung ist die Wonne der Fantasie.«

Ein Lehrer eines Gymnasiums malte einen Punkt an die Tafel und fragte die Klasse, was das wohl sei. »Ein Kreidepunkt auf der Tafel«, war die einhellige Antwort. »Ich bin verblüfft«, sagte darauf der Lehrer, »ich habe das Gleiche in einem Kindergar-

ten gemacht, und den Kindern fiel eine große Zahl verschiedener Dinge ein: ein zerquetschter Käfer, ein Eulenauge, der Kopf einer Kuh. Ihre Fantasie lief auf Hochtouren.«[52]

Übernehmen Sie dort Verantwortung, wo es Ihrem Herzen entspricht

Öffnen Sie sich für die Zuneigung und Fürsorge, die Ihnen entgegengebracht wird. Räumen Sie anderen Menschen die Chance ein, Ihnen zu zeigen, dass sie Sie mögen, lieben, schätzen und respektieren und dass sie das gern und freiwillig tun, wenn auch vielleicht in einer anderen Form, als sie es erwarten. Bauen Sie umgekehrt Ihr Verhalten und Ihre Handlungen ebenfalls auf Zuneigung und Achtung vor anderen Menschen auf. Entwickeln Sie Familienbewusstsein. Dieses Bewusstsein muss sich nicht unbedingt auf Ihre Ursprungsfamilie beziehen. Es hat mit der seelischen Verwandtschaft zwischen Menschen zu tun und damit, dass wir alle letzten Endes von den gleichen Sorgen und Nöten, Hoffnungen und Wünschen erfüllt sind. Die gesamte Menschheit stellt eine große Familie dar, in der jeder seinen Platz einnimmt. Entdecken Sie den gemeinsamen Nenner des menschlichen Daseins und suchen Sie sich eine Aufgabe, bei der Sie im Kontakt mit Menschen sind und gleichzeitig etwas für deren seelisches Wohlergehen tun können. Lösen Sie sich von gesellschaftlichen Vorschriften, befreien Sie sich von Ansichten darüber, was Erfolg ist und was man sein, haben und tun muss, um gesellschaftlich erfolgreich zu sein. In Ihnen wohnt ein Asket, der Luxus nur dann genießen kann, wenn er ihn sich durch echte Leistung erworben hat.

Richten Sie sich nach den Maßstäben, die Ihnen Ihr natürliches Empfinden vorgibt – finden Sie Ihre eigenen Regeln

Setzen Sie sich mit dem Zeitbegriff und den Regeln anderer Völker und Kulturkreise auseinander. Das wird Ihnen helfen zu erkennen, dass Regeln relativ und oft willkürlich gewählt sind, was bedeutet, dass sie verändert und neu gestaltet werden können. Gesellschaftliche Regeln stellen keine gottgesandten Gesetze dar, die unumstößlich einzuhalten sind. Sie brauchen Selbstbeherrschung und Ordnung in Ihrem Leben. Doch beides sollte Ihrer inneren Wahrheit entspringen und nicht von außen bestimmt sein durch Ihren Status, Ihren Erfolg oder durch das, was Sie glauben tun oder lassen zu müssen, weil Sie es so gelernt haben. Lösen Sie sich von der Macht der Uhr. Sehen Sie alle Aufgaben des Tages mehr aus einer inneren als aus einer äußeren Perspektive, das heißt aus der, die Ihr persönliches Empfinden einbezieht. Machen Sie sich eine Liste aller »man darf« und »man muss« und aller »man darf nicht«, die Ihnen einfallen. Was müssen Sie? Was *müssen* Sie sich beweisen, oder Ihrer Mutter, oder Ihrer Familie, oder der Gesellschaft, oder dem lieben Gott? Und *was wollen* Sie sich beweisen, weil es Ihren tiefsten Lebensmotivationen entspringt? Wer wollen Sie sein?

Ihr Lebensziel

Die Mitte zwischen Steinbock und Krebs

Mit Krebs am Medium Coeli haben Sie die Chance, zu Ihren eigenen Werten und Normen zu finden. Diese sind aus der Fähigkeit entstanden, in sich hineinzuspüren und so einen persönlichen Bewertungsmaßstab zu entwickeln. Sie leben »in Wahrheit«,[53] alles, was Sie tun, entspricht dem, was Ihrem Gefühl nach wahr, richtig, gerecht und fair ist. Durch diese Wahrhaftigkeit erlangen Sie eine seelische Stabilität, die nicht durch von außen auferlegte Regeln oder durch ein Halt gebendes Rollenverhalten erzeugt wird, sondern dadurch, dass Sie zum Zentrum Ihres Fühlens vorgedrungen sind und damit zum Ursprung Ihrer Lebensmotivationen. *Sie sind hinuntergetaucht zu den Fundamenten Ihres Lebens* und wissen, was Sie motiviert, welche Fragen Sie also wirklich bewegen und welche Aufgaben und Tätigkeiten sich daraus ergeben. Indem Sie mit Ihrem ganzen Wesen – also nicht nur mit dem Intellekt – wissen, was Sie fühlen, wer Sie sind und was Sie brauchen, überwinden Sie Ihre Neigung, intellektuelle Kontrolle durch Sachlichkeit und Planung auszuüben und öffnen sich Ihrer verschütteten Liebe zu allem Lebendigen. Statt in nüchterner Distanz zu sich selbst und der Welt zu stehen, nehmen Sie Anteil an den Vorgängen um Sie herum und in der Welt, Sie sind im besten Sinne empathisch. Das Wort empathisch bedeutet »Anteil nehmen«, es bedeutet nicht »mit leiden«. Mitleid – mit leiden heißt immer sich identifizieren, und in der Identifikation können wir niemandem helfen, da das Problem des anderen zu unserem wird und wir deshalb auch keine Lösung finden können. Lösungen finden wir nur aus einem Abstand heraus, bei dem wir gleichzeitig Anteil nehmen. Die Mitte zwischen Krebs und Steinbock versetzt uns in die Lage, weich und empfänglich für das zu sein, was wir selbst und andere erleben und dabei gleichzeitig unsere Grenzen wahren sowie die Grenzen anderer respektieren zu können.

Die gemeinschaftliche Menschlichkeit wird in den Tiefen erfahren; es sind die Kopffunktionen, die differenzieren und trennen.
Dane Rudhyar

Der Weg zur Mitte zwischen den beiden Zeichen führt hier über den Zugang zum Gefühl, das die kreative Quelle unseres Seins darstellt. Wahre, echte, spontane Gefühle sind gefragt, die direkte und intuitive Verbindung zu Menschen und Situationen und zu dem Widerhall, den sie in uns auslösen. Durch diese Verbindung entsteht Nähe, Verständnis und Liebe zu sich selbst und anderen sowie

Auf der Suche nach dem Garten meiner Mutter fand ich meinen eigenen.
Alice Walker

die Fähigkeit, sich und andere zu hegen und zu nähren. Die innere Fremdheit, Distanz oder seelische Trockenheit wird zu einem hohen Verantwortungsbewusstsein, das von Wohlwollen und Zuneigung gespeist wird.

Daher entsteht auf diesem Entwicklungsweg oft ein starkes Gefühl der Berufung, ein Wunsch, für andere Menschen etwas zu tun – ihnen Erkenntnis und Weisheit zu vermitteln, wie es die Buddhismus-Forscherin, Schriftstellerin und Abenteuerreisende Alexandra David-Néel tat, soziale Missstände zu beseitigen wie der Politiker John F. Kennedy, oder Ihnen die Fähigkeit zur kindlichen Faszination und Freude wiederzugeben wie der Zauberkünstler David Copperfield.

Berühmte Persönlichkeiten mit Krebs am Medium Coeli

Alexandra David-Néel
David Copperfield
Jon Bon Jovi
Anaïs Nin

Löwe am MC

Finden Sie Ihre Identität

Aszendenten in der nördlichen Hemisphäre:

Waage, Skorpion[54]

Wassermann am IC: Die Urquelle Ihrer Wirklichkeit

- Ihre Gefühle sind komplex und wechselhaft
- Die »Qual der Wahl« begleitet Sie durch Ihr Leben
- Sie lassen vieles in der Schwebe
- Sie sehnen sich nach Einigkeit und scheuen Konflikte
- Sie können gut vermitteln
- Sie neigen dazu, sich mit anderen Menschen zu identifizieren und geben Entscheidungen ab
- Sie sehnen sich nach einem freien Leben, das Sie in vollen Zügen ausschöpfen

Löwe am MC: Ihr Leitstern auf dem Weg zu Ihrem Lebensziel

- Machen Sie sich zum Zentrum Ihres Lebens
- Werden Sie wahrhaft souverän
- Seien Sie innovativ – bringen Sie das Besondere in sich zum Ausdruck
- Setzen Sie sich mit Ihrem verborgenen Zorn auseinander
- Treffen Sie unabhängige Entscheidungen und setzen Sie *Ihre* Prioritäten
- Bleiben Sie auf Kurs – achten Sie auf die Falle der Ablenkung
- Leben Sie ein leidenschaftliches Leben

Wassermann am IC: Die Urquelle Ihrer Wirklichkeit

Komplexität auf allen Ebenen

Sie zählen zu den komplexen und widersprüchlichen Persönlichkeiten, die nach außen sehr viel mehr wie aus einem Guss erscheinen, als sie es tatsächlich sind. Wenn Sie die Art, wie Sie Ihr Leben eingerichtet haben, mit der von anderen Menschen derselben Entwicklungsachse vergleichen, scheint es kaum Übereinstimmungen zu geben. Unter dem Dach dieses Themas vereinen sich Menschen, denen aktives Handeln nicht sehr liegt und die sich daher bei Entscheidungen und Aktivitäten von anderen mitziehen lassen, und solche, die ausgesprochen aktiv und erfolgreich sind, sich vor allem im Beruf sehr gut durchsetzen. Sie könnten Ihr Leben bisher nur an einem Ort verbracht haben oder Sie haben zahlreiche berufliche, private und räumliche Veränderungen erlebt. Vielleicht zögern Sie lange, wenn es um Entscheidungen geht, oder Sie entscheiden sich sehr spontan. Vermutlich wirken Sie auf andere ruhig, selbstsicher und so, als ob Sie immer genau wüssten, wohin der Weg für Sie geht. Kaum jemand bekommt mit, wie empfindsam Sie sind und wie schnell man Sie aus der Fassung bringen kann.

Für all diese unterschiedlichen äußeren Entsprechungen gibt es eine gemeinsame Wurzel, die Sie mit den anderen teilen: Sie unterliegen ausgeprägten und oft sehr plötzlichen Stimmungsschwankungen und es fällt Ihnen schwer, eine klare und eindeutige Position einzunehmen, denn tief in Ihrem Inneren wissen Sie nicht, wer Sie sind. Sie sind sich selbst fremd und erleben sich wie eine Vielzahl unterschiedlicher Persönlichkeiten, von denen jede ihre eigene Zielsetzung, ihre eigenen Sehnsüchte und Ängste, ihre eigene Logik hat. Nicht alle sind Ihnen bewusst. Sie können erheblich von dem abweichen, was Sie glauben zu beabsichtigen und wie Sie sich selbst sehen. Dieser Teil Ihres Wesens kann sich als verstecktes Störfeld auswirken,

Jedes Leben wird erst durch Spaltung und Widerstand reich und blühend.
Hermann Hesse

indem er Sie dazu veranlasst, Beziehungen, Aufgaben und Lebenssituationen aufzusuchen, die Ihrem Wunsch nach freier Selbstbestimmung entgegenstehen. Er kann Sie auch dazu bringen, sich immer nach denjenigen Dingen zu sehnen, die nicht erreichbar sind, oder aber sich so zu verhalten, dass Sie unbewusst einen Misserfolg herbeiführen. Diesen inneren Widerspruch können Sie erkennen, wenn Sie Ihre Handlungen unter die Lupe nehmen. Sie werden feststellen, dass Sie oft das eine sagen und etwas anderes tun, oder dass Sie etwas sagen und dann gar nichts tun. Es ist, als würden Sie mehrgleisig fahren, nur dass die Gleise in unterschiedliche Richtungen führen.

So unvermutet wie Sie zwischen Ihren Persönlichkeitsanteilen hin und her wechseln, schlagen auch Ihre Empfindungen um. Sie kennen alle Höhen und Tiefen, aber nicht immer den Grund dafür, weshalb Sie gerade das eine oder andere ereilt. Eine latente Anspannung begleitet Sie daher durch einen Großteil des Tages. Ausgeglichen sind Sie dann, wenn Sie sich Dingen widmen, bei denen Sie sich selbst vergessen. Oft geschieht das bei Ihrer Arbeit, aber auch in Ihren Beziehungen.

Die Qual der Wahl

In Ihren tiefsten Motivationen, Bedürfnissen und Wünschen sind Sie sich unschlüssig darüber, welches Ihre wahren Ziele sind und wohin Sie gehen wollen. Wenn Sie das Gefühl haben, sich sicher zu sein, dass Sie etwas oder jemanden unbedingt und wirklich wollen, handelt es sich vermutlich um ein entferntes Ziel oder einen Menschen, der sich Ihnen entzieht.

Es ist besser, unvollkommene Entscheidungen durchzuführen, als beständig nach vollkommenen Entscheidungen zu suchen, die es niemals geben wird.
Charles de Gaulle

Ihre Unentschiedenheit hat Gründe: In der Tiefe Ihrer Seele wissen Sie, dass es für alle Fragen mehr als eine Antwort und für alle Probleme mehr als eine Lösung gibt. Deshalb begleitet Sie die *Qual der Wahl* durch Ihr gesamtes Leben, denn jede Entscheidung, die Sie treffen, bedeutet den Verzicht auf andere Möglichkeiten. Dahinter kann die Angst stehen, dass Sie sich durch eine Entscheidung die Chance nehmen, ausweichen zu können, wenn es nötig erscheint, oder auch die Sorge, nicht die optimale Wahl getroffen zu haben, die, bei der Sie das beruhigende »Klick« verspüren, das Ihnen sagt, dass Sie nun unumstößlich richtig liegen. Nicht zuletzt fürchten Sie, sich durch eine Entscheidung schuldig zu machen, weshalb Sie tatkräftig für *andere* die Dinge regeln, aber zögern, wenn es um *Ihre eigenen* geht. *Nein* zu sagen kann Ihnen deshalb genauso schwer fallen wie *Ja* zu sagen, wobei das *Nein* für Sie vielleicht noch schwieriger zu formulieren ist. Andererseits kann *Nein* für Sie auch ganz einfach eine Trotzhaltung bedeuten, eine Weigerung, sich Erwartungen anzupassen oder eine Absage an das Gefühl, dass man Sie instrumentalisiert. Doch ein *Nein* allein genügt nicht. Es muss auf dem Fundament einer positiven Aussage entstehen, die klar definiert, was Sie denn nun stattdessen wollen.

Ich wollte frei sein, das zu tun und zu geben, wonach mir der Sinn stand. In dem Augenblick, in dem etwas von mir gefordert wurde, wich ich aus. Das war … meine Unabhängigkeit.
Henry Miller

Deshalb können Sie auch nicht damit umgehen, wenn man Sie unter Druck setzt. Das kann Sie in eine geradezu unlösbare Situation bringen. Also weichen Sie aus, entziehen sich und hoffen, dass der andere von selbst merkt, dass Sie nicht wollen. Oder Sie sagen tatsächlich voller Empörung nein, ohne auch nur eine Sekunde darüber nachzudenken, ob es eine Verhandlungsbasis gibt.

Wenn Sie ein Handlungstyp[55] sind, gehen Sie vermutlich mit Vehemenz über die Schwelle des Unentschiedenseins hinweg. Sie treffen Entscheidungen spontan und setzen sie ohne viel zu fragen um. Der dahinter stehende Impuls ist jedoch der gleiche wie bei denjenigen, die abwägen und zögern. Sie gehen nur ganz einfach in die Offensive und können damit erstaunlich richtig liegen, denn Sie verfügen über eine beträchtliche Intuition.

Es gibt einen Unterschied zwischen Warten und Zögern.
Natalie Goldberg

Doch nicht immer wird Ihre Entscheidung von der Umwelt so vollkommen bestätigt wie Sie sich das wünschen. Oft bleibt es Ihnen selbst überlassen, das Ergebnis ausschließlich aus Ihrer eigenen Sicht zu bewerten. Geheime Zweifel an der Richtigkeit dessen, was Sie getan haben, kommen auf, die Sie aber vermutlich niemandem mitteilen.

Kreative Spannung und die Suche nach dem Besonderen

Ihre Widersprüchlichkeit erzeugt eine kreative Spannung, die nach Ideen und neuen Lösungen verlangt. Sie sind nicht der Typ, der sich so einfach mit etwas zufrieden gibt. Sie *wollen* etwas vom Leben und nicht einfach irgendetwas – etwas Besonderes, Ungewöhnliches, Intensives soll es sein, ein Leben der Fülle. Sie sehnen sich danach, dass die Sonne in Ihrem Leben aufgeht, die *alles unter dem Himmel erleuchtet und erfreut.*[56] Wenn Sie sich jedoch nicht genügend zutrauen, warten Sie ab, bis sich das Besondere sozusagen von selbst ereignet, anstatt aktiv etwas dafür zu tun. Und tatsächlich geschieht immer wieder etwas, das Sie dazu drängt, Ihr Leben in die Hand zu nehmen, die Gegensätze zu überbrücken und zu neuen Ufern aufzubrechen. Dafür müssen Sie Ihren Einfallsreichtum, die Bereitschaft, mit neuen Möglichkeiten zu experimentieren und ein Gespür dafür entwickeln, dass die Welt voller Chancen ist, die Sie ergreifen können, wenn Sie nur bereit sind, sich zu entscheiden.

Balanceakt auf dünnem Eis

Schon als Kind hatten Sie vermutlich das Gefühl darauf achten zu müssen, nicht zwischen den Fronten auf der Strecke zu bleiben. Es schien Ihre Aufgabe zu sein, dafür zu sorgen, dass eine

Krisensituation nicht weiter eskalierte, weil Sie zu viele oder die »falschen« Ansprüche stellten. Sie haben sich daran gewöhnt, sich vermittelnd einzuschalten und sich selbst dabei nicht zu sehr zu beachten. Sie haben es vermieden, eine eigene Position zu beziehen, um immer die Position einnehmen zu können, die notwendig war, um die Lage zu Hause im Gleichgewicht zu halten. Ihre ganze Aufmerksamkeit war nach außen gerichtet, auf die zerbrechlich erscheinende Familiensituation, für die Sie sich unbewusst verantwortlich fühlten.

Vielleicht waren Sie das Lieblingskind, auf das sich die Hoffnungen richteten, der Sonnenschein der Familie, von Anfang an mit einer Königsrolle versehen. Sie waren der Hoffnungsträger, der Mensch, der das erreichen sollte, was vor allem Ihrer Mutter versagt geblieben war. Sie konnten und wollten niemanden enttäuschen, also haben Sie sich diese Rolle zu Eigen gemacht. Auch haben Sie das Empfinden eines empfindlichen Gleichgewichts, das durch falsche Schritte von Ihrer Seite aus der Balance gebracht werden könnte. Ob Sie sich ignoriert oder in der Hauptrolle erlebt haben, es hat dazu geführt, dass Sie sich mehr mit Ihrer Rolle als mit sich selbst identifizierten. Sie haben gelernt, die Fühler auszustrecken, um auch kleinste Veränderungen zu registrieren und rechtzeitig auf sie zu reagieren. Ihr Außenthermometer misst den Grad an Unstimmigkeit und Ablehnung, aber auch an Zustimmung und Wohlwollen, der Ihnen entgegengebracht wird.

Sie leben in dem Gefühl, dass alles, was Sie bekommen können, auch seinen Preis kostet, den Sie aber nicht immer zu zahlen gewillt sind. Weil das Zusammensein mit anderen in Ihrem früheren Leben nicht ohne »Kosten« war, glaubt etwas in Ihnen daran, dass das noch heute so ist und immer so sein wird. Auch das ist ein Grund, weshalb es Ihnen so wichtig ist, Möglichkeiten zu haben, auf die Sie, falls nötig, ausweichen können. Wer Sie fragt, wird vermutlich die Antwort bekommen, dass Verlässlichkeit, langfristige Beziehungen und klare Verhältnisse das sind, was Sie anstreben. Doch ein starker, verborgener Persönlichkeitsanteil in Ihnen hat weniger Probleme damit, mit einem Bein in der Luft zu hängen als es wieder auf den Boden zu setzen. Das bedeutet nicht, dass Ihnen zwischenmenschliche, materielle oder existentielle Sicherheit gleichgültig wären, im Gegenteil. Sie haben einfach nur eine tief verwurzelte Abneigung dagegen, sich unwiderruflich festzulegen und werden nervös, wenn man es von Ihnen verlangt. Ihre Sicherheit besteht darin, schnell auf jede Situation reagieren zu können und immer einen Ausweg zur Verfügung zu haben. Solange sich noch Perspektiven anbieten, sind Sie beruhigt und schlafen gut.

Wohin mit meiner Wut?

Ärger, Wut, Frustration, Enttäuschung – so genannte negative Gefühle waren in Ihrer früheren Situation nicht angebracht. Wenn Sie in sich hineinspüren, scheinen Sie sie auch gar nicht zu kennen. Sie stehen sozusagen darüber oder wenigstens abseits davon. Doch nur einen Schritt tiefer ist sie da, die Wut darüber, dass Sie sich vor den Karren anderer gespannt gefühlt haben oder noch fühlen, der Zorn darüber, dass Sie nicht wissen, wie Sie sich wehren sollen ohne Schuldgefühle zu entwickeln, die Frustration vielleicht, dass Ihr Leben anderen zu gehören scheint, nur nicht Ihnen selbst. Sie halten Ihren Zorn solange es nur geht unter Kontrolle und funktionieren nach dem Prinzip des Tropfens, der das Fass zum Überlaufen bringt. Wenn Sie schließlich wütend werden, steht Ihre Umwelt fassungslos vor Ihnen. Was hat Sie *gerade jetzt* zu einem Wutausbruch veranlasst? Niemand kann Ihre innere Logik nachvollziehen, bei der sich Tropfen auf Tropfen ange-

Lassen Sie den Glauben los, man werde Sie nicht mehr lieben oder Sie sogar bestrafen, wenn Sie Ihr Leben selbst in die Hand nehmen und es nach Ihren eigenen Vorstellungen gestalten. Es mag einige Zeit dauern, bis Ihre Umgebung verstanden hat, dass Sie sich verändert haben, aber dann werden Sie sehr viel mehr Respekt erfahren.
Julia Cameron

sammelt hat, bis schließlich eine Kleinigkeit genügte, um einen Dammbruch zu erzeugen. Sie aber haben Schuldgefühle über Ihren Ausbruch, sobald die Anspannung verflogen ist.

Ihre Gabe zu vermitteln

Es ist Ihnen in Fleisch und Blut übergegangen: Sie stehen gewissermaßen neben sich, während Sie die unterschiedlichen Positionen der Menschen um Sie herum wahrnehmen. Etwas von Ihnen lebt in jedem dieser Menschen, zumindest wenn Sie ihn mögen. *Solange ein Mensch präsent ist, geben Sie Teile Ihres Ichs an ihn ab. Aus den Augen aus dem Sinn* kann es später heißen, vielleicht aber tragen Sie auch einen Teil dieses Menschen weiter mit sich herum, er ist sozusagen Teil von Ihnen geworden und füllt das aus, was Sie selbst nicht auszufüllen gelernt haben, da Sie sich ja immer nach außen statt nach innen konzentriert haben. Wie von selbst schlüpfen Sie in seine Haut. Das gibt Ihnen einen unschätzbaren Vorteil: Sie können sich in fast jeden Menschen hineinversetzen, wenn Sie das wollen. Sie wechseln Ihre Position und eine neue Perspektive tut sich auf, die in sich genauso logisch, verständlich und nachvollziehbar ist wie die, die Sie vorher eingenommen hatten. Sie verstehen Ihre Kinder, Ihren Partner, Ihren Chef und Ihre Freunde, auch wenn sie völlig widersprüchliche Ansichten und Lebenskonzepte vertreten. Sie sehen das Körnchen Wahrheit in jeder Ansicht. *Die Wahrheit hat für Sie viele Gesichter. Doch wo ist Ihre eigene, persönliche Wahrheit? Wo ist Ihre Wahrheit, wenn Sie die Wahrheiten anderer Menschen aus Ihrem Leben entfernen? Wo sind Sie, wenn Sie sich nicht über Ihren Partner, Ihre Kinder oder überhaupt über andere definieren?*

Sie können gut zwischen Menschen vermitteln. Mit dieser Gabe gehen Sie auf zwei Arten um, je nachdem, welches Fazit Sie aus Ihren Erfahrungen gezogen haben: Entweder Sie halten sich bei Konflikten vorsichtig aus allem heraus, oder Sie übernehmen die Rolle des Vermittlers. Im Grunde Ihres Herzens wünschen Sie sich, dass die Fronten geklärt werden, Widersprüche vereint und sich die Dinge in Ihrem Leben und dem Ihrer Mitmenschen zu einem harmonischen Ganzen zusammenfügen mögen. Immer wieder geraten Sie in Situationen, in denen Sie das Gefühl haben, zwischen allen Stühlen zu sitzen. Auch wenn es Ihnen bei Ihren eigenen Angelegenheiten nicht so gut gelingt, haben Sie eine besondere Begabung darin, bei anderen unparteiisch zu sein. Sie können zwischen Menschen stehen, die nur schwer vereinbare Meinungen vertreten und sie dazu bringen, miteinander zu reden. Weil Sie so unvoreingenommen wirken, möchte jeder, dass Sie für ihn Partei ergreifen. Sie empfinden diese Erwartung sehr stark und sie zehrt an Ihnen. Doch man wird es nur selten erleben, dass Sie eine eindeutige und unmissverständliche Meinung äußern, denn Sie möchten niemandem Unrecht tun. Auch halten Sie es mit dem alten griechischen Prinzip, wonach der Überbringer schlechter Nachrichten geköpft wird – und Sie möchten schließlich nicht der sein, dessen Kopf rollt.

Vielleicht ist das größte Hindernis für all diejenigen von uns, die ein Leben mit Wachstumsmöglichkeiten suchen, unsere tiefsitzende innere Skepsis. Wir könnten sie auch geheime Zweifel nennen.
Julia Cameron

Lebensmuster oder Wir säen, was wir ernten

Widersprüchliche Gefühle können eine perfekte Begründung dafür sein, sich nicht entscheiden zu müssen. Soll ich bei meinem Partner bleiben oder gehen? Soll ich ein Haus kaufen oder nicht? Soll ich diese oder jene Geldanlage wählen? Will ich kündigen oder nicht? Sie können die Dinge ausgiebig hinterfragen und sich auch noch nach einer Entscheidung den Kopf über deren Richtigkeit zerbrechen. Ihre Überlegungen

Es sind gerade die Inkonsequenzen des Lebens, welche die größten Konsequenzen haben.
André Gide

springen zwischen den verschiedenen Aspekten eines Problems hin und her. Bei jeder Entscheidung gibt es dieses »ja aber«, denn alles im Leben hat für Sie mindestens zwei Seiten: eine die dafür und eine die dagegen spricht. Und so tun Sie zu guter Letzt gar nichts, einfach weil Sie mitten im Entscheidungsprozess stecken bleiben, patt! Sie halten sich eine Tür offen und lassen die Dinge in der Schwebe. Alternativ kündigen Sie Konsequenzen an, die Sie dann nicht einhalten (können). Wie oft haben Sie Entscheidungen getroffen, die Sie wieder revidieren?

Ihr persönlicher Mythos liegt in der Frage, wie Sie mit Entscheidungen umgehen: Ob Sie damit das ausdrücken, was Sie in der Tiefe Ihrer Seele als *wahr* empfinden, oder ob Sie in erster Linie so entscheiden, um den Menschen oder die Aufgabe, von dem / der Sie glauben, er / sie würde Sie erfüllen, nicht zu verlieren.

Löwe am MC: Ihr Leitstern auf dem Weg zu Ihrem Lebensziel

Stellen Sie sich selbst in das Zentrum Ihres Lebens

Schon immer haben Sie eine zentrale Rolle gespielt, daher mag Ihnen diese Aufforderung im ersten Augenblick seltsam erscheinen. Wenn Sie Ihre Rolle jedoch hinterfragen, werden Sie mit großer Wahrscheinlichkeit feststellen, dass Sie, um ihr gerecht zu werden, zwar im Zentrum des Geschehens, aber nicht im Mittelpunkt Ihres eigenen Lebens standen. Sie haben als Dreh- und Angelpunkt fungiert, Sie haben vermittelt, versucht, Freude in das Leben anderer zu bringen, auszugleichen und zusammenzuhalten. Sie hatten Erfolg, man hat Sie vielleicht bewundert und beneidet. Bisher waren Sie jemand *in Beziehung zu anderen.* Nun geht es darum, Ihre Aufmerksamkeit von anderen auf sich selbst und von außen nach innen zu lenken, um herauszufinden, wer *Sie* sind. Es geht um *Ihre* Identität, die

Sie frei von den Erwartungen anderer formen. *Machen Sie Ihr eigenes Wiederentdecken zur ersten Priorität in Ihrem Leben* schrieb Robin Norwood, die Autorin des Buches *Wenn Frauen zu sehr lieben.* Vielleicht wäre es noch treffender zu sagen: *Entdecken Sie sich überhaupt erst einmal.*

Erst wenn eine wichtige Beziehung aus Ihrem Leben geht, wenn Sie sich aus irgendwelchen Gründen nicht mehr in Aktivitäten stürzen können, wenn Sie also auf sich selbst zurückgeworfen sind, wird Ihnen bewusst, wie stark Sie sich über andere und über Ihre Rolle und Beziehung zu ihnen definiert haben. Nun ist es, als würden Sie nicht existieren. Ein Gefühl der Leere breitet sich aus. Vermutlich haben Sie lange gekämpft oder kämpfen immer noch dagegen an, dass dieser Zustand eintritt. Irgendwann aber wird er Sie einholen, falls Sie diesen Weg nicht schon freiwillig gegangen sind.

Hab keine Angst davor, dass das Leben endet, sondern davor, dass es niemals richtig beginnt.
Grace Hansen

Die Leere, die Sie fühlen, ist eine *schöpferische Leere.* Erst wenn Sie aufgehört haben, sich mit fremden Inhalten anzufüllen, dringen Sie zu Ihrem Wesenskern vor. Nun können Sie beginnen, sich mit sich selbst zu füllen, mit den Dingen, die Sie aus Ihnen selbst heraus faszinieren. Sie beginnen, authentisch zu sein, in Ihrer Mitte zu ruhen, aus Ihrer Mitte heraus zu handeln. *Hören Sie auf, sich nach etwas umzusehen, was Sie* ***tun*** *können und beginnen Sie, etwas zu* ***sein.*** *Lassen Sie Ihr Tun dem Sein entspringen.* Finden Sie heraus, was Ihnen *flow*[63] vermittelt, jenes geheimnisvolle Gefühl des Einsseins mit dem, was Sie tun. Das kann bedeuten, dass Sie vieles von dem, was Sie bisher gemacht haben, hinter sich lassen werden. Doch alles, was Sie bisher taten, war ein Schritt dahin, wo Sie nun sind.

Werden Sie souverän

Erkennen Sie Ihren Wert. Dieser Wert ist unabhängig von den Bewertungen, Bestätigungen und Schmeicheleien anderer Menschen. Sie haben etwas zu geben, was andere brauchen, aber Sie sind nicht dazu da, ihre Glückserwartungen zu erfüllen oder für ihr Versagen geradezustehen. Entwickeln Sie innere Klarheit, Charakterstärke und ein Gefühl für persönliche Würde. Diese Eigenschaften unterstützen Sie darin, sich dem Ideal echter Souveränität anzunähern, die nichts Aufgesetztes ist, kein Machtspiel und keine Selbstinszenierung. Hier geht es um echte innere Autorität, um das Bewusstsein persönlicher Freiheit, um den Mut, den eigenen Weg zu finden und zu gehen.

Freiheit ist ein Gut,
das durch Gebrauch wächst,
durch Nichtgebrauch
dahinschwindet.
Carl Friedrich von Weizsäcker

Überprüfen Sie sich selbst auf Anzeichen von Überheblichkeit und Stolz. Sie gewinnen die Herzen der Menschen durch Freundlichkeit und Güte. Beides entspringt einer gesunden, stabilen Selbstliebe und Selbstakzeptanz. Indem Sie sich selbst vertrauen, können Sie auch anderen vertrauen. Ein indischer Weisheitsspruch lautet: Das Lächeln, das du aussendest, kehrt zu dir zurück. Das Gleiche gilt für Vertrauen: Das Vertrauen, das Sie aussenden, kommt ebenfalls zu Ihnen zurück.

Lassen Sie sich nicht davon täuschen, wenn Ihre innere Festigkeit immer wieder ins Wanken gerät und Sie von Selbstzweifeln befallen werden. Das ist der Test, wie stabil Ihr seelisches Fundament wirklich ist. Was Sie tun, ist nichts anderes, als eine Runde zu drehen, bei der Sie sich noch einmal Ihre alte Landschaft ansehen. Dann kommen Sie zurück zu dem, was Sie heute, hier und jetzt sind, gestärkt, denn Sie wissen erneut, was Sie überwunden haben.

Die Gelassenheit ist eine
anmutige Form des
Selbstbewußtseins.
Marie von Ebner-Eschenbach

Sie verfügen über große Energie und Strahlkraft. Sie können andere Menschen motivieren, führen und nähren. Alles hängt davon ab, wie Sie zu sich selbst stehen. Sie können den Mittelpunkt des Zusammenhalts von Menschen bilden oder die lenkende Kraft, die Aufgaben und Mitarbeiter koordiniert, doch das bedarf innerlicher Größe, Konsequenz und Einsatzbereitschaft. Darum prüfen Sie, ob Sie sich einer solchen Aufgabe gewachsen fühlen oder ob Sie lieber ein ruhiges oder zurückgezogenes Leben führen wollen, das Ihnen die Möglichkeit gibt, in der Stille kreativ zu sein und es so zu genießen.

Seien Sie innovativ – bringen Sie das Besondere in sich zum Ausdruck

Wir sind alle Würmer, aber ich glaube, dass ich ein Glühwürmchen bin.
Winston Churchill

In seinem Buch *Kreativität entdecken* schrieb Daniel Goleman: »Für das Kind ist das Leben ein kreatives Abenteuer. Die grundlegenden Entwicklungsschritte des Kindes, die der Exploration seiner Welt dienen, sind *Übungen in kreativer Problemlösung. In einem lebenslangen Prozess erfindet sich das Kind. Insofern erfindet es auch alle Errungenschaften der Menschheit neu – Sprache, Gehen, Liebe.*«

Kehren Sie zurück zu dem Erfindergeist des Kindes. Entdecken Sie das Leben als ein Spiel der Möglichkeiten. Das ist es, wofür Ihre frühe Positionslosigkeit die Grundlage schafft: für die innere Freiheit, unter verschiedenen Positionen wählen zu können. *Auch Sie, meine Herren vom Parlament*, sagte Konrad Adenauer, *können mir nicht verbieten, über Nacht klüger zu werden.* Werden Sie klüger, stellen Sie Meinungen und Regeln zur Disposition. Fühlen Sie sich frei, das zum Ausdruck zu bringen, was spontan in Ihnen entsteht: Ideen, Ziele, Wünsche. Beschäftigen Sie sich mit dem, was Sie anzieht und was Ihr Herz höher schlagen lässt.

Setzen Sie sich mit Ihrem verborgenen Zorn auseinander

Erkennen Sie Ihren Zorn an. Eine hebräische Legende berichtet von dem *heiligen Zorn*, der den Propheten Elija erfasste, als er verspottet wurde. Ihr Zorn hat eine wichtige Funktion. Er hilft Ihnen, Ihre Position zu klären. Wenn Sie wütend sind, wissen Sie genau, was Sie nicht wollen und das hilft Ihnen, herauszufinden, was Sie wollen. Julia Cameron schrieb in »Der Weg des Künstlers«: *Bei Wut geht es darum, dass man ihr zuhört. Wut ist eine Stimme, ein Schrei, eine Bitte, eine Forderung. Wut verlangt nach Respekt. Warum? Weil Wut eine Landkarte ist. Wut zeigt uns, wo unsere Grenzen sind. Wut zeigt uns, wohin wir gehen möchten. Sie lässt uns erkennen, wo wir gewesen sind, und lässt uns wissen, wenn es uns nicht gefallen hat.*[58]

Besser, du bist Löwe
für einen Tag
als Schaf
fürs ganze Leben.
Elizabeth Henry

Zorn hilft Ihnen, lebendig zu werden, Ihre Energien zu fühlen und Sie zum Ausdruck zu bringen. Wie Elija können Sie durch ihn Wunder vollbringen. Lernen Sie, Ihren Zorn dort zu äußern, wo er entstanden ist, so, dass andere wissen und nachvollziehen können, woher Ihre Wut kommt und was sie sagen will. So verschaffen Sie sich Respekt, den man Ihnen vorher vielleicht nicht gezollt hat, weil Sie lieb und angepasst waren oder auch weil Sie umgekehrt in nicht nachvollziehbaren Situationen plötzliche und unmäßige Wut gezeigt haben.

Eine hebräische Legende erzählt: Als der Prophet Elija auf dem Berg Karmel lebte, pflegte er von Zeit zu Zeit seine Grotte zu verlassen, um betend auf dem Berg spazieren zu gehen. Niemals nahm er Speise mit sich, denn er vertraute auf die göttliche Vorsehung. Eines Tages – so erzählt die Legende weiter – kam er an einer Anlage mit herrlichen Melonen vorbei. Er bat den Besitzer um eine Melone als Kostprobe. Dieser jedoch antwortete mit spöttischem Lächeln: »Das sind doch keine Melonen, sondern hingeworfene Steine!« Den Propheten erfasste wegen dieser Antwort ein heiliger Zorn, und er verfluchte den Acker; augenblicklich verwandelten sich die Früchte in kleine, ovale Steine, die auf dem Boden herumlagen.

Bleiben Sie bei Ihren Prioritäten

Wenn es einen Feind für Ihre Entwicklung gibt, dann lauert er in Ihnen selbst. Er heißt *Ablenkung* und tritt in vielfältigen Gewändern auf. Er kommt von außen auf Sie zu in Form von Aufgaben oder Angeboten, die Sie von dem abbringen, was Sie sich vorgenommen hatten. Er zeigt sich in umherschweifenden Gedanken, vielleicht in plötzlicher Nervosität oder der Neigung, etwas zu tun, jedoch nicht das, was Sie eigentlich tun wollten.

> *Verlangsame dein Tempo und genieße das Leben. Du verpasst nicht nur die Landschaft, wenn du zu schnell vorangehst – Du verlierst auch das Gefühl dafür, wohin Du gehst und warum Du dorthin gehst.*
> *Eddie Cantor*

Zu Ihren täglichen Aufgaben zählt, Ihre Konzentration immer wieder zu sich selbst zurückzubringen. Üben Sie geduldig, bei sich selbst zu bleiben. Setzen Sie sich Prioritäten. Verlieren Sie sich nicht in Betriebsamkeit, gehen Sie bewusst mit Ihrer Zeit und Ihrer Energie um. Denken Sie daran, dass es Ihre *Freiheit* ist, darüber zu entscheiden, wie Sie mit Ihrer Zeit und Energie umgehen wollen. Meditieren Sie über dem Satz von Hans Magnus Enzensberger, wonach derjenige *luxuriös lebt, wer selber darüber entscheiden kann, was er mit seiner Zeit tut, wie viel er tut und wann er es tut.*

Leben Sie ein leidenschaftliches Leben

Sie haben eine hohe Glückserwartung, auch wenn Ihnen nicht immer bewusst ist, in welchem Umfang sie Ihr Leben beeinflusst. Wassermann an Ihrem Imum Coeli stellt einen ständigen Motor dar, eine Sehnsucht nach neuen Ufern und optimalen Lösungen. Sie greifen nach dem Himmel auf Erden, obwohl Sie vielleicht glauben, keine besonderen Vorlieben, Wünsche oder Ziele zu haben. Leidenschaftliches Engagement und Hingabe sind die Schlüsselworte, die Sie dorthin führen, wohin Sie sich sehnen. Freude ist das Brennmaterial, von dem Sie sich nähren. Den Blick auf das zu richten, was Sie gerade tun, ohne auf das Ergebnis zu schielen, macht Sie frei.

Chuck Jones, der Zeichner von Bugs Bunny, Daffy Duck und Wile E. Coyote beschrieb seine tiefe Freude so: *»JOY – Freude – was für ein herrliches Wort. Immer wenn ich an JOY denke, finde ich, dass man das Wort gar nicht schreiben kann. Es müsste ein elegantes Gebilde sein, mit einer Perle obendrauf und Zuckerwerk an den Seiten. Eine Aura von Glück umgibt es. JOY zu sehen, ist wirklich ein Vergnügen. Und es ist groß, mit einem umwerfenden O, das dich anlächelt. Und es ist hübsch, wie ein Yes, schließlich ist ja der letzte Buchstabe von JOY der erste Buchstabe von Yes. Und JOY ist wunderhübsch geschmückt, über und über mit Flügeln besetzt – und, wahrlich, es kann abheben.«*

Ihr Fluchtpunkt: Skorpion

Die Flucht in Beziehungen

Wenn Ihnen die Aufgabe, sich selbst zu finden – oder, genauer gesagt: sich selbst zu *formen* – zu groß erscheint, flüchten Sie sich in Beziehungen und leben das Leben eines anderen. Sie übernehmen Lebensstil, Ansichten, Verhaltensweisen, vielleicht sogar Gefühle. Sie machen die Aufgaben anderer zu den Ihren. Nun ist nicht etwa *nichts* in Ihnen, denn das ist Ihre Furcht, sondern sehr viel. Sie führen die Fremdbestimmung Ihrer frühen Jahre fort. Statt sich selbst zu bewegen, lassen Sie sich von anderen bewegen, statt für Ihre eigenen Belange zu sorgen, sorgen Sie für die anderer. Das bringt Sie in eine wachsende Abhängigkeit zu denjenigen, denen Sie Ihren Identitätsraum überantwortet haben.

Wenn man seine Ruhe nicht in sich findet, ist es zwecklos, sie andernorts zu suchen.
François de la Rochefoucauld

Festhalten statt Lebendigkeit

Wenn das Zaudern und Zögern in Ihnen stärker ist als der Wunsch danach, lebendig zu werden und sich dem Fluss des Lebens zu überantworten, neigen Sie zum Festhalten. Sie klammern sich an überholte Lebensweisen, Beziehungen und Vorstellungen darüber, wer Sie zu sein und was Sie zu tun haben. Sie setzen Veränderungen ein Bollwerk entgegen und nehmen sich damit die Chance, die wunderbare innere Freiheit zu fühlen, aus der heraus Sie neugeboren werden.

Ihr Lebensziel

Die Mitte zwischen Wassermann und Löwe

Löwe an Ihrem Medium Coeli ist Ihre Chance, Liebe zum Leben und zu sich selbst zu entwickeln. Sie lassen die Abhängigkeiten, in die Sie verstrickt waren, hinter sich und verstehen, was es bedeutet, das eigene Leben frei zu gestalten. Sie sind autonom und wahren Ihre Grenzen. Sie legen den Grundstein für eine neue Einstellung, die das Leben als kreatives Abenteuer betrachtet, als ein Spiel, bei dem es darauf ankommt, spontanen Wünschen zu folgen, unterschiedliche Dinge auszuprobieren, sich lebendig zu fühlen, einfallsreich beim Lösen von Problemen und Aufgaben zu sein und kreativ und flexibel beim Entwerfen eines Lebenskonzepts.

Die Achse Wassermann-Löwe stellt die ursprünglichste Aufforderung zur Selbstfindung oder genauer gesagt zur Selbstformung dar, die jeder Mensch in seinem Leben bewältigen muss. Wenn diese Zeichen am Imum Coeli und am Medium Coeli zu finden sind, kreist der gesamte Lebensweg um diese Thematik und darum, wie die gefundene Identität durch kreatives Handeln Ausdruck finden kann.

»Die einzige lohnende Herausforderung des Lebens ist es, einen Weg mit Herz in seiner ganzen Länge zu gehen«,[59] schrieb Car-

los Castaneda in den *Lehren des Don Juan*. Es geht also darum, einem subjektiv für richtig erkannten Weg zu folgen und sich die Erkenntnis zu bewahren, dass andere Lebensstile, Überzeugungen und Bewertungen gleichberechtigt neben den eigenen stehen. Daraus entstehen eine große innere Freiheit, Gelassenheit, Heiterkeit und Toleranz, die in dem Bemühen münden, für alle akzeptable und praktikable Lösungen zu finden.

Die Mitte zwischen Wassermann und Löwe lehrt, dass jeder Mensch ein Individuum darstellt, das aus seiner Lebensgeschichte heraus und nach den dort herrschenden Gesetzen existiert, mit der vollen Berechtigung so zu sein wie es seinem Wesen naturgemäß ist. Sie entspricht dem Ideal einer menschen- und lebensfreundlichen Weltsicht, bei der es trotz der Unterschiede und individuellen Eigenheiten eines jeden möglich ist, Übereinstimmungen und Gemeinsamkeiten zu finden, eine Schnittmenge sozusagen, durch die Menschen zueinander finden und sich einigen können.

Kreativität und Führerschaft sind miteinander verwandt. Wer sich auf Menschenführung versteht, kann Menschen dazu bringen, ihre Ideen oder ihr Verhalten zu verändern. Ein kreativer Mensch bringt uns dazu, die Welt mit anderen Augen zusehen.
Dean Simonton

Entwickelte Menschen mit dieser Achse strahlen Zuversicht, eine positive Lebenseinstellung und Selbstsicherheit aus. Sie können sich voll und ganz einem Menschen oder einer Sache widmen, verlieren dabei dennoch nicht die Fähigkeit, die Dinge auch aus einer Distanz sehen zu können, welche es ihnen möglich macht, Menschen mit den unterschiedlichsten Naturellen, Lebensstilen und Ansichten gerecht zu werden. Sie sind fähig, zwischen einer subjektiven und einer objektiven Sichtweise hin- und herzuwechseln oder beide gleichzeitig einzunehmen und verfügen so über eine sehr differenzierte und umfassende Sicht der Dinge. Sie sind in der Lage, auch andere Menschen zu neuen Sichtweisen, eigener Kreativität und dem Mut, zu sich selbst zu stehen, anzuregen.

Berühmte Persönlichkeiten mit Löwe am Medium Coeli

Norbert Blüm
Sir Richard Burton
Charlie Chaplin
Clint Eastwood
Aretha Franklin
Charlton Heston
Wilhelm Knappich
D.H. Lawrence
Claudia Schiffer

Jungfrau am MC

Finden Sie Ihren Platz in der Welt

Aszendenten in der nördlichen Hemisphäre:

Skorpion, Schütze[60]

Fische am IC: Die Urquelle Ihrer Wirklichkeit

- Sie sind empfindsam und schützen sich
- Sie haben eine gut verborgene Angst vor dem Chaos und dem Unberechenbaren
- Sie suchen nach Orientierung
- Sie sehnen sich nach Ordnung und Geborgenheit
- Ihre Gefühle tendieren dazu, zu verschwimmen
- Sie haben sich in Ihrer Fantasie eine eigene Welt geschaffen
- Sie sind auf Ihre Art religiös

Jungfrau am MC: Ihr Leitstern auf dem Weg zu Ihrem Lebensziel

- Seien Sie selbst-bewusst: Bringen Sie Licht und Klarheit in Ihre Gefühle
- Entdecken Sie *Ihren* Platz in der Welt
- Entwickeln Sie Lebensklugkeit und die Lust am Machbaren
- Finden Sie heraus, wie die Welt um Sie herum funktioniert
- Passen Sie sich an, ohne auf Ihre persönlichen Freiräume zu verzichten
- Leben Sie Ihr angeborenes Gefühl für persönliche Würde, Freiheit und Eigenständigkeit
- Definieren, Sie in welcher Beziehung Sie zu Ihrer Umwelt stehen

Fische am IC: Die Urquelle Ihrer Wirklichkeit

Ihre Grundfragen: Wer bin ich? Wohin gehöre ich?

Ob Sie nun ein aktives Leben führen oder ob Sie mehr zu den Menschen zählen, die zurückgezogen leben: Sie sind auf einer lebenslangen Suche nach sich selbst und nach einem Ort, an dem Sie sich angekommen fühlen. Dieser Ort kann ein realer Ort, ein Mensch, eine Idee, ein System sein. Er stellt etwas dar, das Ihnen einen Lebensrahmen und Orientierung gibt. Tief in Ihrem Inneren gibt es eine Heimatlosigkeit, ein Ungeborgensein, dem Sie durch ein mehr oder weniger deutlich sichtbares Ringen um *Ihren Platz* entgegentreten. Wenn Sie in sich hineinspüren, fühlen Sie sich, als würden Sie in einem großen Ozean treiben, ohne Kompass und Anker. Für andere Menschen wirken Sie jedoch gefestigt, kompetent und in vielen Dingen praktisch. Ihre verborgenen zentralen Fragen lauten: *Wer bin ich? In welcher Beziehung stehe ich zu den Menschen in meiner Umgebung? In welcher Beziehung stehen Sie zu mir? Was ist meine Position in der Welt? Wohin gehöre ich?*

Es liegt in allen Dingen eine Erinnerung an das Paradies.
Hermann Hesse

So widersprüchlich es scheinen mag, etwas in Ihnen *weiß*, dass alles, was existiert, auf irgendeine Art miteinander verbunden ist und dass wir in Wahrheit geborgen sind. Auf der tiefsten Ebene Ihres Seins erfüllt Sie die Erinnerung an das Paradies und die Sehnsucht, dorthin zurückzukehren. Dort gibt es keine Trennung, keine Einsamkeit und alles fügt sich zu einem sinnvollen Muster zusammen. Aus diesem Grund haben die Realitäten dieses Lebens für Sie etwas Unwirkliches: Tauziehen der Interessen, Kampf, Trennung, Gewalt, Misskommunikation, Klassendenken. In ruhigen Minuten blicken Sie mit staunenden Augen um sich: Kann das die Welt sein, die Sie als Vision in sich tragen? Sie sind zweifellos in der Lage, damit umzugehen, denn Sie haben ein angeborenes Talent, sich den gegebenen Umständen anzupassen und das Beste aus ihnen zu machen. Doch was Sie fühlen ist verschwommen und hat die Tendenz, sich Ihnen immer wieder zu entziehen. So suchen Sie Ihre seelische Identität, danach, wer Sie sind und was Sie aus tiefster Seele wollen.

Aufgewachsen sind Sie in einer familiären Atmosphäre, in der es keine klaren und verlässlichen Gefühlsbeziehungen gab. Der Mensch, mit dem Sie sich am stärksten emotional verbunden fühlten, vermittelte Ihnen keine greifbaren Gefühlsbotschaften. Das Wesen Ihrer Mutter ist Ihnen fremd, Sie wissen nichts über ihre wirklichen Gefühle, Sehnsüchte und Erfahrungen, stattdessen kennen sie nur ihre nach außen gezeigte Einstellung zu dem, was man zu sein, zu tun oder zu lassen habe. Diese Verhaltensweisen sind oft das Einzige, woran Sie sich als Kind orientieren konnten. Damals entstanden Ihr Empfinden von Einsamkeit und Unverstandenseins sowie ihre Sehnsucht danach, davon erlöst zu werden.

Beobachtung ist der Schlüssel zum Verständnis des Lebens.
Fred Allan Wellisch

Schutzmechanismen für Ihre empfindsame Seele

Ihre Offenheit, die Sie verwundbar und beeinflussbar macht, erfordert einen Schutzmechanismus, den Sie schon früh entwickelt haben. Sie sind in der Lage, die Dinge, die Sie schmerzen könnten oder die Ihnen Angst machen, nicht an sich heranzulassen. Sie nehmen Sie einfach nicht wahr. Nicht bemerken, wegsehen, vergessen sind die Strategien, mit denen Sie unliebsamen Wahrheiten, drohenden Verletzungen und Ihren Ängsten aus dem Weg gehen. Dieser Selbstschutz ist gleichzeitig Ihr Glück wie auch Ihre Herausforderung. Denn durch ihn kennen Sie sich selbst nicht gut. Ihre wichtigsten und tiefsten Gefühle sind vor Ihnen ebenso verborgen wie vor den Menschen in Ihrer Umgebung. Sie sind da und doch nicht da, verhüllt hinter einer Nebelwand. Damit ist der Schlüssel zu Ihrem Leben Ihrem Zugriff entzogen, denn Sie erinnern sich nicht an die Erfahrungen, die wesentlich für Sie waren. Sie waren prägend für den Verlauf Ihres Lebens, denn Sie haben aus ihnen Rückschlüsse darüber gezogen, was Sie zu erwarten haben und wie Sie am besten damit umgehen. Wut und Enttäuschung, Trauer und Hoffnung und oft selbst Ihr Glück ruhen als geheime Störfelder, aber auch als unentdeckte Schätze der Kraft und Lebendigkeit auf dem Grund Ihrer Persönlichkeit.

Schon als Kind fühlten Sie beinahe physisch die Freude und den Schmerz, den Kummer und die Ängste der Menschen in Ihrer Umgebung. Sie *wussten*, wie es stand, Sie kannten die Wahrheit. Die Wirklichkeit schien jedoch Ihre Eindrücke zu widerlegen, oft sah sie heiler als, als Sie sie wahrnahmen, sodass Sie lernten, Ihren Wahrnehmungen zu misstrauen. Sie sahen und vergaßen auf der Stelle, was Sie gesehen hatten. Noch heute mag es für Sie so scheinen, als hätte es gar nichts zu bemerken gegeben. Wenn nicht Krankheit oder anderes offensichtliches Leiden Ihrer Mutter oder beider Eltern eindeutige Beweise für Ihre Eindrücke lieferten, verschwanden diese aus Ihrer Erinnerung: Was Sie nicht wussten, mussten Sie nicht aushalten und nicht verbergen. Eine weitere Strategie des Selbstschutzes, die Sie noch heute anwenden, ist es, Ersatzgefühle zu empfinden. Sie fühlen nicht das, was die jeweiligen Ereignisse für sie an Bedeutung hatten, sondern Wut statt Kummer, Kampfgeist statt Angst, Verstehen statt Trauer. Entsprechend schwer fällt es Ihnen, über Ihre wahren Gefühle zu reden.

Das Gedächtnis ist der Diener unserer Interessen.
Thornton Wilder

Vielleicht wurden Sie als Kind schlichtweg übersehen. Sie waren eines von vielen Kindern, Ihre Eltern hatten selbst nicht gelernt, sich mit ihren Gefühlen auseinander zu setzen. Entweder täuschte man eine heile Welt vor oder aber es herrschten umgekehrt belastende, oft chaotische Umstände, in denen es nicht geraten schien, sich mit sich selbst zu beschäftigen oder in denen es einfach keine Zeit dafür gab. Sie zeichneten sich durch Ihre Fantasie, Ihre Fähigkeit zum Träumen und eine natürliche

Religiosität aus, die von den Erwachsenen missverstanden oder mit einem Achselzucken abgetan wurde. Ohne angemessenes Feedback Ihren Gefühlsäußerungen gegenüber begannen Sie, an Ihren Empfindungen zu zweifeln, und entwickelten einen Mechanismus dagegen, sich mit ihnen auseinander setzen zu müssen.

Ihre besondere Form des sich Erinnerns – oder auch des sich nicht Erinnerns – macht Sie jedoch frei, neue Sichtweisen zu entwickeln und Ihr eigenes Bild davon zu erschaffen, wie *Sie* sein wollen. Im Weg steht Ihnen die Angst des Kindes, das sich seiner Aufgabe nicht gewachsen fühlte und das noch immer in Ihnen wohnt. Deshalb erhalten Sie sich möglicherweise zu Ihrer Sicherheit noch heute ein Wunschbild Ihrer Vergangenheit aufrecht, das Sie sich einmal geschaffen haben und das Ihren Träumen von einer heilen Welt entspricht.[61]

Den Wind kann man nicht verbieten. Aber man kann Mühlen bauen.
Sprichwort aus Holland

Schon als Kind zogen Sie sich in die Welt Ihrer Fantasie zurück. Sie konzentrierten sich auf die Dinge, für die Sie Lob und Anerkennung bekamen. Für die Zeit Ihrer Kindheit verfügten Sie damit über einen gut funktionierenden Schutz gegen Überforderung, Einsamkeit und Verunsicherung. Doch etwas in Ihnen glaubt noch heute, dass es eine gute Strategie ist, nicht so genau hinzusehen, wenn es schwierig werden und zu Konsequenzen führen könnte. Weil Ihnen schon früh etwas vorgemacht wurde oder Ihnen wichtige Informationen vorenthalten wurden, kann es auch später geschehen, dass Sie sich über Ihre eigenen Motive und vielleicht auch über die der anderen täuschen. Ihre tiefsten und wirksamsten Glaubenssätze – die Überzeugungen, die Ihr Leben aus dem Unbewussten heraus steuern – bleiben Ihnen deshalb oft lange Zeit verschlossen.

Wenn Sie ein aktiver Mensch sind, haben Sie sich vermutlich Aufgaben gesucht, die Sie beschäftigt halten und mit deren Hilfe Sie sich auch nicht mit dieser Seite Ihres Wesens auseinander setzen müssen. Sie sind einsatzfreudig im Beruf, Helfer im

Freundeskreis, die Stütze der Familie und leisten dabei oft einen besonderen Beitrag für andere, woraus Sie auch selbst die Bestätigung ziehen können, dass Sie nun endlich wichtig genommen und geliebt werden. Wenn Sie zu passivem Verhalten neigen, verbringen Sie viel Zeit in Ihrer erträumten Wirklichkeit.

Heilung ist der Prozess, bei dem ihr alles akzeptiert und dann das Beste wählt.
Neale Donald Walsch

Sie sehnen sich nach Ordnung und Geborgenheit

Gut verborgen hinter Ihrer Stärke ist das Gefühl, dass Ihr Leben auf Treibsand aufgebaut ist. Als Kind haben Sie seelischen Halt gesucht und nicht gefunden. Halt mag es gegeben haben in der täglichen Routine oder in der Erfüllung von Pflichten. Vielleicht mussten Sie sich auch ganz allein auf die Suche nach etwas begeben, worin Sie Halt finden konnten. Sie fühlten sich überfordert mit der Ahnung, dass die Sanddüne unter Ihnen jeden Augenblick weiter wandern und Sie erneut dem Chaos preisgeben könnte. Sie kennen diese tief greifenden Ängste vor unberechenbaren Geschehnissen und unabwendbaren Verlusten. Aus diesem Grund sind Sie ausgesprochen sicherheitsorientiert. Sie halten fest an dem, woraus Sie die Sicherheit Ihres Lebens zu beziehen meinen: an Ihrem Partner, Ihren Kindern, Freunden, Ihrem Besitz. Weil Sie so wenig über sich selbst und Ihre wahren Gefühle und Bedürfnisse wissen, definieren Sie sich über Ihre Beziehungen oder Ihren Beruf. Im praktischen Leben sind Sie vermutlich ausgesprochen erfolgreich. Ihre Tüchtigkeit und Kompetenz, Ihr Fleiß, Ihre Gabe zur Vorausschau und Ihre Fähigkeit, Situationen richtig einzuschätzen, macht Sie zu einem wertvollen Mitarbeiter, zu einem klugen und einfühlsamen Vorgesetzten oder Freund. In Ihrer Seele bleiben Sie jedoch das verlorene und einsame Kind auf der Suche nach Halt. Deshalb sind Sie fasziniert von Persönlichkeiten, die genau zu wissen scheinen, wer sie sind, was sie wollen und wie das Leben ist. Sie möchten an der Hand genommen werden und in einer Welt der Unsicherheiten Beruhigung erfahren. Jemand von außen soll Ihnen Klarheit über sich selbst verschaffen und Ihnen die Rahmenbedingungen geben, in die Sie Ihr Leben so einbinden können, dass es überschaubar und geordnet erscheint.

Tief verborgen in Ihrem Inneren leiden Sie unter dem Gefühl, etwas Wesentliches entbehrt zu haben. Einsamkeit und der Versuch, sie zu überwinden, zählen zu Ihren zentralen Triebfedern. Dabei helfen Ihnen Ihre Träume und Fantasien, in denen Sie eine Welt entstehen lassen, in der die Dinge so sind, wie Sie sie ersehnen und in der Sie nicht allein sind. Sie sehnen sich nach Erlösung und Verschmelzung, nach der alles umfassenden Einheit, in der Sie aufgehoben und geborgen sind, nach dem mütterlichen Schoß. Nicht selten wird der Partner zu dem Menschen, der diese Bedürfnisse erfüllen soll. Dadurch geraten Sie in eine seelische Abhängigkeit, die Ihrem Wunsch nach Freiheit widerspricht. Sie glauben, andere zu brauchen, um Ihr Gefühl der Verlorenheit zu überwinden.

Einsamkeit ist der Weg, auf dem das Schicksal den Menschen zu sich selber führen will.
Hermann Hesse

Um ein Gefühl der Selbstbestimmtheit entstehen zu lassen, übernehmen Sie wichtige Aufgaben für andere. Sie sind effektiv und niemals faul. So erhalten Sie Anerkennung. Wenn andere Sie lieben, sind Sie in der Lage, auch sich selbst zu lieben. Wenn andere Sie wahrnehmen, nehmen Sie sich auch selbst wahr. Doch wenn wir uns vorrangig durch die Augen anderer Menschen sehen, existieren wir auch im Wesentlichen durch unsere Beziehung zu ihnen. Wir können es uns nicht so einfach leisten, eine Beziehung aufzugeben, da unser Identitätsgefühl in ihr wurzelt. Das Gleiche gilt für alle Dinge, aus denen wir unser Ichbewusstsein ziehen: unsere Arbeit, Leistungen, auf die wir zurückblicken, unsere Kinder. Man neigt dazu, sich selbst über Rollen und Aufgaben zu definieren und darüber, wie gut man sie erfüllt.

Sie ängstigen sich davor, dass sich die mühsam zusammengefügten Bausteine Ihres Lebens wie Rauch in nichts auflösen, dass Sie den Platz, den Sie sich geschaffen haben, verlieren könnten. Wo immer Sie *Ihren* Platz gefunden zu haben glauben, in einem Beruf, einer Beziehung, einer Familie, dort fürchten Sie am meisten, ihn wieder zu verlieren. Diese Furcht kann so groß sein, dass Sie nicht hinterfragen, ob dieser Platz der Ihnen gemäße ist, ob er es vor allem *immer noch* ist. Ihr Leben ist dem Versuch gewidmet, genau diesen Platz zu behaupten. Doch Angst ist eine starke Energie, die genau das in unser Leben bringen kann, was wir am meisten fürchten.

Diese Seite mag kaum jemand an Ihnen kennen. Was die meisten anderen Menschen an Ihnen sehen, sind Ihre Tüchtigkeit, Kompetenz, Vernunft und Ihr Verantwortungsbewusstsein. Diese Eigenschaften haben Ihnen schon früh geholfen, sich zu behaupten. Die Menschen in Ihrer Umgebung lehnen sich deswegen an Sie an. Sie schätzen Ihr Einfühlungsvermögen, Ihre Lebensklugheit, Ihre Fähigkeit, die Dinge des täglichen Lebens zu organisieren. Kaum jemand kommt auf den Gedanken, dass es in Ihnen anders aussehen könnte, vielleicht noch nicht einmal die Menschen, die Ihnen wirklich nahe stehen. Es mag Ihnen selbst nicht klar sein und wenn es Ihnen klar ist, verbergen Sie diese Seite sorgfältig. Wahrheiten werden so nicht ausgesprochen, Wichtiges bleibt ungeklärt. Sie leben Ihr Leben, effizient, meist in geordneten, sicheren und überschaubaren Bahnen. Immer wieder gibt es jedoch Anlässe, die diese scheinbare Ruhe und Ordnung stören und Sie auffordern, Ihren Gefühlen auf den Grund zu gehen und sie auch zu zeigen. Das kann geschehen, weil Sie selbst innerlich nicht die ersehnte Ruhe finden, weil Sie sich unerwartet verlieben, weil diffuse Ängste Sie bewegen. Vielleicht haben Sie sich einen Partner ausgesucht, der Sie mit Bedürfnissen und Umständen konfrontiert, die Sie aufrütteln und zwingen, sich selbst neu zu definieren. Ohne es selbst zu bemerken, schaffen Sie den Rahmen für eine Lebenssituation, in der Sie sich mit Ihren Empfindungen auseinander setzen *müssen* um herauszufinden, was Sie wirklich fühlen und *wer Sie in Beziehung zu den Menschen und Bedingungen Ihres Umfeldes sein wollen.*

Jungfrau am MC: Ihr Leitstern auf dem Weg zu Ihrem Lebensziel

Lernen Sie die wahren Triebfedern Ihres Lebens kennen

Unsere Gefühle sind die Triebfedern unseres Handelns. Wir können nur bewusst handeln und freie Entscheidungen treffen, wenn wir die dahinter stehenden Empfindungen kennen. Mit Jungfrau an Ihrem Medium Coeli sind Sie aufgefordert, Klarheit über Ihre Gefühle und Motive zu erlangen. *Wonach sehnen Sie sich wirklich? Aus welchem Grund bleiben Sie bei einem Menschen, der Sie nicht zu erfüllen scheint? Welche unterschwelligen Bedürfnisse werden durch diese Beziehung abgedeckt? Welche Rolle spielt der Gedanke der Pflichterfüllung in Ihrem Leben? Wie sind Sie dorthin gekommen, wo Sie heute stehen?* Seien Sie ehrlich mit sich selbst. Diese und ähnliche Fragen helfen Ihnen herauszufinden, wer Sie jetzt sind und wer Sie in Zukunft sein wollen. Eine realistische Bestandsaufnahme Ihrer Situation kann zu der Feststellung führen, dass Sie genau die richtigen Weichen gestellt haben, weil Ihre Lebensumstände Ihnen alles in allem das geben, was Sie brauchen. Die aufrichtige Konfrontation mit den eigenen Beweggründen offenbart jedoch nicht selten Motive wie die Angst vor Einsamkeit, die Suche nach Bestätigung und das Vermeiden von innerer Leere, welche Sie mit Beziehungen, Kontakten, Tätigkeiten und Aufgaben zu füllen

Betrachten Sie die Welt mir den staunenden Augen eines Kindes und dem unbestechlichen Blick des Wissenschaftlers.
Daniel Goleman

versuchen. Es bleiben die Fragen: *Wer bin ich hinter all diesen Rollen, Leistungen und Aktivitäten? Was will ich wirklich sein? Welche Seiten und welches Potenzial in mir habe ich bisher nicht gewürdigt und nicht genutzt?*

Sehen Sie genau hin

Ich habe mich an allem Möglichen orientiert – nur selten an mir.
Kristiane Allert Wybranietz

Jungfrau an Ihrem Medium Coeli lädt Sie zu einer bewussten und differenzierten Betrachtung derjenigen Gefühle, Motive und Sehnsüchte ein, die unterhalb der offensichtlich erkennbaren Seite Ihrer Persönlichkeit liegen. Genauigkeit ist hier der Schlüssel, genaues Hinsehen. Lassen Sie sich nicht von Ihrer Neigung verführen, Dinge im Unklaren zu lassen, Ihren Gefühlen nicht auf den Grund zu gehen, zu glauben, es genüge, die große Linie zu verstehen und großzügig mit sich und anderen umzugehen. Seien Sie aufmerksam und gewissenhaft. Dies gilt für Ihren Umgang mit sich selbst ebenso wie für den mit Ihrer Umwelt.

Seien Sie selbst-bewusst und bestimmen Sie den für Sie geeigneten Platz

Jeder Mensch trägt in sich einen Kontinent unentdeckter Anlagen. Glücklich, wer der Kolumbus seiner eigenen Seele ist!
J. Stephen

Sie sind aufgefordert, sich Ihrer selbst bewusst zu werden. Dieses Selbst-bewusst-sein entsteht durch Beobachtung der äußeren und inneren Welt. Sie brauchen nicht darum zu kämpfen, sondern nur ganz natürlich die Gefühle wahrzunehmen, die sich einstellen, wenn Sie beobachten, was um Sie herum geschieht: die Reaktionen Ihrer Mitmenschen; unter welchen Umständen sie leben und wie sich diese auf sie auswirken; die Motive, die sie dazu bewegen, ihr Leben auf eine bestimmte Weise zu gestalten.

Da Ihr zentrales Motiv ist, Ihren Platz in der Welt zu finden, brauchen Sie einen Orientierungsrahmen, den Sie durch andere Menschen, Dinge und Ereignisse finden. Auf diese Weise können Sie auch Ihre persönlichen Grenzen ausloten und den Freiraum festlegen, der für Sie unantastbar ist. Ihren Platz finden Sie jedoch nur, wenn Sie wissen, wohin es Sie innerlich zieht, unter welchen Umstände Sie sich angekommen fühlen und wann nicht. *Selbstbeobachtung ist der Schlüssel zu Ihrem Sein.*

Sie verspüren eine tiefe Sehnsucht nach Ordnung und Klarheit in Ihrem Leben. Für alle Fragen streben Sie Lösungen an, die, wenn irgend möglich, jedem gerecht werden. Sie hassen es, hinter sich einen Scherbenhaufen zurückzulassen, wenn Sie Abschied nehmen. Die Fische an Ihrem Imum Coeli lassen Sie auch noch mit demjenigen mitfühlen, der Sie provoziert, beleidigt oder verlassen hat. Doch eine der ersten Lektionen, die Sie lernen, ist, dass Sie nicht die andere Wange hinhalten müssen, wenn man Sie auf die eine geohrfeigt hat. Die Jungfrau an Ihrem Medium Coeli ist das Zeichen der Klugheit: Leben Sie Ihr natürliches Gefühl für persönliche Würde, ohne stolz zu sein.

Das gewöhnliche Leben auf ungewöhnliche Weise leben

Natürliche Anpassungsfähigkeit zählt zu Ihren mitgebrachten Gaben, ebenso wie ein gutes Einschätzungsvermögen. Wenn Sie diese Eigenschaften stärken, helfen sie Ihnen, auf die richtige Art mit dem Strom des Lebens zu schwimmen anstatt gegen ihn. Ein natürliches Empfinden für Ökonomie lässt Sie in den einfachen Dingen des Lebens Schönheit finden. Obwohl Sie etwas in sich spüren, das uferlos, grenzenlos, ja haltlos ist, behalten Sie doch das Gefühl für Ordnung im täglichen Leben. Sie finden in alltäglichen Begebenheiten Freude, Zufriedenheit und genau jenen Halt, den Sie suchen. Je mehr Vertrauen Sie in das Leben fassen, desto kreativer sind Sie auch in seiner Gestaltung. *Das gewöhnliche Leben auf ungewöhnliche Weise leben* könnte Ihr Motto sein. Sie sind in der Lage, alles mit völliger Hingabe zu tun: Gartenarbeit, einen Brief schreiben, den Boden kehren.

Ein Mönch sagte zu Joshu: »Ich bin gerade ins Kloster eingetreten. Bitte lehre mich.« Joshu fragte: »Hast du deinen Reisbrei gegessen?« Der Mönch antwortete: »Ich habe gegessen.« Joshu sagte darauf »Dann geh und wasche deine Essschale aus.«[62]

Die Lust am Machbaren

Wie kein anderes Zeichen des Tierkreises lehrt die Jungfrau den realistischen, pragmatischen Umgang mit den Dingen. Ihre Fähigkeit, Lebensbedingungen und Umstände klar und ohne Verbrämung durch Idealisierung und Wünsche, aber auch ohne Ängste und Zukunftsprojektionen zu sehen, ermöglicht es ihr, aus allem das Beste zu machen. Und doch neigt sie nicht zu unangemessener Bescheidenheit. Ihr Spürsinn für das Machbare schenkt ihr ebenso ein Fingerspitzengefühl für auslotbare Freiräume wie für definitive Grenzen.

Um Einfluss auf etwas zu nehmen, bedarf es des klaren und von innerer Wahrhaftigkeit durchdrungenen Zieles, dem man sich durch einfühlsames Vorgehen langsam, aber stetig nähert.
René van Osten

Mit Jungfrau an Ihrem Medium Coeli meistern Sie Ihr Leben, indem Sie die Dinge sehen wie sie sind. Sie hegen keine falschen oder überzogenen Erwartungen und rennen nicht gegen Wände an, die nicht überwindbar sind. Sie fantasieren nicht über das, was sein sollte oder sein müsste. Lieber halten Sie es mit einer Vorgehensweise, die in Bildern wie dem Lauf des Wassers oder der Einwirkung des sanften Windes enthalten sind: *Wenn das fließende Wasser – das Bild des Tao – auf seinem Weg einem Hindernis oder einer Sperre begegnet, hält es inne. Es steigt und gewinnt an Kraft, es sammelt sich, füllt den Raum vor dem Hindernis an und fließt schließlich darüber weg. Diese Hindernisse treten nicht plötzlich auf, sondern sind Bestandteil des eingeschlagenen Weges.*[63]

Sie erwachen aus Ihrem Dornröschenschlaf, in den Sie sich oft für viele Jahre selbst versetzt hatten, weil Sie nun bereit sind, sich mit Ihren wahren und tiefsten Gefühlen auseinander zu setzen und auch mit Empfindungen von Enttäuschung, Verlust, emotionaler Entbehrung und Einsamkeit zu konfrontieren. Ohne hemmende Schranken sehen Sie, was Ihnen Ihr ganzes Leben über fehlte und was Sie daraus machen können. Sie stellen sich den Dingen dort, wo Sie dies bisher nicht gewagt hatten und finden die beste Lösung für Ihre Beziehungsprobleme, für berufliche Fragen, für familiäre Themen. Sie verschwenden keine unnötige Energie darauf, sich nach Lösungen zu verzehren, die im Bereich Ihrer Wunschvorstellungen, aber nicht in der Realität angesiedelt sind. Sie treffen Entscheidungen auf der Basis dessen, was ist. Ihre wichtigste Entscheidung lautet jedoch: *Wer will ich sein in Beziehung zu dem was ist?* Sie können vielleicht die Umstände nicht immer verändern, aber *Sie können immer definieren, wie Sie selbst dazu stehen wollen.*

Dort, wo die Jungfrau im Horoskop steht, können wir wirkliche Lebensklugheit entwickeln. Wir erkennen an, dass die Welt ein Ort der Beschränkungen, aber auch der Möglichkeiten ist. Dabei handelt es sich nicht um einen Denkvorgang, sondern um ein Verstehen, das den ganzen Menschen umfasst. Nicht alles ist möglich, doch für alles gibt es immer eine Lösung. Diese Lösung strebt die Jungfrau mit der ihr eigenen Flexibilität an.

Der Weg des geringsten Widerstandes

Im Taoismus, dessen Verhaltensphilosophie der Jungfrau am nächsten kommt, gibt es die Begriffe *wu wei* und *wu nien. Wu wei* wird allgemein mit Nicht-Handeln übersetzt, was zu der fälschlichen Annahme führt, man solle nichts tun, sondern eine rein passive und abwartende Haltung einnehmen. Doch *wu wei* lehrt uns, unser Gespür für die Zeichen der Zeit zu entwickeln und uns in Übereinstimmung mit ihnen zu bringen. Wir hören auf das, was allgemein als Intuition oder die innere

Stimme bezeichnet wird. Wir warten ab, wenn wir spüren, dass die Türen geschlossen sind, und beginnen zu handeln, wenn sie sich öffnen. Wir ertragen Zeiten der Stockung im Wissen, dass auf jedes Tal ein Berg und auf jeden Abstieg ein Aufstieg folgt. Dem gegenüber ist *wu nien* der Versuch, Ergebnisse mit Willenskraft herbeizuzwingen. *Wu nien* kostet unnötige Energie, lässt uns oft frustriert zurück und bringt dauerhaft nicht die Resultate, die wir anstreben. Die entwickelte Jungfrau lebt ohne Widerstand zu dem Gesetz, wonach das einzig Beständige im Leben der Wandel ist, an den es sich anzupassen gilt. Ihr polares Zeichen, die Fische, führt zu Aussagen wie *Man steigt nie zweimal in denselben Fluss* und schenkt das Vertrauen in eine schöpferische Kraft, die alles nach einem sinnvollen Plan gestaltet und ordnet. In diesem Plan sind wir ein kleiner Baustein, scheinbar verloren wie die Nadel im Heuhaufen und doch von elementarer Bedeutung für den großen Zusammenhang, der unserem menschlichen Verstand nur begrenzt zugänglich ist. Der Mensch mit Jungfrau am Medium Coeli versucht bewusst oder unbewusst, diesen Plan zu verstehen und einen Plan für das eigene Leben zu erstellen. Dieser Plan soll ihm seine Freiheit und Eigenständigkeit bewahren – trotz oder gerade wegen aller Bereitschaft, sich in Übereinstimmung mit den Gegebenheiten zu bringen; er ist *revidierbar, anpassbar,* wenn sich neue Informationen ergeben. Das scheinbar so blässliche, durchschnittliche Bild der

Anpassen heißt wissen, wann es zu handeln oder zu ruhen gilt, zu sprechen oder zu schweigen. Es ist dies die Zeit der friedfertigen, geistig aufgeschlossenen Haltung, die bereit ist, sich den bestehenden Kräften anzugleichen.
R. L. Wing

Das Glück liegt in zweierlei: darin, dass man ganz da steht, wo man hingehört, und zum Zweiten und Besten in einem behaglichen Abwickeln des ganz Alltäglichen, also darin, dass man ausgeschlafen hat und dass einem die neuen Stiefel nicht drücken. Wenn einem die 720 Minuten eines zwölfstündigen Tages ohne besonderen Ärger vergehen, so lässt sich von einem glücklichen Tag sprechen.
Theodor Fontane

Jungfrau, auf das viele Menschen säuerlich reagieren, wenn sie dieses Zeichen an Ihrem Aszendenten oder am Medium Coeli vorfinden, ist das Zeichen wahrer Lebensklugheit und damit die Voraussetzung für dauerhaftes Glück.

Ihr Fluchtpunkt: Schütze

Toleranz und großzügiger Optimismus an ungeeigneter Stelle

Wenn Sie sich vor der Konfrontation mit sich selbst und den Realitäten Ihres Lebens scheuen, weichen Sie spontan auf das Zeichen aus, das ein Quadrat zur Jungfrau bildet: den Schützen. Er wird zur Zufluchtsstätte, an der Sie sich um diejenigen Eigenschaften herummogeln können, die Ihnen helfen würden, Ihren wahren Weg zu finden: Genauigkeit, ein ökonomischer Einsatz Ihrer Kräfte und Mittel, die Fähigkeit, Ihren Gefühlen nachzuspüren, sie zu differenzieren und zum Ausdruck zu bringen, sowie der Wahrheit ins Gesicht zu sehen. Stattdessen sind Sie tolerant und einsichtig, finden gute Erklärungen dafür, warum die Dinge sind, wie sie sind, und sehen nicht so genau hin. Sie denken positiv und finden Bestätigung in der Rolle des oder der Verständnisvollen. Doch Sie stimmen innerlich nicht mit dieser Haltung überein. Sie glauben nur, in einer gegebenen Situation keine Wahl zu haben und scheuen die Konsequenzen. Sie wollen sich nicht mit Ihren Motiven auseinander setzen – nicht zuletzt weil das bedeuten könnte, dass sich lang gehegte Illusionen in Luft auflösen und Sie Veränderungen in Kauf nehmen müssten, die Ihnen Angst einflößen. Es fällt Ihnen schwer zu glauben, dass Veränderung auch Verbesserung bedeuten kann. Wirkliche Toleranz kann jedoch nur entstehen, wenn wir unsere wahren Beweggründe kennen. Statt mit scheinbarer Großzügigkeit Rahmenbedingungen zu akzeptieren, die nicht zu einem passen, heißt es, sich zu fragen, welche tiefen Bedürfnisse in einer Situation erfüllt werden, die augenscheinlich nicht dem entspricht, was wir wollen. Jede Lage, in der wir bleiben, tut etwas für uns, und wenn sie nur gewohnte negative Muster in uns aufrecht erhält, die uns Sicherheit vorgaukeln, weil sie uns vertraut sind.

Umgekehrt können Sie feststellen, dass vielleicht bestimmte offensichtliche Sehnsüchte in einer Beziehung, einem Lebensstil oder einer Berufswahl nicht erfüllt werden, dafür aber tiefer liegende, die ebenso wichtig und wertvoll sind. In diesem Bewusstsein kann echte Toleranz entstehen, denn die entwickelte Jungfrau ist bereit, im besten Sinne mit den Tatsachen zurechtzukommen.

Im Großen denken

Wer sichere Schritte tun will, muss sie langsam tun.
Johann Wolfgang von Goethe

Eine der großen Stärken der Jungfrau ist die Fähigkeit, jeder Kleinigkeit Beachtung zu schenken, sie zu schätzen und nichts zu übersehen. Das Gegenzeichen Fische, das an Ihrem Imum Coeli steht, hat dagegen mit Einzelheiten nichts am Hut. Wenn Konturen verschwimmen und sich die Dinge ohnehin nicht randscharf trennen lassen, woher sollte der Blick für Details kommen? Die Fische und der Schütze verstehen sich insofern gut, als sie beide von Jupiter regiert werden,[64] sie es also beide mit den kleinen Dingen nicht so genau nehmen. Um die Fähigkeit der Fische, grenzenlos zu denken, und die des Schützen, den großen Wurf zu entwickeln und hoch hinaus zu wollen, in die richtigen Bahnen zu lenken, bedarf es der Jungfrau, die dafür sorgt, dass das Haus nicht ohne Fundament gebaut wird. Wenn Sie sich zum Schützen flüchten, fühlen Sie sich gelangweilt von Details, von der Notwendigkeit, genau hinzusehen und die Dinge zu prüfen. Sie stellen dann vielleicht große Gebäude auf, gedankliche oder materielle, die imposant dastehen, aber deren Grundbausteine nicht sorgfältig sortiert sind. Sie ignorieren die Schwachstellen in Ihrer Beziehung, an Ihrem Arbeitsplatz, in Ihrer Lebensplanung. Sie sind solange optimistisch, bis Sie die Realität einholt und Sie die Augen nicht mehr verschließen können. Ihre Herausforderung besteht folglich darin, sich den Überblick und die große Vision genauso zu bewahren wie die Sorgfalt bei allen Details.

Ihr Lebensziel

Die Mitte zwischen Fische und Jungfrau

Jungfrau am Medium Coeli ist Ihre Chance, ein freier, unabhängiger Mensch zu werden, der weiß, wer er ist und der seine persönlichen Freiräume abgesteckt hat. Sie haben Zugang zu Ihren Gefühlen, zu Ihrer Intuition sowie Vertrauen in das Leben. Sie wissen, wohin Sie gehören und Sie wissen, dass Sie diesen Platz selbst gewählt haben. Sie sind sich Ihrer Empfindungen bewusst und können sie zeigen und jedes Gefühl entspricht Ihrer inneren Wahrheit. Sie kennen Ihre *Beweggründe* und Sie wissen, wie Sie durch die Wahl der geeigneten Beweggründe Ihr Leben in die von Ihnen gewünschten Bahnen lenken können. Sie besitzen die Fähigkeit, vorgegebene Bedingungen klar zu erkennen und sie klug zu nutzen. Sie wissen, dass Sie nicht das Rad neu zu erfinden brauchen, denn Sie können das Beste aus dem machen, was bereits vorhanden ist. Sie nutzen bestehende Ressourcen und greifen auf den Erfahrungsschatz zurück, der Ihnen zur Verfügung steht.

Die Narren weisen zurück, was sie sehen, nicht was sie denken. Der Weise weist zurück, was er denkt, nicht was er sieht.
Huang Po

Auf der spirituellen Ebene symbolisiert Fische-Jungfrau das Thema des göttlichen Plans, in dem der Mensch ein Teil ist, der seinen Platz finden und einnehmen soll. Ebenso wie bei der umgedrehten Achse Jungfrau-Fische geht es hier in besonderem Maße um Vertrauen in das Leben, um die Kunst, mit den Strömungen des Lebens und den eigenen inneren Veränderungen zu gehen und sich dabei zu entspannen. Mit Jungfrau am MC tun wir alles, was getan werden muss, wir tun es nach bestem Wissen und Gewissen. Wir versuchen das Beste, das Optimale – und lassen es los. Hier gibt es kein Stagnieren, keine unnötige Reibung durch Widerstand. Die Jungfrau nimmt an, was kommt, und findet für sich die beste Lösung, bescheidet sich wo nötig, dehnt Ihre Grenzen aus wo möglich. Auch wenn Menschen mit Fische am Imum Coeli Ordnung und Überblick in Ihrem Leben geschaffen haben, gibt es etwas in Ihnen, das dieser Ordnung widerstrebt. Sie sind von der Sehnsucht nach Freiheit beseelt, davon, sich nicht den Zwängen der Gesellschaft, den Meinungen anderer Leute und den gängigen Moralvorstellungen beugen zu müssen. In Ihrer Seele wissen sie, dass der Mensch frei ist das aus sich zu machen, was er sein will, er ist der kreative Künstler seiner Existenz. Im täglichen Leben wissen sie, was sie tatsächlich erreichen können und verschwenden keine wertvolle Energie an das Unmögliche. Durch diese Haltung erfahren sie großes Glück. Es ist das Wandeln in der Mitte, das von Extremen Abstand nimmt und das die Schönheit des Lebens in jedem Augenblick, sei er alltäglich oder ungewöhnlich, zutage treten lässt.

Lieber bin ich ein Träumer unter den Niedrigsten, mit Visionen, die zu verwirklichen sind, als Herr zwischen jenen, die ohne Träume und ohne Verlangen sind.
Khalil Gibran

Ein kleiner Junge kam zu seinem Vater und wollte mit ihm spielen. Der Vater hatte aber keine Zeit, auch keine Lust dazu. Also überlegte er, wie er den Jungen beschäftigen könnte.

In einer Zeitschrift fand er eine detaillierte Abbildung der Erde. Dieses Bild riss er heraus und zerschnitt es in viele kleine Teile. Die gab er dem Jungen und dachte, dass der nun mit diesem schwierigen Puzzle eine ganze Zeit beschäftigt sein würde.

Der Junge setzte sich in eine Ecke und begann, das Puzzle zusammenzusetzen. Nach wenigen Minuten kam er zum Vater und zeigte ihm das fertige Bild.

Sein Vater konnte es kaum glauben und fragte ihn, wie er das geschafft habe.

Das Kind sagte: »Ach, auf der Rückseite war ein Mensch abgebildet. Den habe ich richtig zusammengesetzt. Und als der Mensch in Ordnung war, war es auch die Welt.«[65]

Berühmte Persönlichkeiten mit Jungfrau an der Himmelsmitte

Simone de Beauvoir
Maria Callas
Marie Curie
Albert Einstein
Peter Fonda
Martin Heidegger
Friedrich Nietzsche
Edith Piaf
Elvis Presley
Ronald Reagan

Waage am MC

Öffnen Sie sich der Welt und anderen Menschen

Aszendenten in der nördlichen Hemisphäre:

Schütze, Steinbock[66]

Widder am IC: Die Urquelle Ihrer Wirklichkeit

- Sie haben das Gefühl, dass leben kämpfen heißt
- Sie glauben, dass Sie nur sich selbst vertrauen können
- Sie fühlen sich schnell betroffen, angegriffen oder bedroht
- Sie verfügen über einen starken Selbsterhaltungstrieb
- Ihre Bedürfnisse melden sich unmittelbar und intensiv zu Wort
- Sie sind ein Einzelgänger, sehnen sich aber nach Gemeinsamkeit
- Sie haben ein Gefühl für Gerechtigkeit und Fairness

Waage am MC: Ihr Leitstern auf dem Weg zu Ihrem Lebensziel

- Entspannen Sie sich
- Finden Sie heraus, welches die tiefsten Bedürfnisse Ihres Wesens sind
- Leben Sie Ihre Neugier auf das, was die Welt zu bieten hat
- Tun Sie Dinge gemeinsam mit anderen, üben Sie sich in Kooperation
- Achten Sie auf die Bedürfnisse anderer Menschen
- Definieren Sie Ihre Beziehungen neu
- Lernen Sie das Gesetz von Aktion und Reaktion kennen
- Motivieren Sie die Menschen in Ihrer Umgebung

Widder am IC: Die Urquelle Ihrer Wirklichkeit

Leben heißt kämpfen

Auf viele Menschen mögen Sie ganz anders wirken: Sie sind verbindlich, freundlich, entspannt, ein positiver, starker, optimistischer Mensch, dem die Dinge gelingen. Tatsächlich gelingen Ihnen vermutlich ziemlich viele Dinge. Das ist so, weil Sie sich von Kindesbeinen an daran gewöhnt haben, um Ihr Recht zu kämpfen. Nötig war das, weil Sie sich in Ihrer Gemeinschaft behaupten mussten, weil Sie früh den Eindruck gewonnen haben, dass man im Leben nichts geschenkt bekommt, oder weil Sie sich unterdrückt und ungerecht behandelt fühlten. Für Sie gilt: *Hilf dir selbst, dann hilft dir Gott.* Mit dieser Regel sind Sie bisher nicht schlecht gefahren. Ihr Leben scheint zu beweisen, dass Stärke und Durchsetzungsvermögen belohnt werden, Schwäche aber nicht. Das kann Sie zu unterschiedlichen Reaktionen veranlasst haben: Vielleicht ist die Welt für Sie ein Ort, an dem man sich in Acht nehmen muss, um nicht übervorteilt, herumgeschupst oder verletzt zu werden. Deshalb sondern Sie sich ab, meiden vielleicht sogar die Gesellschaft anderer, fühlen sich dann jedoch einsam. Oder Sie tun genau das Gegenteil, gehen auf Menschen zu, suchen Kontakt und sind bereit, sich sehr zu engagieren, wenn der andere sich Ihnen nicht gleich öffnet. Ihr Interesse wächst sogar oft erst mit der Perspektive, dass Sie noch etwas zu erobern haben und manches Mal auch dann, wenn Sie Unliebsames wegstecken müssen, denn *Sie erwarten ganz selbstverständlich Widerstand.* Dann, irgendwann und ganz plötzlich, dreht sich das Blatt und Zorn erfüllt Sie. Sie fühlen sich ungerecht behandelt und reagieren impulsiv. An die Stelle Ihrer Liebenswürdigkeit tritt Angriffslust, vielleicht lassen Sie Ihr Gegenüber auch einfach stehen.

Man ist erst besiegt, wenn man aufgibt.
Sprichwort

Auch Wettbewerb und Konkurrenzdenken können wichtige Elemente Ihrer frühen Jahre gewesen sein. Vielleicht bestand zwischen Ihren Eltern oder innerhalb der Geschwisterfolge ein mehr oder weniger offensichtlicher Kampf um die Frage, wer das Sagen hat und wer der Boss ist. So ist Ihnen das Prinzip der »Hackordnung«[67] in Fleisch und Blut übergegangen. Wenn Sie Ihre Position in Frage gestellt sehen, wird automatisch Ihr Selbstverteidigungmechanismus aktiv, denn nur der Größere, Stärkere, Bessere, Schnellere oder Härtere siegt. Da Sie das Feld nicht als geschlagener Gegner räumen wollen, reagieren Sie direkt und ohne weiter zu überlegen nach dem Motto *Angriff ist die beste Verteidigung* oder auch *Wehret den Anfängen*. Das Letzte, was Sie wollen, ist Schwäche zeigen, denn dann, so glauben Sie ganz tief in Ihrer Seele, könnten Sie zum Spielball der Absichten anderer Menschen werden.

Die Zukunft hat viele Namen. Für die Schwachen ist sie das Unerreichbare. Für die Furchtsamen ist sie das Unbekannte. Für die Tapferen ist sie die Chance.
Victor Hugo

Eine weitere Variante Ihrer frühen Familiensituation kann gewesen sein, dass Nähe und Zuneigung nicht über weiches, zärtliches Verhalten gezeigt wurden, sondern durch Konflikte. Sich aneinander zu reiben war das Mittel zu zeigen, dass man sich mochte. In diesem Sinn bot der Konflikt einen entscheidenden Vorteil: Man konnte prüfen, ob die Zuneigung des anderen standhielt – in guten und in schlechten Tagen.

Harte Schale, weicher Kern. In Ihrer Seele sind Sie verwundbar, ein verletzliches und verletztes Kind, das sich schnell bedroht fühlt. Das ist die tiefere Ursache für Ihre Flucht nach vorn. Dabei kann es sich um eine körperliche Bedrohung durch eine Krankheit handeln, eine seelische durch die unfreundlichen Absichten anderer Menschen – oder das, was Sie dafür halten – oder um ein feindliches Geschick, dem Sie Ihren Lebenserhalt abtrotzen müssen. Um diesen Ängsten nicht ins Gesicht sehen zu müssen, haben Sie starke Abwehrmechanismen entwickelt. Dazu können Überlegenheitsfantasien ebenso gehören wie harte Sportarten, Training bis zum Äußersten,[68] intensives Bergsteigen, eine große Arbeitsbelastung oder ein Kräfte und Aufmerksamkeit absorbierender Wettbewerb um den ersten Platz.

Ein starker Selbsterhaltungstrieb

Sie wissen, wie es ist, sich in widrigen Umständen zu behaupten. *Erst handeln, dann denken* ist ein natürliches Überlebensprinzip, das Ihnen entspricht. Mit einem wie es scheint untrüglichen Gespür wittern Sie, was in der Luft liegt.

Überleben oder untergehen funkt etwas in Ihnen und wenn es auch den einen oder anderen Menschen mit Widder am IC geben mag, der glaubt, er könne nur untergehen, so ist es doch sehr viel wahrscheinlicher, dass Sie zu denjenigen gehören, die sich ganz selbstverständlich fürs *Überleben* entscheiden und jede Form von Schwachheit, Unterlegenheit oder gar Hilflosigkeit vermeiden. Überleben hat für Sie viel mit *gewinnen* zu tun. Deshalb betrachten Sie auch Ihre Meinung als richtig und diskutieren nicht darüber. Sie entschuldigen sich nur selten, denn das wäre ein Eingeständnis von Schwäche.

> *Ganz gewöhnliche widrige Umstände können ein ganz ungewöhnliches Gemeinschaftsgefühl hervorbringen.*
> *Lennard Bickel*

Wer sich jedoch auf eine faire Auseinandersetzung mit Ihnen einlässt, kann einen unvermuteten Wandel bei Ihnen erleben. Nun sind Sie in der Lage, echte Freundlichkeit an den Tag zu legen. Der »Schlagabtausch«, der zu Ihren Präliminarien dafür gehört, dass Sie sich für den anderen öffnen, hat stattgefunden. Die Fronten sind geklärt, das Revier abgesteckt, eventuelle Gewitterwolken vom Himmel vertrieben. Wer sich jedoch von Ihnen einschüchtern lässt, hat mit großer Wahrscheinlichkeit verloren, denn Sie verachten Feigheit, Weichlichkeit und neigen dazu, auch bloße Nettigkeit in diesem Sinn zu interpretieren.

> *Liebe: Im Vergleich zu anderen Arten der Kriegsführung ein großer Fortschritt.*
> *Unbekannt*

Eines Tages sagte der Meister zu den Schülern, die glaubten, man könne ohne entschiedenen Willen nichts erreichen: »Die besten Dinge im Leben können nicht durch Willenskraft Wirk-

lichkeit werden. Ihr könnt mit Willenskraft Essen in den Mund stecken, aber nicht mit Willenskraft Appetit bekommen. Ihr könnt euch mit Willenskraft ins Bett legen, aber nicht mit Willenskraft einschlafen. Ihr könnt mit Willenskraft jemandem ein Kompliment machen, aber nicht mit Willenskraft Bewunderung wecken. Ihr könnt mit Willenskraft ein Geheimnis mitteilen, aber nicht mit Willenskraft Vertrauen schaffen. Ihr könnt mit Willenskraft einen Dienst erweisen, aber nicht mit Willenskraft Liebe schenken.«[69]

Ihre Bedürfnisse melden sich unmittelbar und intensiv zu Wort

Ein Kompromiss, das ist die Kunst, einen Kuchen so zu teilen, dass jeder glaubt, er habe das größte Stück. Ludwig Erhard

Sie empfinden alle Ihre Bedürfnisse spontan und direkt.[75] Wenn Sie hungrig sind, sind Sie hungrig, wenn Sie sich bewegen wollen, drängt es Sie danach, genau das zu tun, wenn Sie sexuelle Bedürfnisse haben ebenso. Wenn Sie einen Menschen anziehend finden, zieht es Sie geradezu unwiderstehlich zu ihm hin. In diesem Sinn sind sie sehr authentisch. Sie sind Ihrem Körper und dem, was er verlangt, sehr nahe und kennen, was Ihr Verlangen angeht, keine falsche Bescheidenheit oder Rücksichtnahme. Sie haben die Gabe, sich das größte Stück Kuchen vom Tisch zu nehmen, und wenn Sie es gut machen, merkt es keiner. Und Sie wollen mehr von dem bekommen, was sich gut anfühlt. Darin können Sie sehr hartnäckig sein. Sie lieben es, sich anregen zu lassen und dann die entsprechende Befriedigung dafür zu suchen. Das kann Sie sehr selbstbezogen machen, denn das Wohlgefühl oder der Schmerz in Ihrem kleinen Zeh ist Ihnen sehr viel näher als die Wünsche der Menschen um Sie herum. Wenn Sie nicht bekommen, was Sie gerade wollen, sind Sie schnell schlecht gelaunt und durchaus auch mal »pampig«. Und wenn Sie haben, was Sie wollen, ist *teilen oder nicht* die große Frage.

Weil Sie so intensiv mit Ihren Bedürfnissen beschäftigt sind, brauchen Sie nicht in Ihre Seele zu schauen. Sie beobachten sich selbst nicht gern. Durch die ständige Stimulation Ihrer Sinne vermeiden Sie, sich mit Gefühlen auseinander zu setzen, die Ihnen Ihre weiche, verletzliche Seite zeigen könnten. Stattdessen steigern Sie die Intensität Ihrer Erfahrungen. Sie fahren schnell, kaufen mehr, steigen auf höhere Berge, rauchen viel, haben sehr viel Sex, machen ultimatives Bodybuilding oder suchen mehr Erfolg.

Ich hab' zwar keine Ahnung, wo ich hinfahr, aber dafür bin ich schnell dort.
Helmut Qualtinger

Allein oder gemeinsam?

Sie sind es gewohnt, sich auf sich selbst zu verlassen und dennoch haben Sie diesen starken Wunsch nach gemeinsamen Aktivitäten, nach Intimität und Nähe. Und da ist noch die Neugier auf andere Menschen und überhaupt auf alles, was anders ist als Sie selbst. Es gibt eine Ecke in Ihnen, die sich danach sehnt, die Kontrolle aufzugeben, Vertrautheit und Zuneigung zuzulassen und Harmonie statt Konflikt zu erleben. Die andere Seite in Ihnen will zwar vielleicht keinem sagen, was er zu tun hat, Sie wollen sich umgekehrt aber auch von niemandem sagen lassen, was Sie zu tun haben. Das aber könnte geschehen, wenn Sie sich auf eine Beziehung so richtig einlassen oder wenn Bekannte zu echten Freunden werden. Sie stecken da in einem echten Dilemma, das Sie so manches Mal widersprüchlich handeln lässt. Sie kämpfen um Zuneigung und Nähe, und wenn Sie sie dann bekommen haben, kehren Sie Ihre harte Seite hervor. Sie fordern von anderen Konsequenz, Mut und Entschlusskraft, sind aber oft selbst nicht in der Lage, diese aufzubringen. Sie setzen sich intensiv dafür ein, dass ein Kompromiss gefunden wird, sind aber

Schneeflocken gehören zu den zartesten Kreationen der Natur, doch was können sie nicht alles, wenn sie zusammenhalten.
Aus ›Das Beste‹ Dez. 1980

vielleicht enttäuscht, wenn der andere einlenkt. Sie gehen ganz selbstverständlich von Ihrer Position aus, und es fällt Ihnen schwer, die Perspektive des anderen einzunehmen und seine Bedürfnisse nachzuvollziehen.

Sie haben ein Gefühl für Gerechtigkeit und Fairness

Da Stärke und Schwäche so zentrale Themen in Ihrem Leben darstellen, haben Sie dafür auch einen Sensor bei anderen Menschen. Sie wittern, wer die Situation beherrscht, wer unterlegen ist und ob den Beteiligten Gerechtigkeit widerfährt oder nicht. Aus Ihrer eigenen Position der Stärke heraus setzen Sie sich für Schwache ein und übernehmen die Führungsrolle für sie. In gewisser Weise hegen Sie damit auch das verletzliche Kind in Ihnen selbst, das diesen Schutz vielleicht nicht erhalten hat. Wenn Ihnen die Schwäche des anderen nicht gerechtfertigt zu sein scheint, können Sie jedoch auch ganz ohne Mitgefühl sein.

Wenn der Kampf in Ihrem Inneren statt im Außen stattfindet

Von außen betrachtet können Sie genau der Gegentyp des Beschriebenen sein: Sie sind liebenswürdig, verhalten sich freundlich, wahren die Harmonie. Konflikt- oder Kampfsituationen gehen Sie aus dem Weg. Es fällt Ihnen schwer, Zugang zu Ihren Bedürfnissen zu finden und Ihr Selbstwertgefühl ist nicht sehr stark ausgeprägt. Auch dann ist es für Sie wichtig, sich anderen Menschen und Ideen zu öffnen, um so zu sich selbst zu finden.

Lebensmuster oder Wir säen, was wir ernten

Ihr Leben kann eine sportliche Herausforderung oder ein anstrengender Wettkampf sein. Sie können Ihr Interesse an anderen Menschen als einen Eroberungsfeldzug gestalten und Sie können andere Menschen als eine echte Bereicherung ansehen, die Ihnen hilft, über den eigenen Tellerrand hinwegzusehen. Wenn Sie sich auf die Variante *Kampf* eingeschworen haben, werden Konkurrenz und Konflikte Ihre Tage bestimmen, denn dann suchen Sie unbewusst Bestätigung. Dies gilt besonders für Liebesbeziehungen, bei denen Streit der Auftakt zu Intimität und Sexualität sein kein, was kein Problem ist, wenn beide Partner die Spielregeln kennen und die Auseinandersetzung nicht als Zeichen dafür werten, dass die Beziehung nicht tragfähig ist. Da Sie jedoch auch immer wieder das Bedürfnis verspüren, innerlich auf Distanz zu gehen, kann diese Kombination zu Ungeliebtheitsgefühlen bei Ihrem Partner oder Ihrer Partnerin führen, da er/sie nicht versteht, weshalb Sie so abrupt zwischen Freundlichkeit und Zurückweisung wechseln.

Ursachen für Konfliktstoff gibt es genug in Ihrem Leben:[71] Ihr Gefühl, anderen erst trauen zu können, wenn sie ihre guten Absichten unter Beweis gestellt haben; Ihr Powertrip, bei dem Sie eisern durchziehen, was Sie gerade wollen; Ihre Neigung, freundliche Beziehungen aufzubauen, in denen Sie offen, hilfsbereit und verständnisvoll sind und die plötzliche Kehrtwendung, mit der Sie andere ohne es zu merken vor den Kopf stoßen; der Kampf für Gerechtigkeit, mit dem Sie sich Feinde machen; das Empfinden, dass Ihr Selbstwertgefühl oder sogar Ihr Überleben vom Gewinnen abhängt. Wenn es Ihnen schlecht geht, ziehen Sie sich entweder in sich selbst zurück oder Sie werden wütend und reagieren Ihre inneren Spannungen an Ihrer Umwelt ab. Oft verstehen Sie die Reaktion Ihrer Umgebung nicht, denn *Sie* wissen ja, wie Sie etwas meinen. Das gibt Ihnen schnell das Gefühl, die »ganze Welt wäre gegen Sie«. Menschen, die Probleme damit haben, ihre eigene Aggressivität zuzulassen, machen Sie damit Angst. Alternativ können Sie die Welt als einen Ort betrachten, an dem jeder versucht, zu seinem Recht zu kommen, und dies auch rechtens finden. In solchen Augenblicken können Sie sogar auch einmal verlieren, ohne dadurch in Ihren Grundfesten erschüttert zu werden.

Waage am MC: Ihr Leitstern auf dem Weg zu Ihrem Lebensziel

Entspannen Sie sich

Stopp! ist das Wort, das Ihnen hilft, zu sich selbst zu finden. Legen Sie eine Pause ein. Verlangsamen Sie *bewusst* Ihren Lebensrhythmus. Ganz gleich, was es ist, das Sie viel und häufig tun, tun Sie es einmal eine Weile nicht. Fasten Sie sozusagen: Wenn Sie sich viel bewegen, versuchen Sie es einmal mit weniger, wenn Sie viel fernsehen, setzen Sie eine Zeit lang aus. Falls Sie nicht zu der kleinen Zahl von Menschen mit Widder am Imum Coeli gehören, die ängstlich und depressiv in der Ecke sitzen und nichts wagen, machen Sie sich klar, dass Sie nicht nur ein Powerpaket sind, dass *tun* muss, sondern dass es auch andere Seiten an Ihnen gibt, die einfach einmal *sein* wollen, die sich wünschen loszulassen, sich hinzugeben und ein Verbundensein mit anderen Menschen und der Welt zu spüren.

Leben Sie Ihre Neugier auf das, was die Welt zu bieten hat

Seien Sie offen für die Erfahrungen, die die Welt Ihnen anbietet und entdecken Sie die faszinierende Welt unterschiedlicher Mentalitäten, Bedürfnisse und Sichtweisen. Lassen Sie sich von Menschen, Eindrücken und Erfahrungen dorthin »ziehen«, wohin Sie sich ohnehin sehnen: dorthin, wo andere Sie durch ihr Anderssein *bereichern*. Beherzigen Sie das Sprichwort eines Unbekannten: *Der Klügere gibt nach, aber nicht auf!* Entwickeln Sie das Vertrauen, dass Sie mit der Welt umgehen können, ohne in einer steten Hab-Acht-Position zu sein. Das Leben ist nur dann ein Kampf oder eine

Entwickle Interesse am Leben, so wie du es siehst, an Menschen, Dingen, Literatur, Musik – die Welt ist so reich, sie pulsiert geradezu vor lauter wertvollen Schätzen, schönen Seelen und interessanten Menschen. Vergiss dein Selbst.
Henry Miller

Bewährungsprobe, wenn Sie beschließen, es dazu zu machen. Hinterfragen Sie, ob Sie sich bisher nicht immer wieder Beziehungen, familiäre Umstände, Berufe und Arbeitsstellen »gesucht« haben, in denen Sie beweisen mussten, dass Sie kämpfen und durchhalten können. Was Sie eigentlich wollen, ist Ihre wahre Natur zu leben, was genauer gesagt heißt, Beziehungen zu haben und trotzdem Ihren Bedürfnissen gerecht zu werden.

Achten Sie auf die Bedürfnisse anderer Menschen

Blicken Sie hinaus. Sie werden feststellen, dass die Welt voll von Menschen ist wie Sie: Sie freuen sich, sorgen sich, hoffen und weinen, lieben und trauern, wollen ihre Wünsche und Nöte befriedigen. Andere Menschen sind Ihnen ähnlich und doch nicht ähnlich. Ähnlich in ihren grundsätzlichen Themen und doch so anders in ihrer Art damit umzugehen. *Projizieren Sie vielleicht nur Ihre Ängste auf andere? Will man Sie wirklich aus dem Rennen werfen? Stellt man Sie tatsächlich in Frage? Will man Sie übervorteilen? Versucht der andere vielleicht nur, ebenso sein Leben zu »fristen« wie Sie?* Wechseln Sie Ihre Perspektive von Ihrem kleinen Zeh zum Zeh Ihres Partners oder zu den Zehen all der Menschen, mit denen Sie zu tun haben. Überraschende Sichtweisen werden sich auftun, die in die Erkenntnis münden, dass wir alle nicht nur im selben Boot sitzen, sondern auch mehr oder weniger auf die gleiche Art rudern.

Man ist ja von Natur kein Engel, vielmehr ein Welt- und Menschenkind, und ringsumher ist ein Gedrängel von solchen, die dasselbe sind.
Wilhelm Busch

Definieren Sie Ihre Beziehungen neu

Gestehen Sie sich ein, dass Sie im Grunde Ihres Herzen ausgesprochen neugierig auf andere Menschen sind. Und nicht nur auf andere Menschen, sondern auf die Welt insgesamt mit all

Ihren Erscheinungen und Möglichkeiten. Seien Sie offen für das Neue, das Ungewohnte, auch das Unbequeme. Spielen Sie das Spiel *Was wäre, wenn … Was wäre, wenn die Welt ein Ort wäre, an dem genug für alle da ist? Wie würde ich mich dann verhalten? Wie würden die anderen sich verhalten? Was wäre, wenn Sie von heute an liebevoller mit sich selbst umgehen würden? Könnten Sie dann vielleicht auch leichter mit anderen zusammen sein und mit ihnen arbeiten? Was wäre, wenn die Welt ein Ort voller Chancen statt voller Herausforderungen wäre?*

Denken Sie mehr darüber nach, was Sie in Ihre Beziehungen *einbringen* können, als darüber, was Sie von ihnen *bekommen* können. Der andere Mensch, gleich ob Liebes- oder Geschäftspartner, ist nicht so sehr dazu da, Ihre Bedürfnisse zu befriedigen, Ihre Ängste zu beruhigen oder Defizite auszugleichen als vielmehr dazu, dass Sie beide das Geschenk der Gegenseitigkeit erleben: die Freude über die Bereiche, in denen Sie sich harmonisch ergänzen und wechselseitig unterstützen, und die Spannung, die Sie dort erleben, wo sich Gegensätze auftun. Wenn Ihre Partnerin morgens lange schlafen möchte, ist das kein Beweis dafür, dass sie Sie nicht liebt. Wenn Ihr Partner am Sonntag regelmäßig auf den Tennisplatz geht, statt mit Ihnen Freunde zu besuchen oder ins Kino zu gehen, ebenso wenig. Jeder Mensch ist eine Einheit, und was wir teilen, ist die Schnittmenge zwischen uns.

Das echte Gespräch bedeutet: aus dem Ich heraustreten und an die Türe des Du klopfen.
Albert Camus

Handeln Sie in Ihren Beziehungen spontan und ohne besondere Absicht. Seien Sie nicht eigensinnig. Sie müssen nichts beweisen, sich selbst nicht und dem anderen auch nicht. Überlassen Sie anderen zwischendurch die Initiative. Üben Sie die Kunst des Verhandelns und schließen Sie Kompromisse. *Gewinnen* Sie Freunde, Geschäftspartner und den Menschen, den Sie lieben, anstatt sie zu *erobern.* Sie dürfen, sollen und werden die Person bleiben, die Sie sind. Und doch werden Ihnen Eigenschaften wie Aufgeschlossenheit, Rücksichtnahme, Höflichkeit und Taktgefühl, ein Schuss Diplomatie und unparteiisches Denken mehr Vorteile einbringen, als Sie sich vielleicht vorstellen können.

Beobachten Sie, wie auf jede *Aktion* eine *Reaktion* folgt. Sie handeln, der andere reagiert; der andere handelt, Sie reagieren. Daraus folgt zwingend, *dass Sie über die Art, wie Sie agieren, die Reaktion mitbestimmen,* die auf Sie zukommt. Was für ein Gefühl gibt Ihnen dieses Wissen? Ist das wahre Stärke? Denken Sie an Napoleon. Er verlor den Russlandfeldzug, weil sein Gegner klug genug war, seine überlegene Streitmacht zu erkennen und ihn durch Nichtkämpfen und Aushungern zu besiegen.

Kapital lässt sich beschaffen,
Fabriken kann man bauen,
Menschen muss man gewinnen.
H.C. von Rohr

Motivieren Sie die Menschen in Ihrer Umgebung

Werden Sie sich darüber klar, dass Sie über ein besonderes Energiepotenzial verfügen. Sie können es zu Ihrem Vorteil oder zu Ihrem Nachteil einsetzen. Richtig geleitet kann Ihre innere Kraft Ihnen selbst und anderen dienen, anstatt sich gegen Sie zu richten. Sie sind in der Lage, Menschen zu leiten und zu motivieren, denn in Ihnen steckt ein natürlicher *Boss*. Sie sind ein Kämpfertyp, der anderen zeigen kann, wie man Ziele erreicht, sich nicht entmutigen lässt und wie man das auf angenehme Weise und ohne anzuecken tun kann. Dazu müssen Sie sich in andere einfühlen und hineindenken können und erfassen, wo ihre Bedürfnisse liegen. Die bekannte Managementtrainerin Vera F. Birkenbihl sagte dazu: »Nur wenn ich die Bedürfnisse meiner Mitmenschen kenne, kann ich sie motivieren.« Sie können es als eine Ihrer Aufgaben ansehen, den

Gutes Verhandeln besteht darin,
die Antworten zu provozieren,
die man haben will.
Hans Habe

Wir gehen Risiken ein, ohne
vorher etwas zu erproben.
Wir sind spontan.
Fritz Perls

Menschen in Ihrer Umgebung ihr Selbstbehauptungspotenzial zu eröffnen, ihnen zu zeigen, was es bedeutet, für das, was man will und braucht, offen einzustehen.

Wie der Gestalttherapeut Fritz Perls es von seinen Klienten forderte, so können Sie andere Menschen dazu bewegen, *direkt und jetzt* auszudrücken, was sie fühlen und risikobereiter zu werden, denn der Gegenpol Ihres Bedrohungsgefühls sind Mut und Risikobereitschaft.

Ihr Fluchtpunkt: Steinbock

Abgrenzung ist Ihr Abwehrmechanismus

Eigentlich sind Sie zart besaitet und gefühlvoll. Eigentlich haben Sie gern mit anderen Menschen zu tun. Eigentlich gibt es ein paar Menschen, die Sie so richtig in Herz geschlossen haben. Drei Dinge können dem jedoch im Wege stehen: Ihr tief verwurzeltes Misstrauen, das nie ganz verschwinden will; Ihre Neigung, das Leben mindestens als einen Wettbewerb, eher als eine Gladiatorenarena aufzufassen; und Ihre Selbstbezogenheit, wenn es um Ihre Bedürfnisse geht. Vergessen Sie dabei nicht, dass Bedürfnisse auf ganz unterschiedlichen Ebenen bestehen können: Sie können körperlicher Natur, emotionalen oder geistigen Ursprungs sein. Vielleicht liegt Ihre Arena z.B. dort, wo es um den Kampf geht, nach welchen Prinzipien man leben soll und wer welche Rolle in der Familie wie zu erfüllen hat.

Wenn es Ihnen zu schwer fällt, sich zu öffnen, bauen Sie eine Mauer um sich herum auf. Sie können sich scheinbar mühelos abgrenzen und anderen damit das Gefühl vermitteln, dass Sie stark, unabhängig und gefestigt sind. Nichts kann Sie erreichen, und schon gar nicht sollte man Ihnen zu nahe treten. Das Problem ist nur, die Mauer funktioniert nach beiden Seiten: nicht nur andere stehen davor, sondern auch Sie sind von ihr eingeschlossen. Sie schauen durch die schmalen Schießscharten und wundern sich über die begrenzte Aussicht und den begrenzten Input.

Sie bestimmen die Regeln

Grenzen und Mauern gibt es ganz unterschiedliche, und eine einfache, aber wirkungsvolle Variante ist, Regeln aufzustellen, die alle zu befolgen haben. Sie sind der Boss und sagen, wo´s lang geht. Da Sie selbst mit Regeln, Richtlinien und Einschränkungen aller Art im Grunde Ihres Herzens auf dem Kriegsfuß stehen, sollen sich alle daran halten, nur Sie selbst wollen das nicht unbedingt. Sie mögen es von sich fordern, aber es widerspricht Ihrer Natur. Das kann für Zündstoff sorgen – bei den anderen, die sich ungerecht behandelt fühlen; ebenso bei Ihnen, weil es Ihnen beweist, dass man sich in der Welt doch besser in Acht nehmen sollte und dass andere nur mit »harter Hand« davon abgehalten werden können, Ihnen auf dem Kopf herumzutrampeln. Sie könnten jedoch auch die Flucht nach vorn antreten und sich zwingen, Regeln und Rollen genauestens einzuhalten. Das wird Sie jedoch nicht besonders glücklich machen.

Ihr Lebensziel

Die Mitte zwischen Widder und Waage

Mit Waage am Medium Coeli haben Sie die Chance, Beziehungen aufzubauen, in denen alle Beteiligten sich gegenseitig so annehmen und achten, wie sie sind. Das hilft Ihnen auch, sich selbst anzunehmen. Sie verstehen, dass andere Menschen der Spiegel sind, in dem Sie unbekannte Eigenschaften und Aspekte Ihrer selbst entdecken oder herausfinden, wer Sie

Der vollendete Umgang mit Menschen ist die Fähigkeit, zugleich ehrlich und liebenswürdig zu sein.
Jean Paul

nicht sind. Jede Beziehung, ob privat oder beruflich, wird so zu einem Erfahrungsfeld für Sie, das Sie bereichert und ergänzt. Durch andere werden Sie mehr als Sie vorher waren, Sie *gewinnen etwas Wesentliches dazu.* Durch Offenheit dringen Sie zur Wurzel Ihres Lebens vor, dorthin, wo Sie spontan und gänzlich unverfälscht sind, und entwickeln die Gabe, ohne vorgefasste Meinungen und Erwartungen in neue Situationen hineinzugehen. Sie erfassen wie von selbst, was vor sich geht und können sich auf natürliche Weise in Ihrem Verhalten anpassen. Dazu ist das Schlüsselwort neben Offenheit *Vertrauen.* Durch Vertrauen können Sie echte Freundlichkeit an den Tag legen, und Sie wissen ja, *wie man in den Wald hineinruft, so schallt es heraus.* Trotzdem vergessen Sie nicht, wer *Sie* sind. Die folgende Geschichte illustriert, was gemeint ist:

Die Schüler fragten den Meister: »Herr, du sagst, wir sollen gut für uns sorgen. Aber die Leute sagen, wer an sich denkt, ist egoistisch. Was ist richtig?« »Seid Ihr immer selbstlos, seid Ihr schnell Euer Selbst los«, antwortete der Alte mit einem sanften Lächeln.[72]

Nur wenn Sie auf die richtige Art und Weise an sich denken, was bedeutet, dass Sie Ihren tieferen, emotionalen Bedürfnissen auf die Spur kommen, können Sie auch ernsthaft an andere denken. Nur wenn Sie es gut mit sich meinen, können Sie es auch gut mit anderen meinen. Sie haben die Gabe, eine win-win Situation zu schaffen, Umstände, unter denen *du und ich gewinnen.*

Der Begriff »Synergieeffekte« ist zur Zeit sehr aktuell. Es ist eines der Themen der Achse Widder-Waage, und zwar unabhängig davon, welches Zeichen am Imum Coeli und welches am Medium Coeli steht. *Synergieeffekte* beschreiben das Zusammenwirken von zwei oder mehr Elementen, auf eine Art, durch die die Wirkungen, die gemeinsam erzielt werden können, weit über das hinausgehen, was jeder Einzelne für sich erreichen könnte. Kein Mensch kann alles sein und alles tun, wir benötigen die Unterstützung und Ergänzung anderer. Und: Wenn wir niemanden anderen haben, der uns einen Spiegel vorhält, können wir auch niemals ein Bewusstsein dafür entwickeln, wer wir selbst sind und wer nicht. Widder und Waage sind die beiden Zeichen, in denen es um die eigene Person im Verhältnis zu anderen geht. *Wer bin ich in Beziehung zu anderen Menschen und in Beziehung zu allem, was existiert? Wer bin ich in der Umwelt?* Die Mitte ist ein ausgewogenes Verhältnis der Interessen und Bedürfnisse aller Beteiligten. Es geht nicht nur darum, etwas Gemeinsames zu tun, sondern etwas, bei dem ein Austausch stattfindet, eine Wechselseitigkeit, eine Ergänzung. Wir nehmen Anteil an der Welt der Menschen um uns herum und an der Welt im Allgemeinen und werden so mehr, als wir vorher waren, denn wir integrieren andere Denkweisen, neue Erfahrungen, neue Gefühle, andere Perspektiven. Wahre Harmonie entsteht, wenn in diesem Austausch jeder sein Selbst bewahrt, während er dem anderen die Hand reicht.

Das Wesentliche im Umgang miteinander ist nicht der Gleichklang, sondern der Zusammenklang.
Ernst Ferstl

Die Mitte zwischen Widder und Waage lehrt, dass wir im Leben Nullsummenspiele und Nichtnullsummenspiele spielen können.[73] Beim Nullsummenspiel ist es so, dass, wenn einer 50 Prozent gewinnt, ein anderer 50 Prozent verlieren muss (oder 50 Prozent auf mehrere andere verteilt), Gewinn und Verlust gleichen sich unterm Strich aus. Wenn wir glauben, wir hätten wirklich gewonnen, weil wir zu denjenigen zählen, die die 50 Prozent gehortet haben, erliegen wir einem Irrtum, denn in irgendeiner Form wird der Verlust unserer Mitmenschen auf uns zurückkommen. Wenn wir Verlust *aussenden,* kommt Verlust *zurück.* Also bleibt uns schon im eigenen Interesse nichts anderes übrig, als Nichtnullsummenspiele anzustreben, »Spiele, in denen Gewinn und Verlust sich eben nicht ausgleichen. Das bedeutet, dass die Summe von Gewinn und Verlust auch über oder unter Null liegen kann; in anderen Worten: In einem solchen Spiel können

Eine Gemeinschaft ist nicht die Summe von Interessen, sondern die Summe von Hingabe.
Antoine de Saint-Exupéry

beide (beziehungsweise, wenn mehr als zwei Spieler beteiligt sind, *alle*) Spieler gewinnen *oder* verlieren.«[74] Und weiter heißt es bei Paul Watzlawick dazu: »Warum fällt es uns nur so schwer, einzusehen, dass das Leben ein Nichtnullsummenspiel ist? Dass man daher *gemeinsam* gewinnen kann, sobald man nicht mehr davon besessen ist, den Partner besiegen zu müssen, um nicht besiegt zu werden? Und – für den routinierten Nullsummenspieler ganz unfasslich – dass man sogar mit dem großen Gegenspieler, dem Leben, in Harmonie leben kann?«

Berühmte Persönlichkeiten mit dem Widder an der Himmelsmitte

Fred Astaire
Brigitte Bardot
Boris Becker
Jodie Foster
Ingrid Bergmann
Robert Bly
Hermann Hesse
Ronald Reagan
Raquel Welch
Oprah Winfrey

Skorpion am MC

Entwickeln Sie die Kunst der richtigen Selbstüberwindung

Aszendenten in der nördlichen Hemisphäre:

Schütze, Steinbock[75]

Stier am IC: Die Urquelle Ihrer Wirklichkeit

- Sie verlangen nach sinnlichen Erfahrungen und physischer Befriedigung
- Sie suchen Sicherheit – materielle, physische und in erster Linie emotionale
- Sie sehnen sich nach einer Gruppe von Menschen, der Sie sich zugehörig fühlen
- Die Wertvorstellungen, Traditionen und Gewohnheiten Ihrer Familie spielen eine wichtige Rolle in Ihrem Leben
- Sie finden es schwierig, den Wunsch nach Gemeinsamkeit mit Ihrem individuellen Lebensweg zu vereinen
- Sie kennen Phasen, in denen Ihnen bestimmte Vorstellungen, ein System oder eine Ideologie alles zu bedeuten schien

Skorpion am MC: Ihr Leitstern auf dem Weg zu Ihrem Lebensziel

- Lösen Sie sich von den Leitprinzipien und Idealen Ihrer Familie
- Entwickeln Sie Ihre eigenen Wertvorstellungen, Ihre persönliche Ethik, Ihre individuellen Zielvorstellungen
- Bringen Sie Selbstdiziplin, Energie und Einsatzbereitschaft auf, wenn es um die Verwirklichung ideeller Ziele geht
- Entwickeln Sie Konsequenz, Ausdauer und Zielstrebigkeit
- Bewahren Sie Ihre Prinzipien
- Werden Sie zu einem Vorbild für andere – bringen Sie Tiefe in Ihr Leben
- Beschäftigen Sie sich mit dem Thema Leben und Tod

Stier am IC: Die Urquelle Ihrer Wirklichkeit

Sinnlichkeit als Lebensmotor

> *Alle echte Begabung beginnt und wurzelt im Sinnlichen, in einer guten Mitgift an Körper und Sinnen.*
> *Hermann Hesse*

Die Welt mit allen Sinnen erfahren ist das, was Sie am stärksten motiviert. Ihr Verlangen nach Lebensgenuss ist deshalb ausgeprägt. Das bedeutet in Ihrem Fall, dass sich alle sinnlichen Eindrücke – Sehen, Hören, Spüren, Schmecken, Riechen – entscheidend auf Ihre seelische Verfassung auswirken. Dabei ist es nicht unbedingt so wichtig, dass die Objekte Ihrer Erfahrung qualitativ hochwertig, besonders ästhetisch oder teuer sind. Sie müssen das richtige *Gefühl* in Ihnen erzeugen, eines, das Ihre Sinne stimuliert, das Wohlbefinden auslöst, vielleicht Vertrautheit erzeugt oder auch die Erregung des Neuen und Unbekannten. Bei allem, was Ihre Sinne anspricht, was Sie interessiert und Ihnen gefällt, können Sie ausgesprochen besitzergreifend sein. Sie *wollen* besitzen, sich einverleiben, Nähe zu dem Menschen oder Objekt herstellen, das Sie anspricht. Eifersucht und ihre Überwindung spielt deshalb in Ihrem Leben eine wichtige Rolle.

Sich sicher fühlen – ein Grundbaustein Ihres Lebens

Sicherheit – was sie bedeutet, wie man sie erreicht und wie viel man davon braucht – ist ein zentrales Thema in Ihrem Leben. Ihre Bedürfnisse in dieser Richtung mögen nicht offen zu Tage treten und deshalb für Sie selbst oder andere nicht deutlich erkennbar sein. Doch das, worin Sie Ihre Sicherheit finden oder zu finden glauben, ist eine der stärksten Motivationskräfte in Ihrem Leben. Das kann z.B. bedeuten, dass Sie sich intensiv mit Ideologien und politischen, philosophischen oder religiösen Fragen auseinander setzen, um so durch ein Glaubenssystem Sicherheit zu finden. Gleich, ob Sie in erster Linie emotionale, materielle, physische oder geistige Sicherheit suchen: Der Mensch, der Besitz, die Lebensbedingungen, das Heim, das System oder der Glaube, die Ihr Verlangen zu stillen scheinen, veranlassen Sie zu entscheidenden Reaktionen, Handlungen und Kompromissen und lösen in Ihnen ein starkes Bindungsverhalten aus.

Zu materiellem und finanziellem Besitz haben Sie ein ambivalentes Verhältnis und hier scheiden sich auch die Geister derer mit Stier am Imum Coeli. Durch Wohlstand fühlen Sie sich in Ihrer physischen Existenz gesichert, was dazu führen kann, dass Sie ein wenig wie Scrooge aus der Weihnachtsgeschichte von Charles Dickens werden. Sie halten fest an dem, was Ihnen gehört, und es fällt Ihnen schwer, etwas davon abzugeben, obwohl Sie gleichzeitig die Meinung vertreten mögen, dass Geld keine wirkliche Bedeutung für Sie hat. Weil Sie im Grunde Ihres Herzens genussfreudig sind, mögen Sie eine sehr spezielle Mischung aus konsumortiertem Verhalten und einem deutlichen Blick auf Ihren Sparstrumpf an den Tag legen. Phasen der Ausgebefreudigkeit können mit solchen großer Sparsamkeit abwechseln. So wenig Sie Materielles vielleicht zu bestimmten Zeiten interessiert, so klar und konzentriert kann Ihr Blick darauf zu anderen Zeiten sein. Sie zählen entweder zu den Menschen, die sich akribisch um den Aufbau eines soliden Sparguthabens bemühen, oder zu denen, für die Geld nur nach der Maßgabe zählt, ob sie es gerade haben oder nicht. In bestimmten Phasen können Sie Ihren Finanzen und materiellen Dingen gegenüber geradezu gleichgültig sein. Weil Ihnen sowohl Sicherheit als auch Genuss so wichtig ist, könnten Sie sich einer lebenslangen Jagd nach »Schnäppchen« widmen.[76]

Hinter all dem steht die grundsätzliche Spannung Ihres Lebens, die Sie zwischen Ihren Idealen und Zielen, für die Sie bereit sind, Opfer zu bringen, und Ihren physisch-materiellen Bedürfnissen schwanken lässt. Das Bedürfnis, Ihren Wertvorstellungen gerecht zu werden, bewirkt in bestimmten Phasen, dass Sie alles einsetzen oder sogar aufgeben, was Sie haben, um einen Traum zu verwirklichen, ein Ziel zu erreichen, einer für richtig erkannten Sache gerecht zu werden. Sie suchen das, was im Leben wesentlich ist, die Essenz in der Fülle. Etwas sehr Tiefes in Ihnen treibt Sie an, sich nicht nur mit der materiellen, irdischen Welt zu identifizieren, sondern etwas zu suchen, was darüber hinaus Wert und Bestand hat, etwas, das Sicherheit über die physische Existenz hinaus verleiht und das vielleicht nicht nur Ihrem eigenem Wohlbefinden dient. Sie suchen das, was das Leben überdauert, und sind doch gleichermaßen durch die Bedürfnisse Ihrer Sinne in dieses Leben mit allem, was es bietet, eingebunden.

Mut heißt die Kraft, das Bekannte und Sichere loszulassen.
Rollo May

Dazu gehören – ein weiterer Grundbaustein Ihres Lebens

Sie mögen sich in gewisser Weise als Einzelgänger empfinden, ein Mensch, der seine eigenen Projekte verfolgt und dessen Lebensstil von dem anderer abweicht. In Ihrer Kindheit haben Sie vermutlich erfahren, wie es sich anfühlt, ausgeschlossen zu werden oder von der Gefahr des Ausgeschlossenseins bedroht zu sein. Gleichzeitig gab es in Ihrer Familie etwas, das alle Mitglieder stark miteinander verband – eine Tradition, Besitz, ein Erbe, ein Familiengeheimnis, den Familienalltag prägende Gewohnheiten[77] oder auch einfach eine bestimmte Einstellung zu den sinnlichen Erfahrungen, bei denen die einen als »gut«, andere als »schlecht« bewertet wurden. Vielleicht war es gut zu essen, aber weniger gut, sexuelle Bedürfnisse zu haben, lobenswert, für Wohlstand zu sorgen, aber nicht in Ordnung, materiell zu denken. Vielleicht gehörte Ihre Familie zu jenen, die ihren Zusammenhalt durch ständigen regen Kontakt und gemeinsamen Besitz demonstrierte[78] oder die durch die gleichen Tabus vereint war. Vielleicht war es auch nur Ihre Mutter, die, ansonsten allein auf sich gestellt, mit Ih-

Willst du das Leben leicht haben, so bleibe immer bei der Herde.
Friedrich Nietzsche

nen ein Bollwerk gegen die Unsicherheiten des Lebens bauen wollte; Menschen, die nicht »dazu« gehörten, weil sie nicht die gleiche Meinung, den gleichen gesellschaftlichen Status, die gleiche Herkunft hatten, wurden ausgegrenzt. Was immer die Familiengemeinschaft zusammenhielt, es bedeutete, sicher zu sein, solange man sich innerhalb der Gruppe befand, und ungesichert, wenn man vom gemeinsamen Zusammenhalt ausgeschlossen wurde oder selbst darauf verzichtete.

Die Botschaft aber war klar: Wir sind stärker, wenn wir zusammenhalten. Gemeinsam können wir das erreichen, wozu ein Einzelner nicht fähig wäre. Der Preis für den Schutz war die Aufgabe Ihrer individuellen Neigungen, dessen, was nur Sie ausmacht und Sie von anderen unterscheidet. Im Sinne der Gemeinschaft war es weniger notwendig, sich selbst zu verwirklichen, als zur gemeinsamen Stärke beizutragen. Es ging darum, »im System« zu bleiben, den Regeln der Familie zu genügen, die gemeinsamen Ziele nicht zu gefährden, das gemeinsame Wachstum zu mehren, die Ansichten zu teilen. Das, worum es ging, hat oft eine lange Tradition in der Familienvergangenheit.

Ihre frühe Lebenssituation ist ein Spiegel dafür, dass Sie in der Verbundenheit mit anderen Ihre tiefsten Bedürfnisse erfüllen. Sie brauchen seelische und physische Nähe, besonders die eines Partners. Sie lieben die Berührung von Haut auf Haut, den Geruch, die Wärme, das Gefühl der Zusammengehörigkeit. Sie sehnen sich danach, in einen Kreis von Menschen eingebunden zu sein, vielleicht in einer Gemeinschaft zu leben, angenommen zu werden und danach, dass dieses Angenommenwerden seinen Ausdruck auf körperlicher Ebene findet. Dieses elementare und intensive Verlangen steht jedoch im Widerspruch zu wichtigen Botschaften Ihres Lebens: zu der, dass es Wichtigeres gibt als Sie selbst, dass man nicht zu gierig sein darf, dass Sinnlichkeit schlecht ist oder dass Sie sich disziplinierter verhalten sollten, dass Genügsamkeit eine Zier und dass Selbstüberwindung der größte Erfolg ist. Vielleicht empfanden Sie die Nähe Ihrer Mutter oder den Druck des Familienclans auch einfach als beengend. Ebenso wie bei Menschen mit der umgedrehten Achse Skorpion-Stier könnte die Botschaft Ihrer Mutter gewesen sein: »Vergiss nie, dass ich dich unter Schmerzen geboren habe.« Sie wissen, dass Sie Zuneigung mit handfester Leistung und der Aufgabe Ihrer Eigenständigkeit zu bezahlen haben.

Irgendwann gab es einen Punkt in Ihrem Leben, an dem Sie sich gegen diesen Gruppendruck zu wehren begannen. Vielleicht erschien Ihnen der Lebensstil Ihrer Familie zu banal, das ständige Beieinandersein lästig, Sie wollten nicht mehr funktionieren, sondern sich aufmachen, um herauszufinden, wer Sie selbst sind und worin Ihre persönlichen Lebensvorstellungen bestehen.

Zeiten der Selbstkasteiung, Zeiten der Denksysteme

Nur die Weisen sind im Besitz von Ideen. Die meisten Menschen sind von Ideen besessen.
Samuel Coleridge

Schon immer haben Sie Ihren Skorpion an der Himmelsmitte gelebt. Ausgehend von Ihrer körperbetonten Natur, die nach der vollen sinnlichen Erfahrung verlangt, haben Sie auch immer wieder den Gegenpol gesucht. Zu bestimmten Zeiten Ihres Lebens mögen Sie es erstrebenswert gefunden haben, sich zu kasteien, geradezu mönchshaft zu leben, den Essensgenuss auf ein Minimum zu reduzieren, Ihr sexuelles Verlangen zu unterdrücken, besondere Sparsamkeit an den Tag zu legen. Sie haben eine Ideologie, ein politisches System, Glaubensvorstellungen, eine Philosophie, ein Denksystem gesucht, um von Ihren körperlichen Bedürfnissen abgelenkt zu werden. Dabei haben Sie vermutlich einen Perfektionsdrang entwickelt.

Vielleicht haben Sie sich in eine Lebenssituation gebracht, die ein genussvolles Leben nicht zuließ: Sie waren wie jener Mann, der sich verliebte. Er zog mit der Frau, der seine Leidenschaft gehörte, in eine gemeinsame Wohnung. Nach einer erotisch wenig befriedigenden Ehe schien die Bahn frei. Doch nach wenigen Monaten zogen auch ihre vier kleinen Kinder und ihre Mutter ein ... Seinem Skorpion-MC treu übernahm er Verantwortung für die gesamte Familie, doch das Ergebnis waren ständige Affären, mit denen er seine Frustration und Enttäuschung ausglich. Wie dieser Mann kommen Sie letztlich nach Ihren geistigen Ausflügen immer wieder bei sich selbst an, bei Ihrem Verlangen nach körperlicher Erfüllung und nach sinnlichen Erfahrungen.

In Zeiten, in denen Sie so wenig pfleglich mit sich selbst umgehen, neigen Sie dazu, anderen Ihre Meinung aufzuzwingen, und sei es auch nur dadurch, dass Sie mit Ihrer eigenen Selbstverleugnung dastehen wie ein mahnender Zeigefinger. In Ihrem Auftreten können Sie sehr bestimmt wirken, auch wenn diese Durchsetzungskraft ein eher schwaches Selbstwertgefühl und Zweifel kaschieren sollte. Diese Fähigkeit können Sie sinnvoll nutzen, um anderen die Überzeugungen nahe zu bringen, die Sie für richtig erkannt haben, nachdem Sie das ausgeschieden haben, was für Sie nicht oder nicht mehr brauchbar ist.

Lebensmuster oder Wir säen, was wir ernten

Ihr Bedürfnis nach Gemeinschaft, nach Sicherheit und/oder Besitz bewirkt immer wieder, dass Sie Entscheidungen treffen, die Ihren eigentlichen Zielen und Lebensträumen im Wege stehen. Sie bleiben in einer Ehe, weil Sie es miteinander zu etwas gebracht haben, eine Trennung aber materielle Verluste bringen würde. Sie verzichten auf einen Job im Ausland, weil Sie sich nicht von Ihrer Familie trennen wollen. Sie bleiben in einem Beruf, weil er Ihnen Wohlstand und ein gesichertes Alter bietet, der Sie aber nicht erfüllt oder in dem Sie widrige Umstände hinnehmen müssen. Sie könnten auch eine sehr gut bezahlte Stelle aufgeben, weil Sie sich beweisen wollen, dass Geld Sie nicht im

Geringsten interessiert. Sie geben Ihre ideellen Ziele für eine Beziehung, in der Sie sinnliche Befriedigung erfahren, auf, oder suchen sich umgekehrt eine Beziehung, in der Ihr Bedürfnis nach sinnlicher Befriedigung zu kurz kommt.[79] Und Sie könnten sich einer Partei oder einer anderen Gruppe anschließen, aus scheinbar ideellen Gründen, in Wahrheit aber, um Gemeinsamkeit herzustellen. Charakteristisch für Ihren Lebensweg ist eine immer wiederkehrende Spannung, bei der es scheint, als müssten Sie eine Seite Ihrer Natur unbefriedigt lassen. Die Gründe dafür liegen in Ihrer extremen Natur, die glaubt, nur das eine und nicht das andere haben zu können. Ihr verborgenes Überzeugungsmuster lautet: entweder – oder.

Skorpion am MC: Ihr Leitstern auf dem Weg zu Ihrem Lebensziel

Lösen Sie sich von den Leitprinzipien Ihrer Familie – entwickeln Sie Ihre eigenen Wertvorstellungen und Ziele

Die Gewohnheiten und die Atmosphäre Ihrer Ursprungsfamilie sind tief in Ihnen verwurzelt. Sie mögen diesen Lebensstil und die damit verbundenen Einstellungen gut heißen oder nicht, immer wieder zieht es Sie hin zu Erfahrungen, die ein ähnliches Spannungsfeld aufbauen wie das, das Ihnen vertraut ist: Divergenz zwischen Gemeinsamkeit und persönlicher Unabhängigkeit, zwischen Idealen und dem, was Lust – Lebenslust – verspricht.

Immer wird die Frage nach ideellen Zielen eine wesentliche Rolle in Ihrem Leben spielen und immer wird Sie die Sehnsucht nach einer Gemeinschaft bewegen. Es kann für Sie jedoch nicht darum gehen, die Familientradition fortzusetzen. Beziehen Sie Ihre Identität nicht daraus, dass Sie zu einer bestimmten Familie, zu einer Gruppe oder Institution gehören. Ebenso wenig ist reine Rebellion dagegen sinnvoll. Solange Sie einfach nur das

Gegenteil von dem tun, was Sie bisher vorgelebt bekommen haben, befinden Sie sich immer noch in Abhängigkeit. Sie sind dann vielleicht nicht mehr so sehr an Ihre Eltern oder den Familienclan gebunden, aber Sie entwickeln neue Abhängigkeiten: von einem Partner, Freunden, einem sozialen Umfeld, von Mitarbeitern. Auf Ihrem Weg geht es darum, Ihre ganz persönlichen Vorstellungen, Ihr individuelles Lebenskonzept zu entwickeln. Dieses wird sich zwingend von dem Ihrer Familie, vielleicht auch von der Gruppe von Menschen, der Sie sich zugehörig fühlen oder fühlen möchten, unterscheiden. Sie können dadurch Einsamkeitsgefühle entwickeln, das Empfinden, nirgendwo dazuzugehören, doch das ist Teil Ihres Weges. Sich aus der Wärme und Sicherheit einer Beziehung oder Bezugsgruppe zu lösen, kann schmerzhaft und beängstigend sein, vielleicht müssen Sie auch tatsächlich für sich einen Platz in der Fremde unter ganz neuen Bedingungen finden, um sich selbst gerecht zu werden. Doch in Ihrem Leben geht es darum, Treue zu entwickeln, und diese Treue ist in erster Linie eine Verbindlichkeit Ihnen selbst gegenüber. Stehen Sie zu dem, was Sie in Ihrem Leben erfahren und verwirklichen wollen, auch wenn Menschen, an denen Sie hängen, einen anderen Lebensstil pflegen oder anderer Ansicht sind. Überprüfen Sie auch Ihren inneren Zwang zur Fairness, der oft nichts anderes ist, als der Versuch, dem Ihren Gedanken entspringenden Ideal davon gerecht zu werden. Dabei mögen Sie die rechte Fairness sich selbst gegenüber übersehen, die, bei der es darum geht, Ihre eigenen Empfindungen wahr- und wichtig zu nehmen. In zweiter Linie geht es auch um die Bereitschaft, langfristige Verbindlichkeiten anderen gegenüber ins Auge zu fassen. Die damit verbundenen Verpflichtungen müssen Ihnen jedoch ehrlich entsprechen. Übernehmen Sie nie die

Im Hafen sind Schiffe am besten aufgehoben, aber dafür hat man sie nicht gebaut.
Unbekannt

Wer sich selbst treu bleiben will, kann nicht immer anderen treu bleiben.
Unbekannt

Wertvorstellungen anderer, auch nicht die Ihres Partners oder anderer geliebter Menschen, ohne Sie an Ihrem eigenen Maßstab, an Ihrer eigenen Wirklichkeit gemessen zu haben. Welches sind Ihre wahren Ziele? Welche Lebensvorstellungen erfüllen Ihre Bedürfnisse? Welche Ideale sind die Ihren? Für welche Erfahrungen sind Sie aus tiefster Seele bereit, ein Opfer zu bringen, das Opfer der Bequemlichkeit, der Sicherheit, der Nestwärme, der Gewohnheit? Welche Vision zieht Sie so sehr in ihren Bann, dass Sie sie leben wollen, möglicherweise um jeden Preis?

Bringen Sie Selbstdisziplin, Energie und Einsatzbereitschaft auf, wenn es um die Verwirklichung ideeller Ziele geht – überwinden Sie sich selbst

Tatsächlich ist die Überwindung Ihrer physischen und materiellen Bedürfnisse zugunsten ideeller Ziele ein wichtiges Thema für Sie. Idealismus, Begeisterung, Engagement sind wichtige Motivationskräfte, um Sie nicht in reinem Genuss oder in einer materialistischen Einstellung verharren zu lassen. Wenn Sie sich für ein Ziel einsetzen können, das über Ihr persönliches Leben hinausgeht, entdecken Sie Energien und schöpferische Kräfte in sich, von deren Existenz Sie vielleicht nichts geahnt hatten. Ob Sie sich einer Partei anschließen, an einem Projekt mitarbeiten, sich für eine soziale Frage einsetzen, ein Buch schreiben oder sich um den Aufbau einer Firma bemühen, immer sollte der Sinn und Nutzen dessen, was Sie tun, deutlich erkennbar sein und sich in Übereinstimmung mit Ihren wesentlichen Lebensleitlinien befinden. Versuchen Sie alles, was Sie tun, so gut wie möglich zu machen, auch dann, wenn es unbequem ist. *Überzeugen Sie sich jedoch davon, dass Ihre Ziele oder die Lebenssituation, die Sie wählen, ein Opfer an anderer Stelle wert ist und dass Sie sich gut dabei fühlen. Das, was Sie tun, muss*

Das Geheimnis des Erfolgs ist die Treue zu einem Vorsatz.
Benjamin Disraeli

Sie innerlich zutiefst befriedigen. Fragen Sie sich aufrichtig, ob Sie glücklich und zufrieden mit dem sind, wie Ihr Leben verläuft.

Wo immer Sie sich aufhalten und was Sie auch immer tun, Sie müssen die Frage Ihrer Eigenständigkeit in Beziehung zu anderen für sich klären. In gewisser Weise brauchen Sie die schmerzhafte Spannung des Ungeborgenseins, des Vermissens von Nähe, um zu sich selbst zu finden. Je mehr Sie von dieser Wärme empfangen, desto größer ist das Risiko, dass Sie von Ihren Zielen abweichen, dass Sie in einen gemütlichen, bequemen, sicherheits- oder rein genussorientierten Lebensstil verfallen. Selbstkasteiung ist jedoch nicht der Schlüssel, das Ablehnen von Genuss und materiellen Werten ebenso wenig. Würdigen Sie die geistige, unsterbliche Ebene ebenso wie die materielle, sinnliche und vergängliche. Weisen Sie beiden *Ihren* Wert zu – und leben Sie beide, genießen Sie beide. *Jedes Ziel, das Sie anstreben, und jede Lebensentscheidung sollte die Möglichkeit beeinhalten, dass Sie sich dabei wohl fühlen können, und es sollte auch ein Ausdruck Ihrer individuellen Überzeugungen sein.* Wenn Sie in eine Richtung übertreiben, gleich in welche, wird etwas in Ihnen dafür sorgen, dass diese Situation nicht andauert. Das bedeutet, dass Beziehungen oder Projekte, die Ihnen die für Sie falsche Art der Opferbereitschaft und des Verzichts abverlangen, früher oder später zerbrechen werden, während Sie Beziehungen oder Projekte, die keinerlei Einsatzbereitschaft fordern, früher oder später langweilen und Sie sie freiwillig, oder, falls Sie dennoch daran festhalten, gezwungenermaßen, aufgeben werden. Die Notwendigkeit, Türen hinter sich zu schließen, Lebensabschnitte zu beenden, Verbrauchtes auszuscheiden und Platz für Neues zu schaffen, sei es in der Liebe, im Beruf oder in Ihrem gesamten Lebensstil, kann immer wieder vor Ihnen auftauchen. Etwas sehr Starkes in Ihnen sucht nach Konsequenz, nach der Befriedigung, sich selbst überwunden zu haben. Sie sehnen sich danach, sich selbst wie einen geschliffenen Kristall zu erleben, klar definiert, schön geformt, strahlend in seinem Glanz, von unerbittlicher Härte wenn nötig. Damit ist jedoch nicht die Härte gemeint, die Sie vielleicht in Zeiten gegen sich und andere aufgebracht haben, in denen Sie sich von Ihren Gedanken, von Philosophien oder einem Ziel getrieben fühlten. Die wunderbare Härte des Kristalls ist vergleichbar einem Fels in der Brandung, Sie stehen fest, verwurzelt wie ein Baum, während die Wogen des Lebens Sie umspülen, und sind voll Ruhe.

Konzentration ist wie ein Diamant, strahlende, gesammelte Energie, Intelligenz und Sensitivität.
Joel Levey

Um zu dieser inneren Haltung zu gelangen, benötigen Sie genaue Grundsätze, eine feste Meinung und die Fähigkeit, sich selbst Grenzen zu setzen, wenn es Ihre Ziele erfordern. Sie benötigen die Fähigkeit, beurteilen und unterscheiden zu können, ebenso wie Willenskraft, Zielstrebigkeit und eine effektive Lebensplanung. Entwickeln Sie geistige Präsenz und Konzentration. Doch seien Sie nicht wie ein ständig gespannter Bogen, sonst wird die Sehne Ihres Lebens irgendwann an Elastizität verlieren. Erlernen Sie die Kunst, *entspannt konzentriert* zu sein.

Werden Sie wesentlich

Sie wollen das Leben genießen. Das ist eine Ihrer hervorstechendsten Qualitäten. Stehen Sie dazu, würdigen Sie die Qualitäten des Sinnlichen, des Sexuellen, des Materiellen und leben Sie diese Erfahrungen. Und finden Sie heraus, welche Erfahrungen Ihnen mehr bieten, als kurzfristigen Lustgewinn. Werden Sie wesentlich. Konzentrieren Sie sich auf das, was Sie erfüllt und befriedigt, verlieren Sie bei dem, was Sie tun, nicht den Lustgewinn aus den Augen, aber finden Sie heraus, was in Ihrem Leben wirklich zählt. Sie mögen entdecken, dass Sie

Lust an Dingen finden, die Sie bisher abgelehnt oder als banal verworfen haben. Und umgekehrt kann es sein, dass ein heiß begehrtes Objekt, ein Mensch, ein Ziel, an Attraktivität verliert, weil Sie erkennen, dass es Ihnen nur Überwindung, nur Einsatz, nur Selbstbeschränkung abverlangt. Bringen Sie die Fülle an Erfahrungen auf den Punkt und loten Sie die Tiefe einiger weniger, für Sie wesentlicher Dinge aus. *Suchen Sie auch in Ihren Beziehungen nicht lebenslang nur den Genuss der Vielfalt, sondern arbeiten Sie daran, Ihre Fähigkeit zu Verbindlichkeit und Treue zu einem oder zu einer Anzahl von Menschen zu vertiefen. Das ist es auch, wonach Sie sich letztlich sehnen, nach etwas von Dauer. Dem steht Ihr Verlangen nach vielen unterschiedlichen sinnlichen Erfahrungen entgegen.* Seien Sie ausdauernd, graben Sie an der gleichen Stelle weiter, vielleicht finden Sie noch einen Schatz in der Tiefe, mit dem Sie nicht gerechnet haben. Werfen Sie nicht eine Beziehung weg, weil Sie Ihnen gerade keinen Spaß mehr macht. Finden Sie das richtige Maß an Einsatz- und Opferbereitschaft. Vertrauen Sie auf die Eigenschaften Ihres Wesens, die sich durch Dauer und Beständigkeit auszeichnen.

Du kannst dein Leben nicht verlängern und du kannst es nicht verbreitern. Aber du kannst es vertiefen!
Gorch Fock

Setzen Sie sich mit der Bedeutung von Leben und Tod auseinander. Denken Sie daran, dass die Dauer von allem, was existiert, darin liegt, dass wenn etwas stirbt, etwas Neues geboren wird, dass alles vorübergeht, das Gute wie das Schlechte. Deshalb kann in Ihrem Leben nur das wichtig sein, was Ihren eigenen Kriterien darüber entspricht, wie Sie mit diesen Lebensgesetzen umgehen. Ihre dauerhafte Entscheidung zu der Veränderlichkeit des Lebens zählt. Meditieren Sie über dem Satz: »Ein Meister ist jemand, der immer mit der gleichen Antwort aufwartet.«[80] Seien Sie hinsichtlich Ihrer Meinungen, Zielsetzungen und Ideale die letztendliche Autorität in Ihrem Leben.

König Schahzeman beauftragte die weisesten Männer seines Landes, aus seiner riesigen Bibliothek die Essenz des Lebens her-

auszufinden und sie ihm kurz und prägnant mitzuteilen. Die weisen Männer gingen und durchforschten viele Bücher. Sie schrieben eine lange Abhandlung darüber, was die berühmtesten Meister über das Leben zu sagen hatten und legten sie dem König vor.

»Kurz und prägnant«, sagte der König, »sollte euere Auskunft sein.«

Die weisen Männer kehrten in die Bibliothek zurück, dachten lange nach, und einigten sich schließlich darauf, dem König eine Zusammenfassung des Korans anzubieten.

»Kurz und prägnant«, sagte der König wiederum, »sollte euere Auskunft sein«, und schickte sie fort.

Die weisen Männer berieten lange und wussten sich keinen Rat. Da stand schließlich einer von ihnen auf, ging zum König und reichte ihm ein kleines Stück Papier.

»Dies alles geht vorüber«, stand darauf zu lesen.

Ihr Fluchtpunkt: Wassermann

Das Gefühl des Besonderen

Wenn Sie sich aus Ihren Bedürfnissen nach Sicherheit und Eingebundensein in eine Gruppe von Menschen nicht lösen können, flüchten Sie zum Wassermann, der ein Quadrat zum Skorpion am Medium Coeli bildet. Sie kultivieren das Gefühl, etwas Besonderes zu sein, in der Gruppe zwar, aber anders als die anderen, ein Individualist. Sie nehmen eine Sonderrolle ein, vielleicht sogar eine Führungsrolle. Sie heben sich ab, tun ungewöhnliche Dinge, die Ihnen die Bewunderung der Gruppe einbringen. Das gibt Ihnen ein Gefühl von Freiheit und Unabhängigkeit, das sich allerdings sehr schnell in Luft auflösen kann, wenn Ihre Gefolgsleute Ihnen die Nachfolge verweigern.

Weitere Abwehrstrategien

Haben Sie sich schon dabei ertappt, dass Sie in einer Situation, in der ein klarer Standpunkt gefragt war, lavieren? Drücken Sie sich manchmal vor Entscheidungen, vor allem, wenn deren Konsequenzen Kritik oder Ablehnung sein könnten? Weil Sie das Gemeinschaftsgefühl nicht gefährden wollen, vermeiden Sie es, sich an wichtigen Stellen abzugrenzen. Sie drücken sich vor einer möglichen Konfrontation und leben Ihren Ärger indirekt aus: Sie gehen fremd, finden Gründe, Zusagen nicht einhalten zu müssen, ziehen sich zurück. Sie lassen vieles unausgesprochen, jedoch so, dass es im Raum steht. Vielleicht beginnen Sie still zu leiden – passive Aggression nennt man das.

Sie könnten jedoch auch die Flucht nach vorn antreten. Sie rebellieren, werden wütend, demonstrieren Ihre Unabhängigkeit, machen eine abrupte Kehrwendung und nehmen Zusagen plötzlich zurück. So verbindlich und langfristig orientiert wie Sie vorher waren, so widerspenstig und gegen jede mögliche Verpflichtung eingestellt sind Sie nun. Sie nutzen die Macht Ihres Auftretens, um kompromisslos Ihre neue Meinung durchzusetzen, auch wenn das bedeutet, dass Sie sich selbst in Ihren Bedürfnissen beschneiden, die vielleicht weiterhin eher in Richtung Nähe und Zusammensein gehen.

Wechselnde Meinungen und Wertvorstellungen

Trotz Ihrem Verlangen nach Beständigkeit wechseln Ihre Meinungen und Wertvorstellungen immer wieder. Sie wandeln sich, häuten sich, sind manchmal wie der »Phönix aus der Asche«, wenn Sie mit einer Überzeugung, einer Beziehung, einem Lebenskonzept Schiffbruch erlitten haben. Was immer Sie vertreten, Sie tun es für die Zeit, in der Sie davon überzeugt sind,

Jedes Leben wird erst durch Spaltung und Widerstand reich und blühend.
Hermann Hesse

mit voller Kraft. Und doch sind Sie irritierbar. Andere scheinen es besser zu wissen, größer zu sein, bedeutsamer, weiser, geschickter. Sie wollen sich jemandem anschließen, der etwas besser kann als Sie, der vielleicht ein Idol darstellt. Wenn Sie einen solchen Menschen finden, können Sie fanatische Begeisterung entwickeln, die jedoch nur eine Phase in Ihrem Leben sein darf. Irgendwann wird sich etwas ereignen, wodurch Ihr Idol auf menschliche Maßstäbe reduziert wird. Wenn Sie den Wassermann als Ressource nehmen, kann es sein, dass Sie sich einfach in eine Opposition begeben, bei der Sie Ihr Anderssein und Andersdenken betonen. Wenn Sie diesen Schritt klug vollziehen, wird er Sie letztlich wieder zu sich selbst zurückführen: zu Ihren eigenen Wertmaßstäben, Gedanken und Ideen.

Im Wassermann finden Sie auch scheinbar eine Lösung, wenn materielle Fragen Sie frustrieren oder Sie sich deren Zwängen nicht beugen wollen: Sie legen Gleichgültigkeit an den Tag, Desinteresse. Sie erheben sich über diese Ebene, die Ihnen so banal erscheint. Um sich nicht damit auseinandersetzen zu müssen, sind Sie auch bereit, finanzielle Verluste hinzunehmen.

Ihr Lebensziel

Die Mitte zwischen Stier und Skorpion

Skorpion am Medium Coeli ist Ihre Chance, sich selbst zu überwinden und die Ziele und Ideale zu verwirklichen, die *Ihre eigenen* sind. Wenn dazu materieller, körperlicher, geistiger oder seelischer Verzicht gehört, werden Sie ihn gerne leisten, denn das, was Sie tun, ist Ausdruck Ihrer Persönlichkeit und Ihrer persönlichen Zielvorstellungen. Sie haben sich von Gruppendruck und hemmenden Verpflichtungen gelöst und sind eine Verpflichtung sich selbst gegenüber eingegangen. Zu dieser Verpflichtung gehört, dass Sie Ihr Wohlbefinden nicht außer Acht lassen, doch Ihre Vorstellungen darüber, was Sie dazu brauchen, kann sich elementar von denen unterscheiden, die Ihnen Ihre Ursprungsfamilie oder Ihre Mitmenschen präsentieren. Über Versuch und Irrtum sind Sie zu der Form von Ausdauer, Konsequenz und Idealismus gelangt, die zu Ihnen gehört, und haben einen Lebensstil entwickelt, der Ihnen erlaubt, Ihr Ideal zu leben. Sie haben zu Ihren eigenen Wertvorstellungen gefunden und sind bereit, sich langfristig zu engagieren. Sie bringen Treue und Hingabe auf. Dazu müssen Sie an manchen Stellen Ihre lustorientierte Natur disziplinieren und Sicherheitsbedürfnisse aufgeben. Doch die Disziplin, die Sie sich auferlegen, ist Ihre eigene und keine von außen. Es ist eine Selbstbeschränkung, die Sie aus freien Stücken auf sich nehmen und die Sie nicht sinnlos kasteit. Der rechte Ausgleich ist hier gefragt. Seien Sie achtsam mit sich und Ihren physischen und geistigen Bedürfnissen. *Nichts im Übermaß* – das war die zweite Aufforderung, die über dem Tempel von Delphi stand. Der erste Rat lautete: *Erkenne dich selbst.*

Wer sich selber kennt, hat Einsicht.
Wer andere bezwingt, hat Gewalt;
Wer sich selber bezwingt, hat Stärke.
Wer weiß, was genug ist, ist reich.
Wer unbeirrbar ist, hat die Richtung.
Wer seinen Platz behauptet, hat Bestand.
Und wer stirbt und doch nicht vergeht, der lebt.
R. L. Wing, Das Tao-Te-King

Sich selbst erkennen heißt für den Menschen mit Stier am Imum Coeli, seine tiefe seelische Verwurzelung in all dem anzuerkennen, was diese Erde an sinnlichen Erfahrungen zu bieten hat, ohne Schuldgefühle, ohne den Glauben, sich hier etwas heimlich nehmen zu müssen, das man eigentlich nicht haben darf. Religiöse, moralische, familiäre oder gesellschaftliche Moralvorstellungen können dem im Weg stehen. Machen Sie sich mit dem Gedanken vertraut, dass nichts einen eigenständigen Wert hat, dass alle Dinge einfach so sind, wie sie sind. Alle Bewertungen werden von Menschen erdacht, und für Sie kann es nicht darum gehen, die Werte anderer zu übernehmen. Ob wir etwas als gut oder schlecht, als Kummer oder als Chance erleben, hängt von unserer individuellen Betrachtungsweise ab. Nur weil vielleicht mehrere Menschen in einer bestimmten Betrachtungsweise übereinstimmen, wird diese nicht richtiger. Sie sind aufgefordert, Ihre eigenen, unabhängigen Wertmaßstäbe zu formulieren und die Menschen, Dinge, Aktivitäten und Verhaltensweisen zu finden, die Sie für wertvoll halten. Das, was für Sie wirklich *voll Wert* ist, wird Ihnen echte Zufriedenheit, Wohlgefühl und Augenblicke des Glücks schenken. Was aus der Sicht anderer Menschen vielleicht wie ein Opfer aussehen mag, ist für Sie dann ein leichten Herzens geleisteter Verzicht.

Erkennen Sie die spirituelle Seite Ihrer Natur. Etwas in Ihnen treibt Sie an, sich nicht in dieser Welt zu verlieren, sondern *in dieser Welt, aber nicht von dieser Welt zu sein.* Sie verlangen nach etwas, das über den physischen Tod hinausreicht, denn das Lebensgesetz der Vergänglichkeit ist Ihnen deutlich bewusst. Die Auseinandersetzung mit der Bedeutung von Leben und Tod ist ein wichtiger Teil Ihres Lebensweges, um den Sie sich jedoch manchmal herumdrücken und sich stattdessen durch Konsum ablenken. Skorpion an Ihrem Medium Coeli symbolisiert die Sehnsucht danach, etwas in dieser Welt zu leisten, das Wert und Bestand hat und das die Flamme konsequenter Einsatzbereitschaft in Ihnen entzündet. Doch *Nichts im Übermaß* sagt Ihnen auch, dass Sie Ihr Leben weder damit verbringen können, sich als Märtyrer für eine Ideologie oder ein Ideal aufzuopfern, noch damit, einfach nur Ihre Brötchen zu verdienen, um sich ein Wohlleben, soziale Anerkennung und Sicherheit zu schaffen.

Ideale sind ein Leuchtturm, kein Hafen, sind Richtungen, nicht Ziele.
Axel von Ambesser

Sie mögen viele Stadien durchlaufen, um Ihre individuelle Form des Ausgleichs der Gegensätze zu finden. Ihr Entwicklungsthema symbolisiert das langsame Wachstum über zahlreiche Veränderungen und Wandlungen hin, bei dem persönliche ethische Bemühung und Standhaftigkeit gefragt sind, um zu einem Lebensstil zu kommen, der Ihnen echte Befriedigung verschafft. Auf dem Weg dorthin brauchen Sie die Erfahrung eines leidenschaftlich gelebten Lebens. Der Skorpion an Ihrer Himmelsmitte kann Sie durch Himmel und Hölle schicken, um aus Ihnen einen Diamanten zu schleifen.

Frage nicht nach dem Wert des Lebens, sondern nach dem Wert, den du dem Leben geben kannst.
Bo Yin Ra

Die Suche nach Ihren wahren Werten ist jedoch keine Suche im Außen, sondern eine innere. In sich selbst finden Sie die Gewissheit, mit Ihren Entscheidungen richtig zu liegen. *Ihre* Wertvorstellungen sind die, in denen Sie sich aufrichtig geborgen fühlen.

Indem Sie Ihren Lebensweg unbeirrt gehen und dabei auch zu Opfern bereit sind, werden Sie zu einem Vorbild für andere, die weniger Härte gegen sich und auch weniger Entschlossenheit aufbringen. Die komplexe Mischung aus Sinnlichkeit und Bereitschaft zum Verzicht, Verlangen nach einer Gemeinschaft und Abgrenzungsbedürfnis, Sehnsucht danach, integriert zu sein und dem festen Willen, den eigenen Vorstellungen zu entsprechen verleiht Ihnen Charisma und stellt Sie vor die Aufgabe, die Macht, die damit verbunden ist, sorgfältig zu nutzen.

Die Achse Stier – Skorpion symbolisiert die Versöhnung der materiellen mit der geistigen Welt. Keine ist schlechter oder besser, die eine ist der Spiegel und die Manifestation der anderen. Menschsein bedeutet, einen Körper zu haben, in dem physische und spirituelle Bedürfnisse wohnen, die miteinander vereint werden müssen. Wenn der Skorpion am Medium Coeli steht, führt der Weg zur Mitte über eine sinnvolle Form der Selbstbezwingung, durch die das Bewusstsein geschärft und die innere Stärke sichtbar wird, und über die Bereitschaft, sich von materiellen und zwischenmenschlichen Sicherheiten zu lösen, um eine eigene Form der Sicherheit und die wahre geistige Heimat zu finden.

Ein Mann wanderte durch einen dichten Dschungel, als plötz-

lich ein Tiger aus dem Gebüsch auftauchte. Der Mann rannte um sein Leben und der Tiger folgte ihm. Schließlich kam er an eine Klippe, an der es steil hinabging. Verzweifelt packte er eine Weinrebe, hielt sich daran fest und sprang über den Rand.

Voller Angst hing er nun an der Weinrebe. Als er hinunterblickte, sah er noch einen zweiten Tiger, der zu ihm hinauffauchte. So konnte er nicht zurück, denn oben stand der andere Tiger und wartete nur darauf, ihn fressen zu können. Die Weinrebe gab ein wenig nach und war kurz davor, abzureißen. In höchster Angst sah der Mann sich um und entdeckte vor seiner Nase eine Weintraube, die an der Rebe hing. Er pflückte sie und steckte sie in den Mund.

Wie köstlich sie schmeckte![81]

Berühmte Persönlichkeiten mit dem Skorpion am MC

Truman Capote
Sean Connery
Kirk Douglas
Isadora Duncan
Jane Fonda
Queen Elizabeth Imum Coeli
Liberace
Sophia Loren
Karl Valentin

Schütze am MC

Begegnen Sie dem Leben mit Begeisterung, Engagement und Vertrauen

Aszendenten in der nördlichen Hemisphäre:

Steinbock, Wassermann, Fische[82]

Zwillinge am IC: Die Urquelle Ihrer Wirklichkeit

- Sie sind vielseitig interessiert und intellektuell offen
- Sie haben das Bedürfnis, sich mitzuteilen, auszutauschen und Kontakte zu knüpfen
- Sie nehmen eine neutrale, sachliche und unparteiische Haltung ein und suchen rationale Erklärungen für alles, was geschieht
- Sie sehnen sich nach intensiven Gefühlen und gleichzeitig machen sie Ihnen Angst
- Sie legen sich ungern fest und fühlen »zwei Seelen in Ihrer Brust«
- Sie verlangen nach Freiheit, Sinnhaftigkeit und Glauben

Schütze am MC: Ihr Leitstern auf dem Weg zu Ihrem Lebensziel

- Wagen Sie es, intensiv zu fühlen und leben Sie Ihre Lust, das Leben zu erforschen
- Entwickeln Sie Begeisterungsfähigkeit, Optimismus und Vertrauen in die Zukunft
- Üben Sie Ihre Gabe zu echter Toleranz, Einsicht und Lebensmut
- Fügen Sie Ihr Wissen zu einem sinnvollen Ganzen zusammen
- Finden Sie Ihre persönliche Lebensphilosophie und Ethik
- Entdecken Sie Ihr Interesse an sozialen Fragen
- Hegen Sie Ihre Vision vom Glück

Zwillinge am IC: Die Urquelle Ihrer Wirklichkeit

Ihr Wunsch nach unverbindlicher Leichtigkeit

Leichtigkeit und emotionale Distanz, Beziehungen und Kontakte, die Sie in Ihren Gefühlen nicht überwältigen, entsprechen Ihrer Natur. Sie sind vielseitig, haben breit gestreute Interessen und lieben es, informiert zu sein.

Eine sachliche, rationale Beurteilung der Dinge liegt Ihnen näher, als begeistert Stellung zu beziehen. Sie möchten sich mit anderen über das, was Sie gehört, gesehen oder gerade gedacht haben, austauschen. In Ihrem ganzen Wesen sind Sie auf Kommunikation ausgerichtet. Sie verstehen sich selbst und die Welt am besten, wenn Sie mit anderen darüber reden können. Das Gespräch ist für Sie ein wichtiges Mittel, um Klarheit in Ihr Inneres zu bringen.

Wer scharf denkt, wird Pessimist. Wer tief denkt, wird Optimist.
Henri Bergson

Ihre Stärke liegt darin, Eindrücke und die daran geknüpften Gefühle zu analysieren und in Worte zu fassen. Worte sind für Sie der einfachste Weg, um sich mit Ihren Empfindungen auseinander zu setzen, und vielleicht tun Sie das auch in Form eines Tagebuchs. Durch Worte nähern Sie sich dem, was in Ihnen vor sich geht, auf gedämpfte Art und Weise. Indem Sie über Ihre Gefühle nachdenken oder sprechen, sind Sie ihnen nicht direkt ausgeliefert. Gleich, ob es sich um erwünschte oder unerwünschte Emotionen handelt, Sie ziehen im Grunde Ihres Wesen vor, sich nicht von ihrer Heftigkeit wegspülen zu lassen, sondern streben eine unabhängige Haltung an, durch die Sie sich vor leidenschaftlicher Bindung und Kontrollverlust schützen. Es ist Ihnen auf allen Ebenen wichtig, Ihren Bewegungsspielraum zu behalten, emotional, wenn es um Zuneigung oder Nähe geht, räumlich, denn Sie sind nichts weniger als ein »Stubenhocker«, und geistig, denn Sie wollen in Ihren Wertmaßstäben, Ansichten und Entscheidungen flexibel bleiben. Daher haben Sie ein ambivalentes Verhältnis zu der emotionalen Intensität mancher Menschen, die Sie einerseits anzieht, aber auch verunsichert oder sogar abstößt. Deshalb suchen Sie sich bewusst oder unbewusst Lebensbedingungen, in denen Sie vor der Herausforderung großer Gefühle geschützt sind. Sie schaffen sich beruflich wie privat eine Welt, in der Ihre tiefsten Gefühle nicht gefordert werden – oder Sie zumindest glauben, darauf vertrauen zu können, dass dies nicht geschieht. Immer wieder wird in Ihrem Leben jedoch die Herausforderung zu intensivem Fühlen auftauchen und Sie vor die Wahl stellen, ob Sie die Sicherheit Ihrer neutralen Position aufgeben wollen oder nicht.

Unterhaltung sollte alles berühren, sich aber auf nichts konzentrieren.
Oscar Wilde

Neutrale Gefühle in einem wechselnden Umfeld

Sie haben früh gelernt, mit einem wechselnden Umfeld, zahlreichen Eindrücken, Neuigkeiten und unterschiedlichen Personen zurechtzukommen. Ihre Familie führte ein offenes Haus, in dem ständig Besucher aus- und eingingen, vielleicht wechselten Ihre Bezugspersonen häufig, immer wieder neue Kindermädchen, Tanten oder Freunde kümmerten sich um Sie. Häufige Umzüge konfrontierten Sie mit der Notwendigkeit, sich schnell auf eine neue Umgebung einzustellen.[83] Sie waren früh schon emotional auf sich gestellt: Der häufige Wechsel der Menschen um Sie herum ließ nicht zu, dass tiefere Gefühlsbindungen entstanden. Das Gruppen- und Gemeinschaftsverhalten, das viele Menschen in Form von gemeinsamen Ritualen wie z.B. Festlichkeiten aneinander bindet, ist Ihnen deshalb fremd. Wenn solche Rituale in Ihrer Familie praktiziert wurden, dann hatten sie mehr den Charakter des Demonstrativen, »man« feierte Weihnachten oder andere Ereignisse. Möglicherweise fühlen Sie sich davon angezogen, wenn andere Menschen Rituale mit Herz und Erdverbundenheit in Ihr Leben bringen, da Ihnen das ein Gefühl von Stabilität und Sicherheit vermittelt. Ihr

Leben erhält Fixpunkte, an denen Sie sich orientieren können. Fixpunkte im Lebensablauf, die wir gemeinsam mit anderen teilen, sind Wege, um uns mit anderen verbunden zu fühlen. Ihre seelische Wurzellosigkeit veranlasst Sie immer wieder, nach einem sozialen Umfeld zu suchen, nach Freunden, näheren und ferneren Bekannten, die einen Lebensrahmen darstellen, in den Sie eingebunden sind.

Ihre Mutter erlebten Sie vermutlich als eine Frau, die gut auftreten und sich mitteilen konnte. Eventuell war es typisch für sie, dass sie immer für alles eine Erklärung fand. Sie konnten vielleicht gut mit ihr reden, vermissten jedoch jene wärmende Gefühlstiefe, nach der sich insbesondere das kleine Kind sehnt. Wenn wir traurig sind oder uns etwas weh tut, hilft es uns wenig, wenn wir erklärt bekommen, dass wir keinen Grund haben, traurig zu sein oder dass das, was weh tut, gar nicht so schlimm ist, so tröstend es auch gemeint sein mag. Erklärungen dienen dazu, unser Bedürfnis nach Verstehen und Einordnen zu befriedigen, etwas, wozu ein Kind nur begrenzt fähig ist. Es ahnt, dass es nicht fühlen sollte, was es fühlt. Auf diese Weise lernten Sie schon sehr bald, dass Sie Ihren Gefühlen durch Denken und Reden die Spitze und Intensität nehmen können. Mütter, die ihren Kindern diesen Umgang mit Gefühlen vorleben, haben den Mechanismus selbst auch erlernt und wehren so Gefühle ab, von denen sie sich überfordert glauben.

Meinung wird letztendlich durch Gefühle und nicht durch den Intellekt bestimmt.
Herbert Spencer

Weil Sie so früh diesen Sicherheitsmechanismus entwickelt haben, bleiben Sie gewissermaßen an der Oberfläche Ihres Empfindens. Das bedeutet nicht, dass Sie tatsächlich oberflächlich wären. Sie schaffen lediglich eine beruhigende Distanz zwischen sich und Ihrer Emotionalität, sodass es Ihnen auch später, wenn Sie sich auf die Suche nach Ihren tieferen Motiven machen, nicht leicht fällt, an sie heranzukommen. Da wir jedoch nur über unsere Gefühle in eine wirkliche Beziehung zur

Umwelt treten können, kann es sein, dass Sie das Empfinden haben, von sich selbst abgeschnitten zu sein und damit auch von anderen.

Dieses Gefühl der Unverbundenheit ist elementar in Ihrem Leben. *Von klein auf versuchten Sie, der Vielfalt an Eindrücken einen inneren Zusammenhang abzugewinnen, durch den Sie verstehen konnten, was vorging und was das, was Sie erlebten, bedeutete. Sie suchten einen Sinn, etwas, das Ihnen die Sicherheit gab, dass die Dinge nicht einfach zufällig und dadurch unvorhersehbar, sondern nach einem geordneten Muster geschehen.*

Zwei Seelen wohnen, ach, in meiner Brust. …[84]

Vor allem wenn es um Entscheidungen geht, suchen Sie eine rational abgesicherte und nach allen Seiten hieb- und stichfeste Lösung. Sie verharren oft in den Startlöchern, weil Sie Ihre Gefühle, Wünsche und Beweggründe analysieren und so hoffen, eine zweifelsfreie Entscheidung treffen zu können. Doch es gibt kaum eine Entscheidung, die wir treffen könnten, ohne auf unsere Gefühle zu vertrauen und sie zu Rate zu ziehen. Die Entscheidung darüber, ob eins und eins zwei ist oder nicht, lässt sich ausschließlich vom Intellekt her treffen; sie ist die Reproduktion von etwas Gelerntem. Ob wir jedoch kündigen oder nicht, ob wir unsere Beziehung aufrechterhalten oder sie beenden, ob wir ein bestimmtes Urlaubsziel wählen oder lieber ein anderes, können wir zwar von rationalen Beweggründen abhängig machen, wenn wir aber wirklich innerlich hinter unserer Entscheidung stehen wollen, geht das nicht ohne die Beteiligung des Gefühls. Wenn unser Empfinden signalisiert »das ist es, was ich will«, sind auch schwierige Entscheidungen möglich. Intuitiv wissen Sie, wohin Ihr Weg führt, doch Sie wollen Ihre Entscheidungen vorher rati-

Was will ich? fragt der Verstand. Worauf kommts an? fragt die Urteilskraft. Was kommt heraus? fragt die Vernunft.
Immanuel Kant

onal gerechtfertigt sehen. Mit den Zwillingen am Imum Coeli haben Sie die Tendenz, lange Listen an Für und Wider anzufertigen. Doch bei dem Versuch, einer Lösung näher zu kommen, landen Sie im Patt. Da mag es auf der einen Seite viel mehr Pluspunkte als auf der anderen geben, und trotzdem, ohne dass Sie es sich erklären können, sind Sie nicht dazu in der Lage, sich für eben diese Seite zu entscheiden.

Kürzlich wurde ich von einer jungen Frau beiseite genommen, die zu einem meiner Vorträge gekommen war. »Wie kann ich mehr über mich lernen?«, fragte sie mit tiefem Ernst. »Ich bin auf einer Selbstfindungsreise«, erklärte sie dann.

»Nein, das sind Sie nicht«, erwiderte ich. »Ihr Leben hat nichts mit Selbstfindung zu tun. Und Sie haben nichts zu lernen.« »Nicht?«, fragte Sie etwas verdutzt. »Nein«, versicherte ich ihr. Und dann sagte ich, sie solle aufhören, überall nach »Antworten« – welcher Art auch immer sie sein mögen – zu suchen und stattdessen anfangen, nach Fragen Ausschau zu halten; nach den Fragen, die in ihrem Leben die wichtigsten sind – und auf diese dann Antworten zu geben.[85]

Wenn Sie beginnen, sich Fragen über das zu stellen, was in Ihrem Leben wesentlich ist, und auf die Antwort in Ihrem Inneren lauschen, treten Sie in eine neue Dimension der »Selbstfindung« ein: Sie entdecken Gefühle und Motive, die sich als starke Triebkräfte dafür entpuppen, was Sie wirklich sein wollen und was Sie glücklich macht. Wir können uns niemals woanders finden, als in uns selbst. Aus uns heraus kommt die Motivation, unser Leben zu gestalten, in uns sind all jene Muster angelegt, die sich im Guten wie im Schlechten auf unserem Weg manifestieren. Bei dieser Form der Selbstfindung nützt der Intellekt nur sehr begrenzt. Wenn Sie eine Entscheidung rein rational treffen wollen, werden Sie feststellen, dass in den allermeisten Situationen etwa genauso viel dafür wie dagegen spricht. Letztlich fühlen Sie sich vermutlich mit Ihrer vom Verstand getroffenen Entscheidung nicht wirklich gut. Wenn Sie andererseits beginnen zu *fühlen,* und mit Macht nach oben drängt, was Sie sich wirklich wünschen, setzen

Sie Zweifel als Abwehrmechanismus ein. Ihr Kopf schaltet sich gebieterisch dazwischen, Sie sehen Ihre Gefühle und die daran geknüpften Bedürfnisse als zwiespältig an, lenken sich ab, beginnen zu theoretisieren. Während Sie abwägen, welches denn die beste Lösung und der richtige Weg sei, zögern Sie zu handeln. Handlungskräftig sind Sie dann, wenn es um Fragen geht, die keine oder kaum emotionale Beteiligung erfordern: die Organisation Ihres Haushaltes, das Bezahlen von Rechnungen, die tägliche Routine.

Wenn ihr's nicht fühlt, ihr werdet's nie erjagen.
Johann Wolfgang von Goethe

Um sich emotional ausgeglichen zu fühlen, brauchen Sie Bewegung; Spannungen bauen Sie am leichtesten über Sport ab, daher lieben Sie bewegungsintensive Sportarten wie Radfahren, Tennis oder Jogging. Körperliche Aktivitäten dienen nicht nur dem Stressabbau, sondern sind auch eine Möglichkeit, um an Ihre Bedürfnisse und Empfindungen heranzukommen und damit ein Weg zu mehr spontaner Lebensfreude.

Körperliche Ausdrucksformen haben für Sie generell eine besondere Bedeutung. Es ist Ihnen wichtig, wie andere Menschen auftreten, wie sie kommunizieren, sich verhalten und äußern. Das kann sich auf ihre Art des Gehens, Sprechens oder ihre Wortwahl beziehen.

Lebensmuster oder Wir säen, was wir ernten

Das problemerzeugende Muster ist Ihre emotionale Uneindeutigkeit. Ihre rationale Seite kann Sie veranlassen, in privaten und beruflichen Situationen zu bleiben, in denen Sie immer wieder Verlangen nach mehr Intensität, Freiheit und Weite und nach Sinnhaftigkeit verspüren. Sie wollen mehr, als Sie haben, aber Sie können sich nicht entscheiden, die notwendigen Schritte dazu zu unternehmen. Sie scheuen sich, sich durchzusetzen, oder Sie scheuen die Konsequenzen. Deshalb bewundern Sie Menschen, die genau das tun: ihrer Sehnsucht nach neuen Horizonten Ausdruck verleihen indem sie sich tatkräftig und vielleicht auch opferbereit dafür einsetzen. Andererseits können Sie sich auch nicht mit Ihren Lebensumständen abfinden. So bewegen Sie sich zwischen Ihrer Sehnsucht nach Fülle und Bedeutung und Ihrer Vernunft hin und her, ohne eine klare Position zu beziehen. Sie delegieren Entscheidungen nach außen, hoffen auf den Tipp, die Lösung, die alle Probleme klärt. Auf diese Weise können Sie sich über lange Zeiträume im Kreis drehen. Sie wechseln zwischen Phasen, in denen Sie hinsichtlich der Zukunft und ihrer Möglichkeiten zuversichtlich, vielleicht geradezu überschwänglich sind, und solchen, in denen Ihre Rationalität wieder Oberhand gewinnt.

Das einzig wahre Glück beruht darauf, dass wir uns an ein Ziel verschwenden.
John Mason Brown

Schütze am MC: Ihr Leitstern auf dem Weg zu Ihrem Lebensziel

Entwickeln Sie Vertrauen in das Abenteuer Leben

Schütze ist das Zeichen der Überzeugung, dass genug für alle da ist und dass alle Dinge ihren Sinn haben. Aus diesem Wissen heraus entsteht Vertrauen in das Leben und der Mut zu großen, bewegenden Erfahrungen, die es erst möglich machen, einen persönlichen Lebenssinn zu schöpfen.

Mit Schütze an Ihrem Medium Coeli brauchen Sie die Erfahrung, dass Sie sich heftig verlieben, leidenschaftlich für etwas begeistern, hingebungsvoll engagieren können. Verlassen Sie das sichere Terrain Ihrer interessiert-intellektuellen Haltung, gebieten Sie Ihrem Denken eine Weile Einhalt und wagen Sie, das Abenteuer des Lebens ohne Umweg über Ihren erklärenden Verstand zu erfahren. Nehmen Sie teil an dem großen Spiel, das *Leben* heißt: lachen, weinen, gewinnen, verlieren, Freude und Liebe, Trennung und Tod. Stellen Sie sich vor, Sie stehen am Ende Ihres Lebens und blicken zurück: Sicher möchten Sie es in seiner ganzen Fülle erfahren haben und nicht als eine Abfolge von Ereignissen.

Ziele nach dem Mond. Selbst wenn du ihn verpasst, wirst du zwischen den Sternen landen.
Les Brown

Begeisterungsfähigkeit und Engagement sind die Schlüssel zu dem, wonach Sie sich sehnen. Optimismus und Vertrauen entstehen, wenn Sie das Glück fühlen, das Ihnen der volle Einsatz für etwas, das Sie aus tiefster Seele wollen, schenkt. Alle Dinge, denen Sie sich mit Überzeugung widmen, zeigen sich Ihnen in einem neuen Licht. *Tun Sie genau das, was Ihnen bereits immer wieder in Ihrem Leben geschehen ist: fühlen Sie intensiv und äußern Sie Ihre Empfindungen mit der gleichen Intensität, Wortfülle oder durch entsprechende Gesten.* Wagen Sie, dramatisch zu sein. Ihre Persönlichkeit gewinnt dadurch für andere an Ausstrahlung. Bringen Sie Farbe in Ihre Art, sich mitzuteilen und aufzutreten.

Seien Sie dabei absolut ehrlich mit sich. Schütze am Medium Coeli kann Sie dazu verleiten, eine unbekümmerte Fassade aufzubauen, denn Sie haben den Wunsch, angenommen zu werden und beliebt zu sein. Sie könnten eine Rolle spielen, die Sie als positiven Menschen präsentiert, eine Rolle, durch die Sie sich selbst und andere davon überzeugen, wie lebendig, glücklich oder heiter Sie sind.

... zu wissen, was die Welt im Innersten zusammenhält[86]

Ihre Welt besteht aus interessanten, aber auch verwirrenden und unverbundenen Details, die keinem erkennbaren Muster unterliegen. Sie haben das Verlangen, die losen Fäden zu einem sinnvollen Ganzen zu verknüpfen. Ihre Schreckensvision ist, in einem sinnlosen, zufälligen Universum zu leben, in dem »Gott würfelt«.[87]

Sie wollen wissen, *warum* Sie leben, das ist Ihr Antrieb, Ihre Motivation. *Warum sind die Dinge, wie sie sind? Warum bin ich, wie ich bin? Warum lebe ich hier und nicht anderswo?* – das sind Ihre Fragen. *Widmen Sie deshalb einen wichtigen Teil Ihrer Energie und Zeit der Aufgabe, zu verstehen, was hinter den Dingen steckt. Machen Sie sich auf die Suche nach Ihren Antworten auf das, was Sie erfahren. Erkennen Sie die Kräfte, die Ihr Leben steuern. Geben Sie den Dingen Ihre persönliche Bedeutung, entwickeln Sie Ihren individuellen Lebenssinn.*

Jeder Grashalm hat seinen Engel, der ihn antreibt und ihm sagt: »Wachse! Wachse!«
Hebräisches Sprichwort

Nehmen Sie Ihre Angst, das wahre Leben könnte an Ihnen vorbeifließen und Ihnen seine tausend Möglichkeiten nicht offenbaren, als Ansporn über sich selbst hinauszuwachsen. Gehen Sie hinaus und sammeln Sie Informationen darüber, was in der Welt geschieht, wie andere Menschen ihr Leben gestalten, welche Hürden sie dabei nehmen, wie und ob sie es schaffen, ihr Optimum zu erreichen und was sie tun, um aus dem Guten etwas noch Besseres zu gestalten. Lassen Sie Ihren Geist und Ihr Gefühl umherwandern auf der Suche nach dem »missing link«, nach dem Teil in der Kette der Erklärungen, der alles verstehbar werden lässt und erkennen Sie, dass Sie selbst derjenige sind, der dieses »fehlende Glied« entwickeln und einfügen muss, denn Sinn und Bedeutung liegen immer nur in uns selbst. Geben Sie Ihrem Leben Ihren Sinn.

Vor langer Zeit überlegten die Götter, dass es sehr schlecht wäre, wenn die Menschen die Weisheit des Universums finden würden, bevor sie tatsächlich reif genug dafür wären. Also entschieden die Götter, die Weisheit des Universums an einem Ort zu verstecken, wo die Menschen sie solange nicht finden würden, bis sie reif genug sein würden.

Einer der Götter schlug vor, die Weisheit auf dem Berg der Erde zu verstecken. Aber schnell erkannten die Götter, dass der Mensch bald alle Berge erklimmen würde und die Weisheit dort nicht sicher genug versteckt wäre. Ein anderer schlug vor, die Weisheit an der tiefsten Stelle im Meer zu verstecken. Aber auch dort sahen die Götter die Gefahr, dass die Menschen die Weisheit zu früh finden würden.

Dann äußerte der weiseste aller Götter seinen Vorschlag: »Ich weiß, was zu tun ist. Lasst uns die Weisheit des Universums im Menschen selbst verstecken. Er wird dort erst dann danach suchen, wenn er reif genug ist, denn er muss dazu den Weg in sein Inneres gehen.«

Die anderen Götter waren von diesem Vorschlag begeistert und so versteckten sie die Weisheit des Universums im Menschen selbst. [88]

Wenn Sie die Bausteine Ihres Wissens und Ihrer Fragen zusammengefügt haben, *wissen* Sie, was Sie wollen und wohin Ihr Weg führt. Auf dieser Basis entsteht Ihre ganz eigene Lebensphilosphie und Ethik sowie Ihre Bereitschaft, nicht nur das Beste für sich, sondern auch für andere und die Gesellschaft zu wollen. Vielleicht wird sich ein sozialer Antrieb in Ihnen herauskristallisieren, das Bedürfnis, an einem Ihnen gemäßen Platz für eine Verbesserung der Lebensbedingungen anderer Menschen zu sorgen, oder für den optimalen, möglichst reibungslosen Ablauf im Räderwerk eines Unternehmens, das Menschen Arbeit und Identifikation bietet.

Jeder Mensch muss etwas haben, dem er nachfolgt, das ihm als Leitstern dient.
Richard Wilhelm

Bleiben Sie beweglich

Feste, unveränderliche Strukturen und die Vorstellung von der Ewigkeit, in der alles immer so bleibt, wie es ist, sind nicht das, worin Sie Ihr Glück finden. Wo immer Sie sich befinden, Sie brauchen das Gefühl, dass sich die Dinge verändern, erweitern, entfalten. Vertrauensvolle und zielorientierte Flexibilität, der Wunsch, ein Milieu zu schaffen, in dem Menschen – und Sie selbst – aufwachsen, leben und sich entfalten können, sind erstrebenswerte Ziel für Sie. Ihre Naturverbundenheit schenkt Ihnen ganz von selbst eine natürliche Religiosität, ob Sie nun gläubig im traditionellen Sinn sind oder nicht.

Der Zufall ist immer kraftvoll. Lass deinen Haken immer ausgeworfen; im Teich werden dort Fische sein, wo du sie am wenigsten erwartest.
Ovid

Studieren Sie das, was wir »Zufall« nennen. Zufall ist das, was uns zufällt, was sich scheinbar zusammenhanglos und ohne dass wir an seiner Entstehung beteiligt wären ereignet. Doch wenn Sie die Zufälle Ihres Lebens nicht nur aus intellektueller Sicht betrachten, sondern sich ihnen mit Ihrem Gefühl und Ihrer Intuition nähern, wird sich ein verborgenes Muster, ein innerer Zusammenhang offenbaren, der Sie mit Zuversicht und Glauben erfüllt.

Ihre Vision vom Glück

Über alle Schwierigkeiten und Hürden Ihres Lebens hinweg hegen Sie eine Vision vom Glück, eine Sehnsucht nach der besten aller möglichen Welten. Sie sind davon überzeugt, dass es sie gibt, diese Welt, auch wenn sie Ihnen in weiter Ferne zu liegen scheint. Sie sind beseelt von dem Wunsch, dorthin aufzubrechen, sich aus dem Alltag mit seinen oft nüchternen Anforderungen zu befreien. »Think big« ist ein Leitgedanke unseres Zeitgeistes, der im Kontrast zu detaillierten Plänen, organisierter Genauigkeit und rationalen Überlegungen steht.

Wer keine Vision hat, vermag weder große Hoffnungen zu erfüllen noch große Vorhaben zu erfüllen.
Thomas Woodrow Wilson

Alles zu seiner Zeit, Schütze an Ihrem Medium Coeli will Sie nicht zu Übertreibung und mangelndem Realitätsinn verleiten. Doch wenn Sie sich auf diejenigen Seiten Ihrer Persönlichkeit verlassen, die alle Entscheidungen vom Verstand abgesegnet haben wollen, werden Sie vermutlich nicht weit kommen. Es mag in Ihrem Leben immer Zeiten geben, in denen Sie vor der Herausforderung stehen, einen großen Schritt tun müssen, um hinterher erst in das hineinzuwachsen, was Sie in Gang gesetzt haben. Das kann gleichbedeutend mit einem Sprung ins kalte Wasser sein. Vielleicht möchten Sie in einem anderen Land leben, einen neuen

Beruf ergreifen, eine neue Beziehung aufnehmen, etwas aus sich und Ihrem Leben machen, das über den bisherigen Rahmen hinausgeht. Mut zum Risiko und Klarheit über Ihre möglichen verborgenen Selbstverhinderungsmuster sind dabei unabdingbare Voraussetzungen, doch genauso wichtig ist, dass Sie in Ihrem Inneren eine unverbrüchliche Wahrheit spüren, das zu tun, wozu Sie sich entschlossen haben.

Staunen ist der erste Schritt zu einer Entdeckung.
Louis Pasteur

Ihr Fluchtpunkt: Fische

Verleugnen von Sehnsüchten

Ich fühle nichts Besonderes. Ich habe keine speziellen Bedürfnisse. Ich bin zufrieden mit dem, was ist – das sind die Überzeugungen, in die Sie sich flüchten, wenn Ihnen das Puzzle Ihres Lebens zu viel wird und Ihr Verstand davor kapituliert, die nötige Handlungsanweisung aus den zur Verfügung stehenden Möglichkeiten und Bedingungen herauszufiltern. Statt sich der Vision eines fortschreitenden Lebens mit offenen Horizonten zu widmen, betäuben Sie sich mit den Ihnen verfügbaren Mitteln: Sie versuchen, sich Glück und Zufriedenheit an den Stellen zu holen, wo es leicht möglich ist, aber vermutlich nicht Ihren wahren Bedürfnissen entspricht. Vielleicht konsumieren Sie das Leben, vielleicht leben Sie verschwenderisch, um ein Gefühl von Fülle zu erzeugen. Betäuben könnten Sie sich auch durch Sex, Alkohol, Drogen und Arbeit. Sie leben Ersatzbedürfnisse, die Sie nicht vor die Entscheidung stellen, zu wagen, was Sie eigentlich wagen möchten.

Vermeiden von Durchsetzung

»Ob Sie glauben, dass Sie etwas können, oder ob Sie glauben, dass Sie es nicht können, Sie haben Recht«, sagte Henry Ford.

Wenn Ihr Optimismus Sie verlässt und Sie beginnen, über Ihre Gefühle nachzudenken sowie anstehende Entscheidungen nach allen Richtungen zu analysieren, dann schwindet auch Ihre Durchsetzungskraft. Sie verlieren Ihren Glauben daran, dass Sie zu erwirken fähig sind, was in Ihrem Leben zählt, und eine gute Basis dafür schaffen zu können. Sie mögen auch glauben, dass es egoistisch sei, instinktiv gefühlte Bedürfnisse und Sehnsüchte auszuleben, dass Sie Ihre Wünsche sublimieren und den Kriterien von Anstand, Moral und Verpflichtung unterwerfen müssen. Damit begeben Sie sich in eine Opferrolle, die dem Lebensauftrag des Schützen fremd ist. Hier geht es um ein *sowohl – als auch*, was nichts anderes bedeutet, als dass es möglich ist, *einen dritten Weg zu finden*, der mit dem Wachsen der Einsicht in das, was ist, auch eine Lösung bietet, die sowohl den Umständen als auch allen Beteiligten gerecht wird.

Ihr Lebensziel

Die Mitte zwischen Zwillinge und Schütze

Mit Schütze am Medium Coeli bietet sich die Chance, die Grenzen Ihres Lebens zu erweitern und die von Ihnen ersehnte Erfahrung von Intensität, Fülle und Sinnhaftigkeit zu machen. Sie verwirklichen Ihre Vision vom Glück und von den besten denkbaren Lebensbedingungen auf eine Art, bei der Sie Ihre Gabe, logisch und sachorientiert zu denken, nützen. Sie wagen große Träume und große Schritte. Sie sind vertrauensvoll und optimistisch und sind sich der Tatsache bewusst, dass Sie nur dieses eine Leben zur Verfügung haben. Über andere mögliche Leben können Sie nichts aussagen. Sie entscheiden, was Sie mit der Ihnen gegebenen Zeit anfangen wollen. Sie sind offen und neugierig auf das, was das Leben zu bieten hat, und bereit, immer wieder Alternativen zu suchen, die neue Perspektiven bieten, auch wenn Sie in eine Sackgasse geraten sind. Sie sind ein Stehaufmännchen und haben das Wissen verinnerlicht, dass an jedem Morgen die Sonne wieder aufgeht und ein neuer Tag mit neuen Chancen beginnt. Sie lassen sich nicht von Argumenten einschüchtern, nicht von denen anderer und nicht von Ihren eigenen, denn Sie wissen, dass Argumente zwar Gründe sein mögen, etwas zu überdenken, doch wenn Sie zu viel nachdenken, verlieren Sie Ihren Schwung. Folgen Sie Ihrer Intuition und lassen Sie wirkliche Begeisterung zu – und die Tore des Lebens tun sich vor Ihnen auf!

Die Synthese aus Zwillinge und Schütze besteht darin zu glauben, dass wir gewinnen und dass das Leben es gut mit uns meint, ohne dabei auf Resultate fixiert zu sein. Tatsächlich können wir nicht immer gewinnen, und wenn es nur ist, weil wir selbst auf einer tieferen Ebene etwas anderes anstreben als auf der bewussten. Der Schütze lehrt uns, dass wir immer auf dem Weg zu uns selbst sind und dass hinzufallen in Ordnung ist, liegenzubleiben aber nicht. Zusammen mit den Fischen, die ebenfalls von Jupiter regiert werden,[89] *geht es hier um das Vertrauen in die Richtigkeit der Dinge, das beim Schützen vor allem das ganz konkrete Vertrauen in die eigenen Fähigkeiten bedeutet. Es wird gelingen* sind die Zauberworte, die die beiden Pole zusammenfügt, ebenso der Glaube daran, dass das, was immer wir erleben, im großen Lebenszusammenhang seinen Sinn hat.

Hier herrscht Offenheit für alle Meinungen, Ideen, Lebenskonzepte und Menschen, ohne Bewertung, was genauer heißt, ohne Abwertung. Den Dingen einen persönlichen Sinn zuweisen und sie damit bewerten ist nicht dasselbe wie den Sinn, den andere Menschen in ihrem Leben finden, gering zu schätzen. Echte Toleranz bedeutet den Verzicht auf brennende Überzeugungen, die wir anderen aufzwingen wollen.

Ein Mann kam zu einem Meister und sagte zu ihm:
»Herr, ich brauche deinen Rat. Ich bin ein reicher Mann, aber das Leben ist ein Kampf, denn alle wollen mir nur Böses.«

»Höre auf zu kämpfen«. antwortete der Meister.

Der Mann konnte mit dieser Antwort nichts anfangen. Verär-

gert ging er davon und kämpfte mit jedem, der sich ihm näherte. Er machte sich viele Feinde. Nach einem Jahr suchte er den Meister erschöpft wieder auf.

»Ach Herr, ich habe so viel gekämpft und kann nicht mehr. Das Leben ist eine schwere Last.«

»Erleichtere dich von diesem Gewicht«, bekam er zur Antwort.

Der Mann war wieder verärgert, denn er verstand diese Antwort nicht. Im folgenden Jahr verlor er seine Frau und seine Kinder und alles, was er besaß. Verzweifelt suchte er den Meister wieder auf.

»Herr, das Leben ist keine Last mehr, denn ich habe alles verloren. Das Leben ist ein Elend.«

»Höre auf zu leiden.«

Diesmal war der Mann nur noch traurig über die Antwort, die ihm nicht weiterhalf. Er ging nur bis zu dem Fuße des Berges, auf dem der Meister wohnte, und setzte sich hin. Da saß er und weinte und weinte – viele Tage, Wochen und Monate.

Schließlich war keine einzige Träne mehr in ihm. Da hob er den Blick. Es war früh am Morgen und die Sonne ging gerade auf. Er stand auf und ging zum Meister.

Diesmal fragte er: »Herr, was ist das Leben?«

Der Meister lächelte liebevoll und sagte zu ihm: »Eine aufgehende Sonne an einem neuen Tag.«[90]

Berühmte Persönlichkeiten mit dem Schützen am Medium Coeli

Konrad Adenauer
André Barbault
Marguerite Duras
Audrey Hepburn
Evel Knievel
Elisabeth Kübler-Ross
Karl Marx
George Sand

Steinbock am MC

Bringen Sie Ihren kreativen Gefühlsreichtum durch Geduld und Ausdauer zur Blüte

Aszendenten in der nördlichen Hemisphäre:

Widder, Stier[91]

Krebs am IC: Die Urquelle Ihrer Wirklichkeit

- Sie sind gefühlvoll und kreativ
- Sie haben das natürliche Verlangen, sich nach Ihrem persönlichen Empfinden, Ihrem Rhythmus und Ihren Stimmungen zu richten
- Sie reagieren empfindsam, sind schnell betroffen und verbergen sich hinter einer Haltung der Stärke oder der Nonchalance
- Sie brauchen seelische Geborgenheit und neigen dazu, sich mit den Menschen, die Sie lieben, zu identifizieren
- Selbstdisziplin ist ein wichtiges Thema in Ihrem Leben
- Sie sind ehrgeizig und wollen etwas erreichen, das Maßstäbe setzt

Steinbock am MC: Ihr Leitstern auf dem Weg zu Ihrem Lebensziel

- Zeigen Sie Objektivität und Realitätssinn
- Entwickeln Sie die Bereitschaft, sich Ihren Zielen langsam und geduldig zu nähern
- Sehen Sie die positiven Seiten von Beschränkungen: Ihr Leben ist wie der Anstieg auf einen hohen Berg
- Bringen Sie Ihr Leben durch klare Maßstäbe, Ordnung und Struktur in feste Bahnen und seien Sie so richtungsweisend für andere
- Bewahren Sie sich den Zugang zu Ihrem inneren Kind, der Quelle Ihrer Kreativität
- Persönlicher Einsatz bringt Erfolg

Krebs am IC: Die Urquelle Ihrer Wirklichkeit

Kreativität und Gefühl

Sie zählen zu den kreativen Menschen und wie alle, die schöpferisch sind, haben Sie einen ursprünglichen und direkten Bezug zu Ihren Gefühlen. Im Grunde Ihres Herzens leben Sie in Ihren Gefühlen und Stimmungen, auch wenn Sie nach außen diszipliniert und konsequent erscheinen. Für Anregungen aller Art sind Sie offen und nehmen regen Anteil an Ihrer Umwelt. Die Dinge gehen Ihnen unter die Haut und Sie neigen dazu, alles auf sich zu beziehen. Sie nehmen Eindrücke auf wie ein Schwamm, besonders, wenn es sich um die Stimmungen und Empfindungen anderer handelt oder auch einfach um die Atmosphäre im Raum. Diese Aufnahmebereitschaft ist die Grundlage Ihrer Kreativität. Sie erleben die Welt weniger unter logisch-analytischen Gesichtspunkten als unter dem Aspekt, welche Gefühle sie in Ihnen auslöst. Ihre Seele gleicht einer Eizelle, die auf Befruchtung wartet. Sie brauchen Stimuli, die Sie anregen, um den kreativen Prozess in sich in Gang zu setzen. Und Sie brauchen Zeit, um Ihre Antwort in sich reifen zu lassen, deshalb reagieren Sie selten spontan und direkt, denn im Grunde sind Sie ein verinnerlichter Mensch, jemand, dem Nähe, Wärme, seelische Geborgenheit wichtig sind.

Um sich selbst zu retten, ziehen sich die Schnecken zum Schutz in ihre Häuser zurück, wo sie sicher und geduldig warten, bis die Elemente sich beruhigt haben.
Isabella Gardner

Sie sind schnell gekränkt. Ihre hinter Stärke, Härte oder Lockerheit verborgene Empfindsamkeit lässt Sie reagieren wie eine Schnecke, die bei den geringsten Anzeichen von unliebsamen Ereignissen in ihrem Haus verschwindet. Sie achten genau darauf, dass niemand Ihre weichen Seiten und möglichen Schwachstellen zu Gesicht bekommt. Um das zu verhindern, haben Sie verschiedene Mittel und Wege. Gleich, wie Sie nach außen auftreten – ob Sie sich durchsetzungskräftig, selbstbeherrscht oder als das kleine, unartige Kind, das allen Regeln trotzt und das nur seinen spontanen Einfällen verpflichtet ist, geben –, Sie haben ein Bedürfnis nach Rückzug, nach einer Rückverbindung zu sich selbst, in der Sie sich finden und empfinden und in der Sie Ihren wahren Gefühlen nachspüren können.

Mit Ihrer wechselnden Gemütsverfassung verändern sich auch oft Ihre Ansichten und Wünsche. Ihrem Empfinden nach ändert die Welt ständig ihre Atmosphäre, ihre Farbe und Form, sie sieht nicht immer gleich aus und sie fühlt sich nicht immer gleich an. Doch etwas sehr Starkes in Ihnen verlangt Stabilität, Ordnung, Gleichförmigkeit. Aus diesem Grund ist auch das, was Sie allgemein im Leben erreichen wollen, weniger stark Veränderungen unterworfen. In Ihren großen Zielsetzungen sind Sie konsequent und ausdauernd, was zu Konflikten zwischen Ihren Stimmungen und Ihren Zielen führen kann. Sie müssen tatsächlich viel Selbstdisziplin dafür aufbringen, genügend Ausdauer und Ansporn zu entwickeln, um Ihre Pläne zu verfolgen. Gesellschaftlicher Ehrgeiz oder der tiefe Wunsch, etwas von Bestand zu erreichen, sind die Triebfedern, die Sie darin unterstützen, durchzuhalten. Vielleicht gehören Sie jedoch auch zu denjenigen Menschen, die sich angesichts der vor ihnen liegenden Mühen immer wieder entmutigen lassen. Sie erleben Ihre momentanen Wünsche und Ihre Verfassung so intensiv, dass es Ihnen schwer fällt, sich etwas kurzfristig zu versagen, um langfristig ein bestimmtes Ziel zu erreichen. Der Konflikt zwischen dem, was Sie verwirklichen möchten und den Einschränkungen, die Sie dafür auf sich nehmen müssen, kann Sie reizbar und unbeherrscht machen, manchmal auch tyrannisch anderen gegenüber.

Ihre eigene innere Uhr

Der direkte Zugang zu Ihren Gefühlen weckt in Ihnen das natürliche Bedürfnis, sich nach Ihrem persönlichen Empfinden, Ihrem individuellen Rhythmus und Ihren Stimmungen zu richten. Es fällt Ihnen schwer, sich in Zeitpläne und Vorgaben einzuordnen, die Ihnen von außen auferlegt werden. Am liebsten würden Sie einfach das tun, was gerade Ihrer Stimmung entspricht und sich das nehmen, was Sie gerade haben wollen, ohne ständig über die Konsequenzen nachdenken zu müssen. Wenn Sie eher die emotionale statt die selbstbeherrschte Seite Ihres Wesens leben, kann es z.B. eine besondere Herausforderung darstellen, morgens aufzustehen und sich dem beruflichen Alltag zu stellen, wenn nicht gerade eine Aufgabe wartet, auf die Sie sich freuen.

Von Ihrem natürlichen Empfinden her leben Sie außerhalb der Zeit, in der Uhren darüber bestimmen, welche Tätigkeiten wann auszuführen sind und wann wir uns wie zu fühlen haben, um diesen Aufgaben gerecht zu werden. Eine Scheu und eine Art innerer mahnender Zeigefinger halten Sie jedoch davon ab, sich dem hinzugeben. Sie fühlen, dass Ordnung und ein geregelter Tagesablauf Sie nicht nur beschränken, sondern Ihnen auch gut tun. Sie geben Ihnen ein Gerüst, gießen Ihr vielschichtiges Gefühlsleben in eine Form. Deshalb kann es sein, dass Sie sich umso mehr nach der Zeit und nach Terminplänen ausrichten. Die Macht der Uhr wird auch noch auf andere Weise in Ihrem Leben spürbar: Sie empfinden intensiv, dass die Sanduhr Ihrer Lebenszeit ständig abläuft. Das macht Sie ungeduldig, denn Sie wollen das Leben nicht verschwenden. Sie wollen etwas schaffen, das Maßstäbe setzt und auf das Sie als Ihre eigene Leistung zurückblicken können, Ihr persönlicher kreativer Beitrag zur Welt. Diese Sehnsucht können Sie als das emotionale Bindeglied einer Familie ausleben, als derjenigen Mensch, der die Seele der Familie darstellt und auf den sich alle immer wieder beziehen, durch einen künstlerischen Beitrag oder als der Ideengenerator einer Firma oder eines Projekts.

Die Bedeutung von Erinnerungen und Familie

Sie können ausgesprochen sentimental sein. Sie hängen an Dingen, die Sie an die Vergangenheit erinnern – Menschen, ein Foto, eine Melodie, Gerüche und Orte – und an den Gefühlen, die Sie in Ihnen auslösen. Die Sehnsucht nach seelischer Geborgenheit ist ein wichtiger Antrieb in Ihrem Leben, vielleicht der wichtigste. Sie ist es, die Sie an Vertrautem festhalten lässt, seien es Menschen oder Dinge, und oft geraten Sie dadurch in Widerspruch zu Ihren sonstigen Bedürfnissen.

Mein Zuhause, mein Liebesnest ..., mein Schutz vor dem Wirbelsturm.
Elizabeth Bishop

Daher rührt auch die besondere Bedeutung, die Ihre Familie für Sie hat, ob nun Ihre Ursprungsfamilie, Ihr Ehepartner und Ihre Kinder oder eine Bewusstseinsfamilie, eine Gruppe von Menschen, bei der Sie sich zu Hause fühlen. Selbst wenn Sie kein allzu gutes Verhältnis zu Menschen haben, mit denen Sie einmal gelebt und Zeit verbracht haben, fällt es Ihnen schwer, sich, wenn nötig, von ihnen zu lösen. Wie der Krebs gehen Sie zwei Schritte vor, aber auch einen zurück.

Ein europäischer Biologe hatte für eine Himalaja-Expedition eine Gruppe indischer Träger angeheuert.

Er war in großer Eile, denn er wollte so schnell wie möglich an seinem Ziel ankommen. Nachdem die Gruppe über den ersten großen Pass gelangt war, erlaubte er seinen Leuten eine kurze Rast. Schon nach kurzer Zeit rief er aber wieder zum Aufbruch.

Die indischen Träger blieben jedoch einfach auf dem Boden sitzen, als hätten sie ihn gar nicht gehört. Sie schwiegen und sahen auf den Boden.

Als der Biologe die Inder in schärferem Ton wiederum aufforderte weiterzugehen, schauten ihn einige von ihnen verwundert an. Schließlich sagte einer: »Wir können nicht weitergehen. Wir müssen warten, bis unsere Seelen nachgekommen sind.«[92]

Zu Ihrer Mutter haben Sie eine besondere Beziehung, die entweder sehr gut oder sehr schlecht ist. Sie mögen sich bei ihr sehr geborgen und angenommen gefühlt haben, oder genau das Gegenteil davon. In jedem Fall hatten Sie ein großes, kaum stillbares Verlangen danach, mit ihr eins zu sein und ihren Erwartungen und Wünschen gerecht zu werden. Die Macht, die sie über Ihre Gefühle hatte, war faszinierend und erschreckend zugleich, sodass Sie in beiden Fällen – bei der nährenden, liebenden Mutter ebenso wie bei der ablehnenden, harten – sich in einer inneren Spannung zwischen Ihrem intensiven Wunsch nach seelischer Übereinstimmung und der Abwehr gegen diese Überlagerung befanden. Auch später lösen Menschen, die Sie in Ihr Herz aufgenommen haben, beide Gefühle in Ihnen aus.

Lebensmuster oder Wir säen, was wir ernten

Ihre besondere Beziehung zu dem, was Ihnen vertraut ist und wozu Sie eine innere Verbindung entwickelt haben, wirkt sich in allen Ihren Lebensentscheidungen aus. Weil Sie sich in Ihren Gefühlen nicht wirklich gut abgrenzen können – auch wenn es nach außen anders aussehen mag –, gehen Sie mit neuen Menschen und neuen Situationen vorsichtig um. Wenn Sie einmal eine seelische Beziehung zu einem Menschen eingegangen sind, wird er Teil Ihrer Persönlichkeit, Sie identifizieren sich mit ihm. Ihn loszulassen, um offen und unvoreingenommen neue Begegnungen zu ermöglichen, würde für Sie bedeuten, einen Seelenanteil Ihrer selbst zu verlieren. Ebenso ist es mit Ihren Lebensumständen, mit dem Haus, in dem Sie wohnen, einer Arbeitsstelle, dem Urlaubsort vielleicht. Sie sträuben sich gegen Veränderungen. Um zu behalten, was Sie haben, setzen Sie sehr viel ein, all Ihre Geschicklichkeit, mit der Sie andere emotional manipulieren, und auch all Ihre Stimmungen und Launen, mit denen Sie Macht ausüben. Sie können ebenso viel Wärme, Nähe und Geborgenheit für andere ausstrahlen, wie Sie bedrohlich, einem Unwetter gleich, wirken können. Ihre emotionale Kraft ist immens. Sie sind dadurch in der Lage, andere festzuhalten, wegzuschieben, an den Platz zu stellen, wo Sie sie haben wollen. Dieses Verhalten ist ein Selbstschutz, mit dem Sie Ihre empfindsame Seele vor allerlei tatsächlichen oder vermeintlichen Risiken zu bewahren versuchen. Ihre Kreativität beruht auf Fantasie, auf der Fähigkeit, sich Dinge vorstellen und ausmalen zu können. Das tun Sie im Schlechten wie im Guten. Sie kontrollieren andere über Gefühle, so glauben Sie, emotionale Sicherheit zu bekommen und Ihre innere Unabhängigkeit zu bewahren. Doch Sie zahlen einen Preis dafür: Sie bewachen Ihr Nest und verzichten dafür auf die Freiheit, zu Ihren eigenen Spielregeln und Lebensleitlinien zu finden, vielleicht sogar darauf, neue Wege zu gehen und neue Lebensformen auszuprobieren. Sie bleiben, wo Sie sind, und Ihre Träume führen Ihr Eigenleben.

Diese innere Situation bleibt gleich, unabhängig davon, welches äußere Verhalten Sie an den Tag legen. Von außen betrachtet kann das Leben von Menschen mit dieser Entwicklungsachse sehr unterschiedlich wirken, so als würden sie völlig unterschiedliche Rollen übernehmen: Sie sind entweder das unverantwortliche Kind, das sich spontan und spielerisch seinen Stimmungen überlässt, stellen dabei jedoch immer wieder fest, dass alle Ereignisse Ihres Lebens darauf hindeuten, dass Sie nur in der Erfüllung Ihrer Pflichten, durch Disziplin und Verzicht auf Ihre Sehnsüchte Erfolg und Anerkennung gewinnen können und dass dieses Leben Sie ohne eine feste Ordnung nicht glücklich macht. Oder Sie wählen die gegenteilige Position und sind ausgesprochen diszipliniert, tun das Richtige und Korrekte, das, was zu äußerem Erfolg führt und allgemein anerkannt ist. Dabei jedoch spüren Sie, dass Ihre Seele verkümmert, sich nach dem nicht Rationalen sehnt und danach, einmal frei von langfristigen Verpflichtungen und einer einschränkenden Lebensordnung zu sein. Sie wünschen sich, nicht immer vernünftig sein zu müssen und die Dinge einfach einmal so nehmen zu dürfen, wie sie kommen.

Steinbock am MC: Ihr Leitstern auf dem Weg zu Ihrem Lebensziel

Zeigen Sie Objektivität und Realitätssinn

Wenn Sie auf Ihr Leben zurückblicken, werden Sie feststellen, dass es immer wieder notwendig war, Ihre persönliche Sicht der Dinge dem anzugleichen, was in der Umwelt, in Ihrem Beruf und in Ihren Beziehungen von Ihnen verlangt wurde. Ihre Fantasie, Ihre Träume, Ihre subjektive Welt, in der Sie sich zu Hause fühlen, mussten mit einem größeren Rahmen in Übereinstimmung gebracht werden.

Sie haben Ihre eigenen inneren Maßstäbe dafür, wie Sie leben wollen und was Lebendigkeit für Sie bedeutet. Doch was Sie erleben, ist nicht dasselbe, was der Rest der Welt erlebt. So schmerzlich es in manchen Augenblicken sein kann, Sie stellen fest, dass allgemein bekannte und akzeptierte Regeln notwendig sind, um die unterschiedlichen Erlebensweisen der einzelnen Menschen zu koordinieren. Deshalb heißt Objektivität und Realitätssinn entwickeln für Sie, sich Ihre private Welt zu bewahren und gleichzeitig in die Welt hineinzuwachsen, in der unterschiedliche Menschen, Völker und Staaten miteinander kommunizieren können. Befassen Sie sich mit übergeordneten und gesellschaftlichen Fragen und damit, was nötig ist, damit nicht nur Ihnen, sondern allen Beteiligten Gerechtigkeit widerfährt. Das gilt für alle Lebensbereiche und ebenso in Ihren persönlichen wie in Ihren geschäftlichen Beziehungen.

Akzeptieren Sie Grenzen

Glück heißt, seine Grenzen zu kennen und sie zu lieben.
Romain Rolland

Auch Ihre Fantasie, Ihr Sinn für Möglichkeiten und Ihre Ideen brauchen Ordnung, Struktur und eine klare, realitätsbezogene Betrachtungsweise, um verwirklicht werden zu können. Gießen Sie Ihren seelischen Reichtum in eine Form. *Seien Sie diszipliniert. Halten Sie Ihre Gefühle und Instinkte im Zaum.* Ihre Kreativität wird nur dann genutzt, Ihre Fähigkeit, andere zu pflegen und zu nähren nur dann wirksam, wenn Sie einen genauen Blick dafür entwickeln, was notwendig ist und welche Wege Ihnen dazu zur Verfügung stehen. *Entwickeln Sie Verantwortungsgefühl, Güte und Einsicht in die Gefühle und Bedürfnisse anderer,* das wird Ihnen helfen, Ihre Stimmungen und Launen zu Ihrem eigenen Nutzen und zu dem Ihrer Umgebung zu beherrschen. Ein regelmäßiger Tagesablauf hilft Ihnen dabei. Durch Ihre Bereitschaft, sich klaren Richtlinien unterzuordnen und so Ihre Qualitäten effektiv zu nutzen, werden Sie auch richtungsweisend für andere: Sie entwickeln eine besondere Form der Richtlinienkompetenz. Die Basis dieser neuen Persönlichkeit ist *seelische Stabilität.*

Seien Sie bereit, sich Ihren Zielen langsam und geduldig zu nähern

Miss nie die Höhe eines Berges, bevor du den Gipfel erreicht hast. Dann erst wirst du sehen, wie klein er war.
Dag Hammarskjöld

Sie kennen das: Sie sind voller Elan, voller Ideen und von dem Wunsch beseelt, mit etwas, das Sie gerade bewegt, durchzustarten – aber es ist, als würden all Ihre Pläne und Ihr Schwung von einer unbekannten Kraft gebremst. Voll Frustration haben Sie alles vor Augen, was nötig wäre, um Ihr Ziel zu erreichen, aber nichts fügt sich so zusammen, wie es müsste. Die Chinesen beschreiben diese Situation mit dem Bild »Dichte Wolken, kein Regen«.[93] Nur kleine Dinge können erreicht werden, Geduld und Ausdauer sind vonnöten, ein beharrliches Festhalten an Ihren Absichten, Fingerspitzengefühl und unermüdliche jedoch sanfte Überzeugungskraft. Energisches Durchgreifen ist fehl am Platz, aufzutrumpfen oder Ärger ebenso. *Halten Sie sich zurück und erzwingen Sie nichts.* Wenn Sie ungestüm vorwärtsdrängen, werden Sie immer wieder die Erfahrung machen, dass unüberlegtes Verhalten nicht zu Ihrem Vorteil ausschlägt.[94]

Ein weiteres Bild, das von den Chinesen häufig verwendet wird, ist das des Windes, der durch beständige, durchdringende Einwirkung die Landschaft prägt. Üben Sie einen konsequenten Einfluss in Richtung Ihrer Ziele aus, und achten Sie darauf, Ihre Energien und Ihre Aufmerksamkeit zu konzentrieren. Verzetteln Sie sich nicht, lassen Sie sich nicht von Stimmungen, von Mutlosigkeit oder Selbstzweifeln ablenken. Ihr Leben ist wie der Anstieg auf einen hohen Berg: Was Sie zurückgehalten hat, erweist sich später als eine Hilfe für Ihren Erfolg. Sie haben Ihre Energie nicht verfrüht verschwendet, sondern konnten das Bestmögliche erreichen, indem Sie die Dinge reifen ließen. Denken Sie an die Geschichte von dem Bauern, der so bemüht war, sein Getreide zum Wachsen zu bringen, dass er nachts hinausging und an den Halmen zog. Man kann einen Fluss nicht schieben und man kann ebenso wenig die Ernte beschleunigen. Geduld ist der Schlüssel, der Wachstum begleitet. Alle Prozesse brauchen Zeit, um sich zu vollenden.

Wer Großes will, muss sich zusammenraffen. In der Beschränkung zeigt sich erst der Meister. Und das Gesetz nur kann uns Freiheit geben.
Johann Wolfgang von Goethe

Persönlicher Einsatz bringt Erfolg

Seien Sie bemüht und bereit, sich persönlich einzusetzen. Für Sie kann es nicht darum gehen, sich der Unterstützung anderer Menschen zu bedienen oder sich hinter Autoritäten zu verschanzen, um Ihre Ziele zu verwirklichen. Erarbeiten Sie sich das, was Sie sich wünschen, selbst. Finden Sie eine positive Form der Selbstüberwindung, so nutzen Sie Ihre vielseitigen Anlagen und verhindern, dass Ihre Ideen im Sand verlaufen. »Einsatz bringt Erfolg« sollte Ihr Motto sein. Wenn Sie im besten Sinn Leistungsdenken entwickeln, können Sie mit Stolz und Zufriedenheit auf Ihr Leben blicken.

Die Genugtuung liegt in der Mühe, sein Ziel zu erreichen, nicht im Erreichten selbst.
Mahatma Ghandi

Bewahren Sie sich den Zugang zu Ihrem inneren Kind, der Quelle Ihrer Kreativität

Ihre spontane, schöpferische und gefühlvolle Seite ist etwas Wunderbares. Halten Sie an ihr fest. Durch Ihre Kreativität tragen Sie etwas Wertvolles zu diesem Leben bei. Ihre seelische Kraft kann andere Menschen wärmen und ihnen Geborgenheit geben. Sie verfügen über ein großes Potenzial an seelischer Energie, die Sie zum kreativen Motor in jedem Bereich werden lässt. Üben Sie deshalb nicht zu viel Selbstkontrolle aus. Übermäßige Beschränkung in Ihren Neigungen wird diese Energie blockieren. Nehmen Sie sich Zeit für einfache Freuden, die keinem besonderen Zweck oder Ziel folgen. Verbringen Sie Stunden oder Tage, in denen Sie sich treiben lassen. So regenerieren Sie und füllen Ihre seelische Batterie wieder auf.

Ein großer Mensch ist derjenige, der sein Kinderherz nicht verliert.
James Legge

Ihr Fluchtpunkt: Widder

Ungeduld und selbstbezogenes Durchsetzen Ihrer Interessen

Der innere Konflikt zwischen Ihren Stimmungen und Zielen lässt immer wieder einen beträchtlichen Druck entstehen, der sich auch in psychosomatischen Reaktionen äußern kann. Wenn Sie die für Sie geeignete Mitte nicht finden, suchen Sie instinktiv ein Ventil, das Ihnen helfen soll, sich ausgeglichener zu fühlen. Sie pochen auf Ihre persönlichen Interessen, schmollen vielleicht – wenn Sie das tun, ist der ganze Raum, in dem Sie sich befinden, davon erfüllt – und setzen Ihre Absichten ohne größere Rücksichtnahme durch. Sie müssen sich in solchen Augenblicken, in denen Sie das Gefühl haben, dass Sie mit Ihren Wünschen und Meinungen zu kurz kommen, einfach behaupten. Sie können dann ausgesprochen ungeduldig, reizbar und intolerant sein.

Spontanes Handeln

Ein anderer Weg, der Unschlüssigkeit darüber zu entkommen, wofür Sie sich entscheiden sollen, ist plötzliche Aktion. Für andere ist es ungewohnt, wenn Sie unvermutet spontan und direkt reagieren. Sie gehen aus sich heraus, sind gefühlsgeladen.

Spontane Aggressivität kann auch ein Mittel sein, um Ihr verletzliches Inneres zu schützen. Immer dann, wenn Sie sich fühlen wie ein Krebs oder eine Schildkröte, die man auf den Rücken gedreht hat und deren weicher Bauch nun ungeschützt allen Angriffen ausgesetzt ist, werden Sie wütend. Oft verletzen Sie dann andere durch Ihre beißende Ironie.

Das Lebensziel

Die Mitte zwischen Steinbock und Krebs

Mit Steinbock an Ihrem Medium Coeli haben Sie die Chance, Ihre kreative Energie in eine Form zu gießen, durch die Sie genügend Beharrlichkeit aufbringen, um Dinge nicht nur anzufangen, sondern sie auch zu Ende zu führen. Ihre intuitive, dem Augenblick zugewandte Seite wird durch Zeitgefühl, Bereitschaft zur Verantwortung, praxisbezogene Kompetenz und Realitätssinn bereichert.

Doch nicht nur Ausdauer, Lernbereitschaft und Geduld sind gefragt. Die Mitte zwischen beiden Prinzipien bedeutet, flexible und doch gleichzeitig ordnende Richtlinien für das eigene Leben zu finden, Spielregeln, die Halt und Orientierung bieten ohne übermäßig einzuschränken. Diese Richtlinien sind nach Ihrem Empfinden ausgerichtet. Sie tragen Ihren Gefühlen Rechnung, sorgen jedoch dafür, dass diese nicht das Steuer übernehmen. Sie haben nicht den Anspruch, perfekt oder für alle Zeiten festgeschrieben zu sein.

Es war einmal ein Schneider, der wollte für den Mond einen

Mantel anfertigen. So ging er hin und nahm Maß und dann begann er den Mantel zuzuschneiden. Als er fertig war, brachte er ihn dem Mond, der ihn gleich anzog. Aber ach! er war viel zu weit! Erstaunt nahm der Schneider erneut Maß, ging nach Hause und änderte den Mantel um. Doch als der Mond ihn wieder anprobierte, da war er viel zu eng! So ging es eine Weile hin und her, bis der Schneider schließlich aufgab und der Mond seinen weiten Mantel behielt. In den passte er schließlich immer hinein.

Ich schlief und träumte,
das Leben sei Freude.
Ich erwachte und sah,
das Leben war Pflicht.
Ich handelte und siehe,
die Pflicht war Freude.
Tagore

Durch geduldiges Arbeiten an den Dingen sind Sie erfolgreich. Sie sind bereit, Hindernisse zu überwinden und sich von ihnen nicht beirren zu lassen. Sie geben nicht auf. Was immer Sie beabsichtigen erhält durch Ihren *beständigen Einsatz, der von Liebe zum Ziel gespeist wird*, ein solides Fundament. Sie übernehmen Verantwortung, weil Sie innerlich dahinter stehen und nicht, weil »man« das tut. Sie lieben Menschen, können erfühlen, was sie fühlen, und ihnen mit Rat und Tat zur Seite stehen. Eine hohe Verbindlichkeit kennzeichnet alles, was Sie tun, ohne dass Sie sich Veränderungen verschließen. Sie verstehen besser als viele andere, dass Gefühle sich wandeln können und mit ihnen Ziele, Absichten und auch Zusagen. Sie sind bereit, eine realistische Lösung zu finden.

Die Mitte zwischen Krebs und Steinbock verleiht die Erkenntnis, das Grenzen und Beschränkungen notwendige Begleiter des Lebens sind, die wir daher willkommen heißen sollten. Sie versetzen uns in die Lage, uns in eine Gemeinschaft einzuordnen, über den subjektiven »Tellerrand« hinauszuschauen und uns für ein Gerechtigkeitsgefühl zu öffnen, bei dem der Einzelne freiwillig bereit ist, sich zugunsten eines allgemeinen Zieles zurückzunehmen.

Kreativität und Produktivität, Ideenreichtum, der in Projekte, Organisation und Gestaltung fließt, sind weitere Themen. Der Ausgleich der Gegensätze beider Zeichen ermöglicht einen

Kreislauf aus willigem Aufnehmen von Eindrücken und Impulsen, Ruhenlassen im Inneren, Bebrüten und Wachsenlassen, bis diese Energie schließlich Gestalt annimmt. Mit den Ergebnissen setzen Sie Maßstäbe und Richtlinien für andere, prägen das, worauf sich Ihre Aufmerksamkeit richtet. Sie betrachten die Möglichkeiten, etwas zu realisieren, sachlich und von der praktischen Warte aus. Sie verlieren sich nicht in Fantasien und Träumen. Auf andere können Sie damit gelegentlich im besten Sinn ernüchternd wirken, Sie bringen Sie »auf den Boden der Tatsachen« zurück.

Letztlich sind Sie jedoch nicht der Mensch, der vor allem nach außen geht. Ihre Stärke liegt in der Fähigkeit zu Verinnerlichung. Ihre seelischen Reaktionen auf das, was der Zeitgeist bietet und auf das, was Sie erleben, macht Ihre Persönlichkeit aus.

Berühmte Persönlichkeiten mit Steinbock an der Himmelsmitte

Martin Luther King
Robert Kennedy
Kurt Cobain
Lee Iacocca
Willy Brandt
Joan Baez
Marcel Proust
John Lennon

Wassermann am MC

Verwirklichen Sie Ihre Vision des Besonderen

Aszendenten:

Stier, Zwillinge, Krebs[95]

Löwe am IC: Die Urquelle Ihrer Wirklichkeit

- Sie sind davon überzeugt, dass Sie etwas Besonderes sein können
- Sie träumen von einem Leben, in dem Sie sich als einzigartige Persönlichkeit hervorheben können
- Sie haben einen starken inneren Motor
- Sie neigen dazu, sich an anderen zu orientieren, statt Ihre eigenen Ideen, Wünsche und Bedürfnisse zu leben
- Erfolgreiche Menschen, Statussymbole und gesellschaftliche Anerkennung üben eine große Anziehungskraft auf Sie aus
- Sie kultivieren das Extravagante und Ungewöhnliche

Wassermann am MC: Ihr Leitstern auf dem Weg zu Ihrem Lebensziel

- Entdecken Sie Ihre individuellen und unverwechselbaren Gaben – lösen Sie sich von der Identität anderer Menschen
- Entwickeln Sie neue und eigenständige Ideen, Visionen und Ziele – lernen Sie zu provozieren
- Haben Sie den Mut, »alte Zöpfe« abzuschneiden
- Entwickeln Sie klare Zielvorstellungen
- Stellen Sie Ihre eigenen Regeln auf – schwimmen Sie gegen den Strom
- Lernen Sie, Ihre Fähigkeiten und Handicaps richtig einzuschätzen

Löwe am IC: Die Urquelle Ihrer Wirklichkeit

Sie fühlen sich zu Besonderem berufen

Wer keine Vision hat, vermag weder große Hoffnung zu erfüllen noch große Vorhaben zu verwirklichen.
Thomas Woodrow

Sie wissen oder ahnen, dass Ihnen besondere Fähigkeiten zur Verfügung stehen. Eine Quelle pulsiert in Ihnen, deren Wasser hervordrängt und genutzt werden will. Es fällt Ihnen nicht leicht, dieser Quelle Ziel und Richtung zu geben. Auch sprudelt sie unregelmäßig, sodass Sie zu manchen Zeiten nur zu Routinearbeiten in der Lage sind, die Sie vielleicht sogar erschöpfen. Dann wieder fühlen Sie eine enorme Schubkraft, eine Motivation, die Sie drängt, aktiv zu werden und sich und der Welt zu beweisen, was in Ihnen steckt. Sie hegen den intensiven Wunsch, etwas Eigenständiges, Unverwechselbares im Leben zu schaffen und Sie erwarten vom Leben eine Chance dazu.

Ihr Selbstwertgefühl ist Schwankungen unterworfen, da es von Ihrem Energielevel und der Frage abhängt, wie erfolgreich Sie sich mit Ihrem inneren Anspruch fühlen. Im Allgemeinen sind Sie selbstsicher und das auch gegenüber widrigen Umständen, unter denen Sie das Empfinden haben, sich nicht selbst verwirklichen zu können, denn irgendwo ganz tief in sich wissen Sie immer, wer Sie sind oder, anders ausgedrückt, dass Sie *jemand* sind und nicht etwa *irgendjemand.*

Ihre Pläne und Träume darüber, was Sie im Leben denn nun genau erreichen wollen, können sich häufiger verändern, ebenso könnten Sie jedoch zu jenen Menschen zählen, die ein großes Ziel vor Augen haben und nur unterschiedliche Wege dorthin ausprobieren. Fest steht zweifelsfrei, dass das Leben Ihnen etwas Besonderes bieten soll – in jedem Fall die Möglichkeit, etwas nicht Alltägliches aus sich zu machen.

Alles Neue, Außergewöhnliche, Exotische und oft auch Elitäre zieht Sie an. Sie bemühen sich auch selbst darum, so zu sein, denn Sie genießen es, andere zu beeindrucken. Deshalb reagieren Sie auch schnell gereizt, wenn man Sie für durchschnittlich hält oder von Ihnen fordert, sich an die gleichen Spielregeln zu halten wie alle anderen. Im Grund Ihres Herzens sind Sie davon überzeugt, dass Sie mit einem anderen Maß zu messen sind als die meisten anderen Menschen. Sie träumen von den besonderen Dingen im Leben: von der großen Karriere und gesellschaftlichem Status, von einem Künstlerdasein oder dem eines politischen oder geistigen Erneuerers. Sie sehen sich als Abenteurer, Avantgardisten und Außenseiter, der es schafft oder schaffen wird, anders zu leben als der Durchschnittsbürger. Mehr als alles andere treibt Sie der Wunsch an, Anerkennung für Ihre Besonderheit zu erhalten. Romy Schneider, deren Medium Coeli im Wassermann liegt, litt trotz ihres unbestrittenen Erfolges als Schauspielerin bis zu ihrem Tod darunter, dass das Publikum sie auch nach Jahren noch als »Sissi« sah. Ihr ganzes Leben lang kämpfte sie darum, als vielseitige Künstlerin anerkannt zu werden, und wehrte sich dagegen, mit dieser Rolle identifiziert zu werden.

*Jedenfalls ist es besser,
ein eckiges Etwas zu sein
als ein rundes Nichts.
Christian Friedrich Hebbel*

Sie wollen Ihren eigenen Weg gehen

Ein wirklich individueller Lebensentwurf lässt sich nicht aus dem Ärmel schütteln. Er verlangt den Mut zu Versuch und Irrtum, die Bereitschaft, immer wieder von neuem zu beginnen und neue Ideen zu entwickeln, manches Mal auch die Bereitschaft, im Rampenlicht zu stehen und sich der allgemeinen Kritik auszusetzen. Da Sie hoch hinaus wollen, ist die Furcht vor dem Absturz Ihr ständiger Begleiter. *Was, wenn Ihre Mitmenschen Ihre Besonderheit nicht verstehen? Werden Sie ausgelacht? Wird man Sie kritisieren?* Leichter ist es, sich an

*Originelle Formulierungen
sind noch nicht
originelle Einsichten.
Ludwig Marcuse*

bewährten Vorbildern zu orientieren, und das tun Sie möglicherweise oder haben es über eine nicht unbedeutende Zeit Ihres Lebens getan. Sie neigen dazu, sich die Ideen und Lebensvorstellungen anderer zu Eigen zu machen, ohne dass Sie das so recht merken: Unbewusst identifizieren Sie sich. Statt etwas wirklich Individuelles zu schaffen, nehmen Sie sich Menschen und Ziele zum Vorbild, die in der Gesellschaft als erfolgreich oder besonders außergewöhnlich gelten. Die Folge ist, dass Sie eine Lebensweise nachahmen, die nicht wirklich Ausdruck Ihrer eigenen Persönlichkeit ist und die Sie nicht zufrieden stellen kann.

Als Kind haben Sie die Erfahrung gemacht, dass Sie mehr für das geliebt wurden, was Sie an Besonderem darstellten, als für Ihr natürliches Wesen. Sie wurden anerkannt, wenn Sie aktiv, interessant, ungewöhnlich und erfolgreich waren. *Sie haben die Überzeugung entwickelt, dass Ihr Wert von dem abhängt, was Sie tun, und nicht davon, was Sie wirklich fühlen. Dieser Glaube stellt Ihre Lebensherausforderung dar, Ihre unsichtbare Wunde, die zugleich der Motor für Ihre Entwicklung und für das, was Sie hervorbringen können, ist.* Vielleicht war Ihre Mutter dominant und vermittelte Ihnen, dass Sie nicht Ihren eigenen Weg gehen, sondern ihre Ziele verwirklichen sollten. Auch hierfür ist Romy Schneider ein Beispiel: Ihre Mutter Magda, die ebenfalls Schauspielerin war, erzog sie schon als kleines Mädchen dazu, in ihre Fußstapfen zu treten. Romy kämpfte lange Zeit mit den schauspielerischen Vorgaben ihrer Mutter, die sie gern lebenslang als »Sissi und Co« gesehen hätte, um eine eigene Identität als Schauspielerin zu finden.

Ihr starker innerer Motor

In Ihrem Inneren brodelt es vor Ideen und dem Bedürfnis nach aktivem Handeln. Sie neigen dazu, Ihre Impulse direkt und unverzüglich in die Tat umzusetzen, beseelt von dem Drang, Ihre Einzigartigkeit unter Beweis zu stellen. Oft lassen Sie sich nicht die Zeit, um den kreativen Prozess in sich reifen zu lassen. Ihr Tag mag deshalb mit Aktivitäten angefüllt sein, die Ihnen das Gefühl geben, voll spannungsgeladener Energie zu sein, die Sie mit Kreativität verwechseln. Den ganzen Tag über sind Sie beschäftigt, machen aber nie eine schöpferische Pause, in der Sie Kontakt zu sich und zu Ihren Gefühlen aufnehmen könnten. Sie tun, um des Tuns willen, und sind deshalb auch letztlich nie wirklich zufrieden.

Sie könnten auch zu den Menschen zählen, die zwar den gleichen Drang nach Ausdruck in sich verspüren, aber Schwierigkeiten damit haben, eine geeignete Form zu finden, diesem Bedürfnis nachzugehen. Sie wollen ein Bild malen und stehen vor der Leinwand, ohne zu wissen, wie Sie beginnen sollen. Sie möchten eine ungewöhnliche Party organisieren und haben so viele unterschiedliche Ideen, dass Sie in den Startlöchern stecken bleiben. Sie vergessen, innezuhalten, tief durchzuatmen und erst dann zu handeln, wenn Sie innerlich einen Schritt zurückgetreten sind und die Dinge aus einer Distanz betrachtet haben, die Ihnen einen sinnvollen Überblick und Entscheidungsfreiheit verschafft.

Am liebsten würden Sie vermutlich einfach in den Tag hineinleben, sodass Sie all Ihren spontanen Einfällen einfach nachgehen können. Sie wollen viel, aber möchten sich nicht in ein Korsett pressen lassen. Ähnlich geht es Ihnen mit Freunden: Sie haben gern einen großen Freundeskreis, von dem Sie sich unterstützt fühlen und der zu Ihnen hält. Aber Sie möchten Individualist bleiben und keine hemmenden Verpflichtungen eingehen.

Lebensmuster oder Wir säen, was wir ernten

Sie leben in der inneren Spannung zwischen Anspruch und Wirklichkeit: Wer hoch gesteckte Erwartungen, Wünsche und Ziele verwirklichen will, muss echte persönliche Leistung und Einfallsreichtum beweisen. Vermutlich sind Sie daher die meiste

Zeit aktiv, immer mit neuen Ideen befasst und von einer Unruhe erfüllt, die Sie vorwärts treibt, denn: Sie glauben, Sie müssen etwas *tun*, um jemand zu *sein*. Wenn Ihnen jedoch klar wird, wie viele Anstrengungen vor Ihnen liegen und wie hoch der zu besteigende Berg ist, könnten Sie mutlos werden und die Lust verlieren. Sie sind nicht sehr ausdauernd im Verfolgen Ihrer Ziele und hoffen in der Tiefe Ihrer Seele, dass das Leben Sie auf irgendeine Weise sponsort. Besorgt macht Sie auch die Vorstellung, dass Sie scheitern könnten, denn Sie können nur schwer mit Misserfolg umgehen. Zeitenweise fallen Sie deshalb in ein emotionales Loch. Doch diese deprimierte und lustlose Stimmung schlägt ebenfalls wieder um, sodass Sie sich in einem Kreislauf zwischen dem Druck, Ihren Ansprüchen gerecht zu werden und wiederkehrender Mutlosigkeit befinden. Das hält Sie auf Trab. Wenn Ihnen jedoch etwas gelingt, sind Sie sehr euphorisch, die Freude kann Sie geradezu überwältigen.

Wer noch nie einen Fehler gemacht hat, hat sich noch nie an etwas Neuem versucht.
Albert Einstein

Verschiedene Hürden, die genommen werden müssen, können Ihnen im Weg stehen: Ihre *göttliche Unzufriedenheit*, wie es Liz Greene nennt, die sich in der Sehnsucht nach mehr, nach Gipfelerlebnissen und Spitzenleistungen ebenso äußern kann wie darin, dass Sie immer gerade das wollen, was Sie nicht haben; eine unkritische Sicht Ihrer selbst und Ihrer Fähigkeiten; Ihre Angst vor dem Scheitern, die genau das hervorrufen kann; und die Tendenz, sich mit den Leistungen anderer zu schmücken. Jede dieser Varianten hält Sie von dem ab, was wirklich in Ihnen steckt.

Man kann die eigenen Grenzen nur feststellen, indem man sie gelegentlich überschreitet. Das gilt für jene, die man sich selbst setzt, ebenso wie für jene, die einem andere setzen.
Josef Broukal

Wenn Sie mit dem Erreichten nie zufrieden sind, bringen Sie sich um die Früchte Ihrer Arbeit. Sie könnten auch selbstunkritisch und überspannt reagieren und nach jedem Signal Ausschau halten, das Ihnen Bestätigung gibt. Damit setzen Sie auf die Wirkung, die Sie bei anderen erzielen und lassen die Quelle Ihrer Inspiration versiegen. Sie könnten sich die Identität anderer Menschen borgen und deren Ruf, Vermögen oder Namen nutzen, um sich in den Augen anderer bestätigt zu sehen, wie etwa Ehefrauen, die sich mit dem Doktortitel ihres Mannes anreden lassen oder erfolgreiche Bands wie Boney M. oder Milli Vanilli, deren Gesang nur Playback war.

Wenn dies Kaffee ist, möchte ich Tee, aber wenn dies Tee ist, dann möchte ich Kaffee.
Punch

Auch elitäres Denken, die Überzeugung, zu einer gesellschaftlichen oder intellektuellen Minderheit zu gehören, kann Sie von Ihrer eigentlichen Schaffenskraft trennen. Statt wirklich eigene und originelle Ideen zu produzieren, legen Sie Wert auf den »richtigen« Club, in dem Sie mit den »richtigen« Kleidungsstücken gesehen werden, oder Sie treten ohne echte innere Überzeugung den Rotariern bei. So sind Sie irgendwie anders, aber nicht auf die Art besonders, wie Sie es sich wünschen.

Wassermann am MC: Ihr Leitstern auf dem Weg zu Ihrem Lebensziel

Entdecken Sie sich selbst, formulieren Sie Ihre Lebensvision

Sie fühlen sich zu etwas Besonderem berufen? Sie möchten nicht sein wie alle anderen? Schaffen Sie eine solide Basis für dieses Gefühl, ein Fundament, mit dem Sie Ihrem Anspruch gerecht werden. Seien Sie nicht einfach betriebsam und aktiv, sondern achten Sie darauf, dass die Dinge, die Sie tun, zu wirklichen *Erfahrungen* werden. Alles, was Sie erleben, kann dazu beitragen, dass *Sie sich selbst erfahren* und so auf eine Art in Kontakt mit Ihrer schöpferischen Quelle kommen, die es Ihnen erlaubt, einen wirkungsvollen Gebrauch davon zu machen. Jede *echte*

Erfahrung führt Sie zu Ihren wahren und unverwechselbaren Fähigkeiten. Vielleicht macht Ihnen das tief in Ihrem Inneren auch Angst, denn wenn Sie sich als das erkennen, was Sie sein wollen, ein einzigartiges Individuum und keine Kopie, dann sind Sie auch plötzlich allein und ungeschützt. Sie können sich in keiner Masse verbergen, sich nicht hinter allgemein akzeptierten Regeln verstecken. Sie sind Sie selbst, frei zu entscheiden und verantwortlich für Ihre Handlungen. Doch nur so erreichen Sie Ihr Ziel. Dabei genügt es nicht, einfach nur anders zu sein, denn anders bedeutet schlicht *anders als*. Um anders als jemand zu sein, brauchen Sie ein Objekt, mit dem Sie sich vergleichen und zu dem Sie sich in Kontrast setzen können. So bleiben Sie letztlich immer abhängig, denn Ihr Vergleichsobjekt macht die Vorgaben.

Leute, die den Zucker gegen den Uhrzeigersinn umrühren, erreichen im Leben fast alles.
Sprichwort aus den USA

Jeder Mensch ist ein Stern.
Aleister Crowley

Seien Sie der Querulant, die Extravangante, das enfant terrible. Entscheiden Sie sich dafür, sich nicht einfach nur von anderen zu unterscheiden, sondern *heben Sie sich von anderen ab.* Es ist Ihr Stil, Ihre Ausstrahlung, Ihre Idee, Ihr Beitrag, der Sie aus der Masse hervorhebt und aus Ihnen das unverwechselbare und einzigartige Individuum macht, das Sie sein wollen.

Sie mögen eine Lehrzeit des Vergleichens und der Orientierung an anderen brauchen, und Lehrjahre sind bekanntlich keine Herrenjahre. Wenn Sie etwas Neues beginnen, kann am Anfang der Vergleich mit Vorbildern stehen: Sie können die Biographien von Menschen, die ungewöhnliche Leistungen vollbracht haben, studieren. Wenn Sie den Ehrgeiz haben, Pianist zu werden, ahmen Sie für eine Weile den Stil bekannter Pianisten nach. Wenn Sie kreativ kochen wollen, brauchen Sie eine Zeit, um die Grundlagen des Kochens zu erfassen. Doch dann geht es um etwas anderes: *Finden Sie Ihren eigenen*

Wer wirklich etwas Neues erdenken will, kann gar nicht genug »verrückt« sein.
Nils Bohr

Stil. Schöpfen Sie Ihre *Andersartigkeit* aus sich selbst, horchen Sie auf das, was Ihre innere Stimme sagt, geben Sie ihr Zeit und Muße, zu Wort zu kommen. *Lassen Sie die Dinge in sich reifen.* Gestatten Sie sich, dieses und jenes auszuprobieren, ohne den Zwang, dass die Dinge beim ersten Entwurf perfekt sein müssen. Beginnen Sie einfach wieder von neuem.

Achten Sie darauf, nicht, wie Georg Christoph Lichtenberg sagt, *eine halb neue Erfindung mit einem ganz neuen Namen zu machen.* Sie sind in der Lage, ein ganz eigenständiges Profil zu entwickeln, sei es als Autor wie Michael Ende, als Schauspielerin wie Romy Schneider oder als Physiker wie Werner Heisenberg, der mit der heisenbergschen Unschärferelation in die Weltgeschichte einging. Nicht jeder Mensch mit Wassermann am Medium Coeli wird so sehr ins Licht der Öffentlichkeit rücken, doch Sie können Vergleichbares auf jedem Gebiet tun: als Arzt in der eigenen Praxis mit einem eigenen Behandlungskonzept, als Graphiker mit unverwechselbarem Design.

Entwickeln Sie klare Zielvorstellungen

Um sich zu unterscheiden, müssen Sie eine klare Form entwickeln. Das ist es, was Sie von anderen abhebt: Ihre individuelle Form zu leben, sich sozial zu integrieren, Ihren Beruf auszuüben, Ideen zu kreieren, Ihre zwischenmenschlichen Beziehungen zu gestalten. Was Sie tun und was Sie darstellen, muss für Sie selbst und andere klar erkennbar sein. Dafür sind eindeutige Zielvorstellungen nötig. Diese dürfen Sie auch wieder revidieren – dann, wenn Sie neue, bessere, tragfähigere oder einfach aktuellere gefunden haben. Verlieren Sie aber nicht Ihre große Linie aus den Augen. Bei allem, was Sie tun, sollte sich etwas zeigen, das charakteristisch für Sie ist, so wie ein Maler verschiedene Perioden habe kann. Denken Sie an Picasso, dessen verschiedene Stilrichtungen immer seinen unverwechselbaren Stempel trugen.[96] Wagen Sie den Weg über Versuch und Irrtum. Halten

Sie Ihre Ängste vor einem möglichen Scheitern in Schach und halten Sie fest an Ihrer Vision dessen, was Sie erreichen wollen.

Aus Eifersucht auf dessen Erfindertalent stürzt der hervorragende Baumeister Daidalos seinen Neffen Talos von der Akropolis herab. Von Talos stammen die Töpferscheibe, die Säge und der Zirkel, doch Daidalos beansprucht für sich, der »Erfinder« des Kunsthandwerkes zu sein. Er wird vom Areopag verurteilt und flieht zu König Minos nach Kreta. Dort baut er das berühmte Labyrinth mit seinen zahlreichen Irrgängen, das das Ungeheuer Minotaurus beherbergen soll.

Als Theseus nach Kreta kommt, um den Minotaurus zu besiegen, gewinnt er die Liebe von Ariadne, einer Tochter des Minos. Auf Anraten des Daidalos gibt sie ihm ein Knäuel, den er auf dem Weg ins Labyrinth abrollt. Nach siegreichem Kampf findet er durch den Faden wieder aus dem Irrgarten zurück. Daidalos fällt bei Minos in Ungnade und wird samt seinem Sohn Ikaros ins Labyrinth verbannt. Doch der Erfindungsgeist des Daidalos findet einen Ausweg: Er fertigt für sich und seinen Sohn Flügel aus Federn und Wachs und flieht aus dem Labyrinth und von der Insel. Ikaros ist so geblendet von dem Flug, dass er höher und höher steigt, ohne auf die Warnungen seines Vaters zu achten, bis schließlich die Sonne das Wachs schmelzen lässt und er ins Meer stürzt, das nach ihm seither Ikarisches Meer heißt. Daidalos erreicht Sizilien und wird dort von König Kokalos aufgenommen.[97]

Die Geschichte des Daidalos und des Ikaros schildert mehrere Aspekte der Lebensthematik mit Wassermann am Medium Coeli: das Verlangen nach Einzigartigkeit, dessen Schattenseite ist, niemanden neben sich gelten lassen zu wollen und die Leistung anderer für sich zu beanspruchen; die große Erfindergabe; die Tendenz, den Bogen zu überspannen, aber auch die Fähigkeit, *hoch hinaus, aber nicht zu hoch hinaus zu wollen* und *sicher zu landen*. Ihre Gewähr für eine sichere Landung besteht darin, eindeutige Richtlinien für Ihr Vorgehen zu entwickeln und sich auch an sie zu halten. Widerstehen Sie der Versuchung, Ihre Absichten und Strategien nach Lust und Laune zu ändern.

Provozieren Sie

Wer interessieren will, muss provozieren, formulierte Salvador Dalí. Sein Leben ist ein Beweis für diese These. Man kannte und kennt nicht nur den Künstler Dalí, man kennt den Mann mit dem exzentrischen Schnurrbart, der sich, mit Früchten garniert, nackt auf einem Tablett zum Dinner hereintragen ließ. Seien Sie beruhigt, Sie müssen sich nicht auf diese Weise extravagant zeigen.[98] Vielleicht liegt Ihnen das Beispiel von Anita Roddick, der Gründerin von Body Shop International, näher, die die Grundlage ihres Erfolges in folgenden Worten ausdrückt: *Kreativität entsteht dadurch, dass man die Regeln verletzt, liebevoll seine anarchischen Tendenzen pflegt.*

Provokation ist ein Mittel, um Kreativität hervorzulocken, also provozieren Sie sich selbst und andere. Seien Sie unbequem und schätzen Sie das Unbequeme, denn es wird Sie weiter voran bringen als alles andere. Hier kann auch Ihre *göttliche Unzufriedenheit* als positiver Ansporn wirken, wenn Sie sie richtig nutzen. Zufriedenheit versucht, den Status Quo zu erhalten, Unzufriedenheit kann der Motor für kreative Prozesse sein. Nur so bleiben Sie »am Ball«. Achten Sie darauf, sich Ihre Fantasie zu erhalten. Pablo Picasso sagte: »Jedes Kind ist ein Künstler. Das Problem ist jedoch, nach dem Größerwerden ein Künstler zu *bleiben.*«

Es gibt zwei Wege für den Aufstieg: Entweder man passt sich an oder man legt sich quer.
Konrad Adenauer

Lernen Sie, Ihre Fähigkeiten und Handicaps richtig einzuschätzen

Entwickeln Sie ein realistisches Selbstbild, das nicht von Stimmungsschwankungen beeinträchtigt wird. Sie neigen entweder dazu, Ihre Kräfte und Möglichkeiten zu über- oder zu unterschätzen. Betrachten Sie unvoreingenommen, was Sie bisher geleistet haben und was Sie noch tun wollen. Nehmen Sie Ihre

Stärken und Schwächen zur Kenntnis. Hüten Sie sich davor, nach mehr zu streben als es Ihre schöpferische Kraft zulässt, aber verlieren Sie auch nicht Ihre Vision aus den Augen. Beachten Sie das richtige Timing. Manches können Sie nicht heute, aber im Laufe der Zeit erreichen. Immer wieder wandern Sie über den schmalen Grat zwischen Wollen und Können, zwischen Motivation und Ziel. Wenn Sie Ihren Schwächen Rechnung tragen, ohne sich entmutigen zu lassen, kann aus einem Handicap eine Stärke werden. Formulieren Sie Ihre Ziele klar und definieren Sie dann, was Sie an Ressourcen zur Verfügung haben und wo Sie vorsichtig vorgehen sollten. Ihre Fragen lauten: *Was will ich? Was habe ich zur Verfügung, um es zu erreichen? Wo liegen meine Schwächen? Wie kann ich sie in Stärken verwandeln?* Meditieren Sie über dem Satz des NLP:[99] *Wenn etwas nicht funktioniert, tu etwas anderes.*

Stellen Sie Ihre eigenen Regeln auf – schwimmen Sie gegen den Strom

Regeln sind das, was sie aussagen: Sie *regeln* das Zusammenleben und alle Prozesse. Sie tun dies durch Vereinheitlichung. Innerhalb der Regel ist kein Platz für Kreativität und Fantasie, es sei denn, eine Regel mit Einfallsreichtum auszulegen und so zu umgehen.

Einer Prophezeiung zufolge sollte derjenige Herrscher über Asien werden, dem es gelingen würde, den »Gordischen Knoten« zu lösen. Keinem war es bisher gelungen, den unlösbaren Knoten zu entwirren.[100] *Als die Reihe an Alexander kam, versuchte er zuerst auch, den Knoten aufzuknüpfen. Schnell sah er aber die Erfolglosigkeit seines Bemühens ein. Doch dann kam ihm die Idee, dass dieses Problem mit herkömmlichen Mitteln wohl nicht zu lösen sei. Er zog sein Schwert und schlug den Knoten in zwei Hälften! Er wurde Alexander der Große, der König von Asien.*

Auch Sie werden dann erfolgreich sein, wenn Sie Ihren gordischen Knoten durchschlagen haben. Dazu müssen Sie vielleicht *heilige Kühe schlachten*, lieb gewordene Denk- und Verhaltensmuster über Bord werfen, mit gewohnten Regeln brechen. Denken Sie daran: *Was ist es, wodurch Sie sich von anderen unterscheiden? Was bedeutet das für Ihre Werte und Lebensregeln?*

Gegen den Strom schwimmen ist deshalb so schwer weil einem so viele entgegen kommen.
Henry Ford

Mut gehört dazu und eine Portion Waghalsigkeit. Setzen Sie etwas aufs Spiel für das, was Sie sich wünschen, doch tun Sie es nicht unbedacht oder impulsiv. Vermeiden Sie jede Form von Arroganz. Prüfen Sie sich: Sehen Sie auf andere herab? Verachten Sie die, die ein »Leben wie jeder andere« leben? Überheblichkeit kann Sie in den befürchteten Absturz führen, während ein wenig Bescheidenheit Ihnen helfen wird, mögliche Katastrophen sicher zu umschiffen.

Ihr Fluchtpunkt: Stier

Kein Aufbruch zu neuen Ufern

Um Ihr inneres Versprechen, *frei zu sein und der zu werden, der Sie sein wollen*, nicht einlösen zu müssen, umgeben Sie sich mit Besitz oder Sie gehen Bindungen ein, die Sie daran hindern. Ein großes Haus, Statussymbole aller Art, Imagepflege, so fallen Sie in der Gesellschaft auf, bleiben aber in dem sicheren Rahmen des Bürgerlichen. Die Konsequenzen der Freiheit erscheinen Ihnen zu hoch, das Opfer zu groß, die Verpflichtungen, die Sie eingegangen sind, zu bindend. Vielleicht müssen Sie für das Leben anderer sorgen. Das schützt Sie davor, zu tun, was Sie eigentlich gern tun würden, wovor Sie sich aber fürchten. Wieder ist die Frage des Scheiterns im Spiel, Sie bleiben lieber auf der sicheren Seite. Vermutlich haben Sie sich die Rolle des Individualisten geschneidert, die Sie aus der Gruppe derer, mit denen Sie sich umgeben, heraushebt. Oder Sie gehören zu einer

Gruppe »Gleichgesinnter«, die wie Sie das Besondere wollen und das Sichere tun.

In Ihrem Leben geht es darum, *zu neuen Ufern aufzubrechen, neue Visionen zu entdecken, Gewohntes in Frage zu stellen* – doch Sie können sich auch einfach so behäbig geben, dass buchstäblich Gras unter Ihren Füßen wächst. Etwas in Ihnen brennt auf der Suche nach neuer Nahrung, nach Veränderung und dem Abschütteln Ihrer Bindungen. *Warum lassen Sie die Dinge wie Sie sind?*

Perfektionsdrang als Flucht

Fanatismus findet sich nur bei solchen, die einen inneren Zweifel zu übertönen versuchen.
C. G. Jung

Noch eine andere Falle wartet auf Sie: Voll guter Absicht machen Sie sich daran, das ungewöhnliche Buch zu schreiben, das Sie schon immer schreiben wollten, die Rolle zu spielen, die Ihnen auf den Leib geschneidert ist, in Ihrem Arbeitsbereich ein neuartiges Konzept einzuführen – doch was Sie beginnen, hält Ihren Erwartungen nicht stand, es ist einfach nicht gut genug. Es gibt kaum einen sichereren Selbstverhinderungsmechanismus als den, den der Schatten des Stiers, der Skorpion, anzubieten hat: die Suche nach Perfektion. Durch Besitz, Sicherheitsstreben und Perfektionsdrang amputieren Sie Ihre Sehnsucht danach, *dass Ihr Leben abheben möge.*

Ihr Lebensziel

Die Mitte zwischen Löwe und Wassermann

Wassermann am Medium Coeli ist Ihre Chance, eigene Maßstäbe und einen Lebensstil zu entwickeln, den Sie mit niemand anderem teilen. Ihr Leben wird zu einem Kunstwerk, zu einer eigenen Kreation. *Sie leben Ihre Träume, verwirklichen Ihre*

Visionen. Was Sie tun, ist *Ihr* individueller Beitrag zu diesem Leben und er wird sichtbar für die Menschen um Sie herum. Sie haben sich von den Ideen und der Persönlichkeit anderer gelöst, Ihre eigene kreative Quelle sprudelt und bringt das hervor, was Sie erstreben. Sie haben ein tiefes Vertrauen zu sich und sehen realistisch Ihre Möglichkeiten und Grenzen. Sie wissen auch, wie Sie Ihre Grenzen ausweiten können. Sie stellen etwas Besonderes dar, ohne darauf hinweisen zu müssen.

Keine andere Tierkreiszeichenverbindung beschreibt so klar das Bild der *neuen Vision* wie die Achse Löwe – Wassermann. Wassermann ist die Sehnsucht nach dem Himmel, der Wunsch des Menschen, sich hinaufzustrecken in eine Höhe, die ihn von den Belangen und Nöten des weltlichen Daseins befreit. Eine objektive Weltsicht wird hier gewünscht, die Fähigkeit, sich von den Ereignissen und Dingen zu distanzieren, um so eine übergeordnete Perspektive zu gewinnen. Aus dieser Sicht, die einen weiten Überblick gestattet, kann der Mensch mit neuen Erkenntnissen und Ideen zurückkehren in die Welt des Handelns, denn eine Vision, die nicht in die Tat umgesetzt wird, verliert ihren Sinn.

Henry David Thoreau, der radikale Individualist, Ökologe und Vertreter des zivilen Ungehorsams gegenüber dem Staat, zog sich für eine Zeit nach Walden Pond zurück, um sein Leben grundlegend zu verändern und völlig neue Erfahrungen zuzulassen. Hier sind seine bekanntesten Wort aus dieser Zeit. Sie beschreiben in prägnanter Weise, was die Mitte zwischen diesen beiden Zeichen darstellt:

Ich lernte zumindest eines aus meinem Experiment: Wenn ein Mensch zuversichtlich ausschreitet in die Richtung seiner Träume und sich bemüht, das Leben zu leben, das er sich vorgestellt hat, wird er mit einem Erfolg belohnt, den er im Wachen nicht für möglich gehalten hat. Er wird manches hinter sich lassen, wird eine unsichtbare Grenze überschreiten; neue, universelle und freiheitlichere Gesetze werden um ihn herum und in ihm gelten; oder aber die alten Gesetze werden erweitert und ihm zum Wohle freiheitlicher ausgelegt, und er wird mit der Handlungsfreiheit einer höheren Gattung leben. Im gleichen Verhältnis wie er sein Leben vereinfacht, werden die Gesetzmäßigkeiten des Universums weniger komplex erscheinen, und Einsamkeit wird nicht Einsamkeit sein, Armut nicht Armut, Schwäche nicht Schwäche.

Und dann schreibt er den bekanntesten Satz von Walden:

Wenn man Luftschlösser gebaut hat, muss man seine Arbeit daran nicht als vertan abschreiben. Luftschlösser gehören in die Luft. Nun errichte man darunter das Fundament.[101]

Berühmte Persönlichkeiten mit dem Wassermann an der Himmelsmitte

William Chamberlain
Arthur Conan Doyle
Michael Ende
Werner Heisenberg
Franz-Josef Strauss
Romy Schneider
Carlos Santana
Jules Vernes

Fische am MC

Gewinnen Sie Sicherheit durch Vertrauen in die große Ordnung des Lebens

Aszendenten in der nördlichen Hemisphäre:

Krebs, Zwillinge[102]

Jungfrau am IC: Die Urquelle Ihrer Wirklichkeit

- Sie haben das Bedürfnis, Ihren Standort zu bestimmen und möchten wissen, wohin Sie gehören
- Sie sind ein guter Beobachter – so gewinnen Sie Sicherheit
- Sie wehren Ängste ab, indem Sie genau planen, sich anpassen oder strategisch verhalten
- Sie analysieren Ihre Gefühle und neigen zum Zweifeln
- Sie haben ein gutes Gespür für Vorgänge und das, was möglich und machbar ist
- Ihr persönlicher Freiraum hat für Sie einen hohen Stellenwert

Fische am MC: Ihr Leitstern auf dem Weg zu Ihrem Lebensziel

- Überwinden Sie Ihre Lebensangst – entwickeln Sie Vertrauen
- Lassen Sie die gängigen Vorstellungen von Grenzen hinter sich
- Gewinnen Sie die größtmögliche Unabhängigkeit von äußeren Bedingungen
- Erkennen Sie die Relativität von gesellschaftlichen Spielregeln und der allgemein üblichen Moral
- Öffnen Sie sich dem Leben
- Entwickeln Sie ein Gefühl dafür, dass alle Menschen der gleichen Quelle entstammen
- Verstehen Sie das wahre Wesen des Mitgefühls

Jungfrau am IC: Die Urquelle Ihrer Wirklichkeit

Ihr Standort in der Welt

Sie möchten wissen, wohin Sie gehören. Ein wesentlicher Teil Ihrer Energie konzentriert sich darauf, immer wieder zu bestimmen, wo Ihr Platz im Leben ist und welche Rahmenbedingungen er bietet. *Wer bin ich in Bezug auf die Menschen um mich herum? Wer hat welche Position in der Familie, im Freundeskreis, in der Firma, unter Kollegen und wo stehe ich? Welche Möglichkeiten, Aufgaben und Risiken liegen darin?* Diese und ähnliche Fragen beschäftigen Sie bewusst oder unbewusst und Sie fühlen sich nur dann wohl, wenn Sie darauf eine verlässliche Antwort gefunden haben. Auf der Suche nach Antworten beobachten Sie sich selbst und alles um Sie herum und verschaffen sich so viele Informationen wie möglich. Aus allem, was Sie wahrnehmen, ziehen Sie Schlussfolgerungen über das, was sein kann und sein wird – und treffen Vorkehrungen für den Eventualfall.

Tief in Ihrem Inneren wohnen Ängste vor dem Chaos, dem nicht Überschaubaren, nicht Kontrollierbaren. Sie erahnen intuitiv, dass die Dimensionen, in denen wir uns bewegen, unendlich groß und rational nicht erfassbar sind. Sie gehen weit über das hinaus, was uns unser Alltagsverstand vermittelt. Deshalb suchen Sie Orientierungspunkte, die Ihnen das Gefühl von Sicherheit und Überschaubarkeit vermitteln, denn die Welt ist für Sie ein Ort, an dem es viel zu bedenken gibt und an dem man sich besser in Acht nehmen sollte. Aus diesem Grund sind Sie auch nicht wirklich daran interessiert an vorderster Front zu stehen, wo man leicht das Ziel von Angriffen ist. In der Regel ziehen Sie es vor, sich in Nischen anzusiedeln, die »graue Eminenz« zu sein – der Drahtzieher

If you are not here
You are nowhere
If you are just here
You are somewhere
If you are really here
You are everywhere
Introduction to the Yellow Pages of Trivandrum, India

hinter den Kulissen – oder sich in eine Hierarchie einzuordnen.

Ihre Suche nach dem eigenen Standort ist eng verknüpft mit der Frage, wie Sie mit dem umgehen, was im Sinne der gesellschaftlichen Konventionen richtig oder falsch ist und was allgemein für möglich oder unmöglich gehalten wird. Hier scheiden sich die Geister: Vielleicht bleiben Sie in dem Rahmen, der Ihnen Sicherheit zu bieten scheint. Sie akzeptieren Regeln, Gebote und Verbote, spüren jedoch, dass Sie nicht wirklich mit ihnen übereinstimmen. Oder Sie tun genau das Gegenteil davon: Sie erkennen keine Grenze an und setzen sich über alles hinweg.

Eine entscheidende Rolle spielt in Ihrem Leben die Art, wie Sie Ihren Alltag organisieren. Sie können zu den Menschen zählen, für die es ausgesprochen schwierig ist, Ordnungskritierien zu finden und Prioritäten zu setzen, oder zu denen, die darin natürlich begabt sind.[103] Sie können ausgesprochen chaotisch sein, was Sie jedoch in Anspannung und Unruhe versetzt und ständig nach Übersicht suchen lässt.

Ein Gefühl für Beziehungen und Abläufe

Sie haben ein ausgezeichnetes Gefühl für die »Logistik« der Dinge. Sie wissen, was oder wer wo am besten angesiedelt ist und verstehen, wie Vorgänge aufeinander aufbauen und ineinander greifen. Sie erfassen, wie etwas funktioniert, sei es die Psyche anderer Menschen, arbeitstechnische Abläufe, oder ganz einfach, wie man den Haushalt ökonomisch gestaltet. Sie wissen, wie man das Beste aus allem macht und haben ein gesundes Gespür für das richtige »Timing«: Die Fähigkeit, zur rechten Zeit am rechten Ort zu sein und das rechte Wort zu sagen, ist eine der herausragenden Eigenschaften der Jungfrau.

Auch verfügen Sie über die besondere Gabe, andere Menschen zu verstehen – was sie motiviert, wie man mit ihnen auskommen kann, wie sich am besten mit ihnen zusammenarbeiten lässt, wie man sie führt, sich von ihnen führen lässt und was sie brauchen. Dieses Verständnis für die Empfindungen und Motive anderer Menschen ist ein wesentliches Kriterium für Intelligenz, die nicht nur mit dem Maßstab von Wissen und Intellekt gemessen werden darf. Bereits als Kind beobachteten Sie aufmerksam andere Kinder und verstanden es geschickt, ihr Verhalten in einer für Sie günstigen Weise zu beeinflussen. Diese Fähigkeit können Sie ebenso dazu nutzen, um andere in Ihrem Sinn zu manipulieren oder auch um ihnen den richtigen Weg zu weisen, den geeigneten Tipp zu geben und sie positiv zu motivieren[104].

Orientierung in Denk- und Glaubenssystemen

Die Angewohnheit zu analysieren hat die Tendenz, die Gefühle zu verwischen.
John Stuart Mill

Ihre Sicherheitsbedürfnisse erstrecken sich auf unterschiedliche Bereiche. Da Sie ahnen oder wissen, dass materielle Sicherheit nicht der wahre Schlüssel dazu ist, sich aufgehoben zu fühlen, suchen Sie nach einer unfehlbaren Quelle, die Ihnen eine Wahrheit offenbart, an der nicht zu rütteln ist. Sie nehmen Zuflucht zu Denksystemen und Weltanschauungen, die nicht angreifbar zu sein oder eine Antwort auf alle Fragen zu bieten scheinen: Religionen, Wissenschaften, Ideologien, psychologische Modelle, die Astrologie. Wenn Sie entdecken, dass es nichts gibt, worauf Sie sich völlig verlassen können, dass jeder Versuch, mithilfe des Verstandes zu Gewissheit und Sicherheit zu kommen, zum Scheitern verurteilt ist, reagieren Sie mit großer Enttäuschung. Dann kann es geschehen, dass Sie entweder in Lethargie und Sinnlosigkeitsgefühle verfallen oder in hektische Aktivität. *Wo ist der Schlüssel, der alle Türen des Verstehens öffnet? Wo ist der Ort, wo die Tätigkeit, bei der ich mich angekommen fühle?* Wenn eine Lösung gefunden ist, beginnen Sie zu zweifeln. *Habe ich alles bedacht? Gibt es nicht einen besseren Weg? Habe*

Der wahrhaft Tapfere ist nicht der Furchtlose, sondern der, der die Furcht überwindet.
H. G. Wells

ich nicht schon öfter daneben gelegen? Sie analysieren, gehen den Dingen auf den Grund, überdenken alles nochmals. Es gibt einen notorisch warnenden Zeigefinger in Ihnen, der Sie bremst. Da die vollkommene Gewissheit ausbleibt, versäumen Sie möglicherweise, rechtzeitig zu handeln. Gerade wenn der Druck von außen steigt und von Ihnen verlangt, aktiv zu werden, fühlen Sie sich oft wie gelähmt.

Das Vertrauen in sich selbst und in Ihre Fähigkeit, die Dinge *richtig*, also erfolgreich, zu gestalten, müssen Sie erst entwickeln. Sie misstrauen schnell – sich selbst, anderen und dem Leben ganz im Allgemeinen. Ihre Skepsis veranlasst Sie, über die Motive anderer Menschen und über die möglichen Hintergründe einer Situation zu spekulieren. An schlechten Tagen malen Sie sich allerlei Schreckensszenarien aus und wittern mögliche Gefahren, gegen die Sie sich rechtzeitig zu wappnen suchen. An guten Tagen sind Sie auf gesunde Weise kritisch. Man kann Ihnen nicht so leicht ein X für ein U vormachen. Diese Eigenschaft ist in vielen Situationen hilfreich, denn Sie entdecken schnell noch nicht bedachte Schwachpunkte und sind häufig geschickt darin, eine Lösung zu finden.

Wer seine Angst ernst nimmt, kann zu mutigen Entschlüssen kommen.
Manfred Hinrich

Ein zwiespältiges Verhältnis zu Konventionen, Autoritäten und Erfolg

Was vielen anderen Menschen Sicherheit gibt, kann Sie nicht wirklich befriedigen. Sie neigen zu der Ansicht, dass es keinen Halt im Leben gibt. Das kann zu Sinnlosigkeitsempfinden und einer nihilistischen Weltsicht führen, denn gesellschaftliche Konventionen sind Ihnen keine Stütze. Sie haben aber auch keine anderen Richtlinien parat, nach denen Sie Ihr Leben organisieren könnten, weshalb Sie sich in manchen Zeiten trotzdem in gesell-

Wir müssen wieder lernen, nicht aus dem Gedränge der Zwecke und Vorurteile, sondern aus dem Wesen der Dinge zu entscheiden.
Romano Guardini

schaftliche Werte flüchten. Im Grunde Ihres Herzens zweifeln Sie alle Regeln an. Dieser Zweifel kann dazu führen, dass Sie glauben, sich einfach darüber hinwegsetzen zu können. Sie wollen auf Ihre Freiräume nicht verzichten und können taktierend, strategisch, andere übervorteilend sein – manchmal einfach nur deshalb, weil Sie sich zurückgewiesen, abgelehnt oder benachteiligt fühlen oder weil sowieso alles gleich zu sein scheint.

Als Kind haben Sie Erfahrungen gemacht, die es erschwerten, ein gesundes Urvertrauen zu entwickeln. Ein Elternteil war autoritär, oft auch unberechenbar, vielleicht physisch oder psychisch aggressiv, der andere zu schwach, um Sie aufzufangen. Es fehlten klare Richtlinien darüber, was im Leben erstrebenswert ist. Sie hatten gehorsam zu sein, doch es war nicht klar, wie dieser Gehorsam genau auszusehen hatte. Seelische Nähe und körperliche Zuwendung waren Mangelware, sodass Sie sich später schwer damit tun, Gefühle auszudrücken und physische Nähe zuzulassen. Um Sicherheit zu gewinnen, begannen Sie, Ihre Sensoren zu schärfen und lernten, die kleinsten Anzeichen von Gefahr seismographisch zu registrieren. Schien Gefahr im Verzug, gingen Sie rechtzeitig in Deckung. Vielleicht suchten Sie sich einen Beschützer, dem Sie die Autorität über Ihr Leben überantworteten. Oder Sie befanden, dass Angriff die beste Verteidigung ist und traten die Flucht nach vorn an: So kann es sein, dass Sie andere beschuldigen, bevor Sie selbst beschuldigt werden, sich beschweren, bevor der andere sich beschweren kann, handeln, bevor der andere handelt.

In manchen Familien herrschte der Geist des gut angepassten, ordentlichen Bürgers. Vernunft war die wichtigste Tugend, weshalb Ihre Eltern Sicherheit im Durchschnittlichen suchten. »Wer sich in Gefahr begibt, kommt darin um« und »Schuster bleib´ bei deinen Leisten« schien ihr Motto zu sein. Welche Situation auch immer Ihr frühes Leben geprägt hat, Sie neigen zu Pessimismus und haben Angst vor Erfolg. Ein Mangel an Erfolg bewahrt Sie vor Neid und Konkurrenz und deren Folgen, ein Programm, das das Ihrer Eltern fortsetzt. Möglicherweise haben Sie auch verinnerlicht, dass Sie nicht erfolgreicher sein dürfen als Ihre Erzieher.

Manchmal suchen Sie Mutproben, die Sie bestätigen und beruhigen sollen. Sie glauben, dass das, was Sie selbst mitbringen, nicht ausreicht, um dieses Leben erfolgreich zu bestehen. Gleichzeitig sehnen Sie sich danach, sich endlich frei genug zu fühlen, um Ihr Leben nach Ihren eigenen Gesetzen gestalten zu können und selbst die Autorität zu sein – und nicht Ihr Partner, Ihre Ehefrau, Ihr Chef, ein Freund, ein Guru. Trotz Ihrer Bereitschaft, ja Ihrem Wunsch, sich nach den vorgegebenen Bedingungen auszurichten, messen Sie Ihrem persönlichen Freiraum einen hohen Stellenwert bei. Sie möchten nicht anecken und Ihre Bemühung um Loyalität und Fairness zählt zu Ihren herausragenden Eigenschaften; dennoch wollen Sie nicht der Handlanger anderer sein.

Die Komplexität der weltlichen Angelegenheiten macht es besonders wichtig, inneren Frieden zu gewinnen, damit Sie den Zeiten gemäß handeln können, anstatt impulsiv zu reagieren. Konzentrieren Sie sich auf die Gegenwart, und bemühen Sie sich um ein vorurteilsfreies Bild der Situation.
R. L. Wing

Weil Sie sich ein Leben lang mit der Angst herumschlagen müssen, ist sie Ihnen wohlvertraut und Sie erkennen auch die Ängste und Schwachpunkte anderer. Das kann aus Ihnen einen einfühlsamen Zuhörer machen, Sie aber ebenso dazu verführen, andere zu manipulieren, und sei es nur, um mehr eigene Sicherheit zu gewinnen. Doch der Gegenpol der Angst ist der Mut. Mit Jungfrau an Ihrem Imum Coeli können Sie plötzlich über sich selbst hinauswachsen und auf eine Art mutig sein, die andere in Erstaunen versetzt: Wahrer Mut besteht nicht in unüberlegtem Handeln, sondern in der Überwindung der Furcht.

Lebensmuster oder Wir säen, was wir ernten

Vorausschauende Angst und Skepsis sind wesentliche Faktoren in Ihrem Lebensmuster. Immer wieder warnt Sie eine Stimme, nicht zu hoch hinaus zu wollen, die »Bodenhaftung« nicht zu verlieren. Auf diese Weise können Sie so manche Chance versäumen, die sich Ihnen bietet. Sie schöpfen den Rahmen Ihrer Möglichkeiten nicht angemessen aus.

Sie könnten auch genau das Gegenteil tun: den Rahmen Ihrer Möglichkeit nicht nur voll ausschöpfen, sondern ständig versuchen, über ihn hinauszugehen. Sie akpzeptieren keine Grenze, keine Richtlinie, kein Gesetz. Was daraus entsteht, hängt sehr stark davon ab, wie die persönlichen Wertvorstellungen beschaffen sind, nach denen Sie Ihr Leben einrichten. Wenn Sie eigene, humane Gesetze entwickelt haben, können Sie sehr erfolgreich sein, andernfalls werden Sie immer wieder Situationen erleben, die Sie auffordern, sinnvolle Regeln aufzustellen.

Die Suche nach Regeln, die mit der gängigen Moral nichts zu tun haben und durch die Sie sich in einen größeren Zusammenhang eingebunden fühlen, durchzieht Ihr Leben. Es mag Zeiten gegeben haben, in denen Sie chaotisch, desorientiert, undiszipliniert oder orientierungslos waren. Vielleicht haben Sie überhöhte spirituelle Ideale kultiviert oder hoch gesteckte, realitätsferne Ziele. Ebenso ist es möglich, dass Sie zeitenweise überhaupt keine Ziele hatten, nichts schien den Einsatz wert zu sein, alles Energievergeudung. Dann befällt Sie das Gefühl der Sinnlosigkeit, das Ihnen Angst macht und das zum Missbrauch von Genussmitteln oder Drogen führen kann. Auch Arbeit kann Ihre Droge sein. Sie vermeiden die Konfrontation mit sich selbst. Wenn Sie durch die Talsohle gegangen sind, kann dieses Empfinden irgendwann in das tiefere Gefühl der *Sinn-los-igkeit* übergehen, bei dem nichts mehr eine spezielle Bedeutung zugeschrieben wird, sondern alles im besten Sinn gleichwertig ist, weil es keinen eigenständigen Sinn mehr in sich trägt. Dann sind Sie wirklich frei, den Dingen *Ihren* eigenen Sinn und *Ihre* eigene Bedeutung zuzuschreiben.

Als Erstes musste ich lernen, meine Angst zu besiegen, nachdem ich eingesehen hatte, wie sehr sie mich lähmte. Angst macht hilflos und das erzeugt wiederum Angst.
Janis Byron

Wenn es Ihnen nicht gelingt, das große Vertrauen, die große Empathie und Toleranz zu entwickeln, die von Ihnen gefordert werden, könnten Sie sich auch in die Arme der Gesellschaft flüchten und sich ihre Regeln zu Eigen machen. Dann zählt, was »man« ist, welchen Titel man hat, welchen Status. Mit den Fischen an Ihrem Medium Coeli können Sie alle Richtungen gehen, die sich zwischen einengender Vernunft und Anpassung und skrupelloser Eigenmächtigkeit auftun.

Fische am MC: Ihr Leitstern auf dem Weg zu Ihrem Lebensziel

Haben Sie den Mut, eigene Lebensrichtlinien zu entwickeln

Ihr Problem ist auch gleichzeitig Ihre Chance. Weil Sie weniger als andere Menschen von konventionellen Vorstellungen geprägt sind, sind Sie auch freier, eigene Richtlinien und Ziele für Ihr Leben zu finden. Sie haben kein echtes Verhältnis dazu, was »man« tun sollte oder erreichen müsste. Vermutlich sind Sie noch nicht einmal wirklich *gegen* die allgemeinen Spielregeln und Denkschemata, Sie können nur nicht so recht etwas damit anfangen. Sie sehnen sich nach einem Leben, das Ihnen das Gefühl vermittelt, an dem Platz angekommen zu sein, mit dem Sie von innen heraus übereinstimmen und an dem Sie sich als sinnvollen Teil eines großen Gefüges erleben. Dort haben Sie sich sowohl unter Lebensumständen eingerichtet als auch Aufgaben übernommen, die einem größeren Rahmen dienen als nur Ihrer begrenzten, persönlichen Welt. Sie brauchen das Gefühl, etwas Sinnvolles zur Gesellschaft und zum Leben anderer Menschen beizutragen und das auf eine Art, die dem entspricht, was Sie als wahr und richtig erkannt haben.

Dieses Gefüge kann je nach persönlicher Orientierung[105] ebenso eine Firma sein, innerhalb derer Sie ein unverzichtbarer Bestandteil sind, eine selbstständige Tätigkeit, mit der Sie Ihren Beitrag leisten, wie auch eine spirituelle Suche. Immer geht es darum, sich als Teil eines großen Ganzen zu erleben, in das der Mensch eingebettet ist. Solange Sie keine Aufgabe gefunden haben, die über Ihr privates Lebens hinausgeht, fühlen Sie sich oft wenig interessiert und antriebslos und tun, was Sie tun müssen, um Ihren Lebensunterhalt zu verdienen, ohne echte Motivation.

Sie haben die freie Wahl Ihres Lebensstils. Das einzige Kriterium für das, was Sie wählen, ist, dass alles, was Sie tun, auf Sie zurückwirken wird. *Fragen Sie sich, ob Sie in einer Welt leben wollten, in der alle Menschen so handeln und entscheiden, wie Sie es gerade tun.* Freiheit verlangt immer Mut, denn wer frei handelt, kann sich nicht hinter der Meinung anderer, hinter der Gesellschaft, einer Institution, Moral oder Glaubensrichtung verstecken. Die Freiheit der Fische verlangt die volle Übernahme der Verantwortung für das, was wir denken, fühlen und tun, ohne Netz und doppelten Boden, ohne die Gewissheit, »es richtig gemacht zu haben« gemäß den Vorgaben einer äußeren Instanz. Das Gefühl, das Richtige zu tun, entsteht ausschließlich dann, wenn Sie die Anbindung an Ihre persönlichen Sorgen und Belange soweit überwunden haben, dass das, was Sie tun, zu einer von Ihnen frei gewählten Berufung wird. Dieser Weg kann darin bestehen, dass Sie anderen Menschen auf die eine oder andere Art die Gewissheit vermitteln, dass das Leben reichhaltig, voller Perspektiven und Gestaltungsmöglichkeiten ist, dass wir unseren Horizont und damit unsere Wahrnehmung alternativer Sicht- und Lebensweisen unnötig beschränken, dass es um mehr geht als das, was wir üblicherweise meinen, denken und für möglich halten.

Es war einmal ein Mann, der träumte vor sich hin. Er dachte: »Es muss doch möglich sein, zehntausend Kilometer weit zu sehen.« Und: »Es muss doch möglich sein, Suppe mit der Gabel zu essen.« Und: »Es muss doch möglich sein, auf dem eigenen Kopf zu stehen.« Und er dachte sich auch: »Es muss doch möglich sein, ohne Angst zu leben.«

Die Leute sagten zu ihm: »Das alles geht doch nicht, du

träumst doch nur! Mach deine Augen auf und akzeptiere die Wirklichkeit! Es gibt Naturgesetze, die lassen sich nicht ändern!«

Aber der Mann sagte: »Es muss doch möglich sein, unter Wasser zu atmen. Es muss doch möglich sein, dass alle zu essen haben. Es muss doch möglich sein, dass alle das lernen, was sie lernen wollen. Es muss doch möglich sein, in seinen eigenen Magen zu schauen« Und die Leute sagten: »Nun hör aber auf, das wird es nie geben. Du kannst nicht einfach sagen: Ich will es so und dann wird es so sein. Die Welt ist, wie sie ist, daran lässt sich nichts ändern.«

Dann wurde das Fernsehen erfunden und die Röntgenstrahlen, und der Mann konnte nun zehntausend Kilometer weit sehen und auch in seinen eigenen Magen. Aber keiner sagte: »Na gut, du hast ja doch nicht ganz Unrecht gehabt.« Auch nicht, als das Gerätetauchen erfunden wurde, sodass man problemlos unter Wasser atmen konnte.

Aber der Mann dachte sich: »Na also. Vielleicht wird es sogar einmal möglich sein, ohne Kriege auszukommen.«[106]

Vertrauen entwickeln – Die Lebensangst überwinden

Das große Tao fließt überall,
nach links und nach rechts.
Das Leben aller Dinge
hängt von ihm ab,
und es lässt sie nicht im Stich.
Was es vollbringt,
nennt es nicht sein eigen.
Es liebt und nährt alle Dinge,
aber es spielt nicht den Herrn
über sie.
Laotse nach Alan Watts

Um den Mut dazu aufzubringen, Ihrer inneren Wahrheit zu folgen – oder genauer gesagt, sich auf den Weg zu begeben, auf dem Sie *Ihre* Wahrheit finden können –, müssen Sie Vertrauen entwickeln, Vertrauen in sich selbst, in das Leben und in andere Menschen. Fische an Ihrem Medium Coeli fordert Sie dazu auf, Ihr Herz weit werden zu lassen und die Welt und alles, was in ihr ist, anzunehmen. Ihre Beobachtungsgabe kann Ihnen helfen zu sehen, dass alle Menschen »das Paradies suchen«,[107] dass sie alle leiden, sich freuen, lieben und weinen, glücklich sein wollen und voller Ängste stecken. Diese alles verbindende Wahrheit zeigt, dass wir alle aus demselben Stoff sind, welchen Weg wir auch immer für dieses Leben wählen. Sie hebt das Gefühl auf, getrennt und allein in einer unüberschaubaren Welt zu sein, in der wir unbedingt einen Platz finden müssen, der nach gängigen Kriterien als sicher gilt. Während die noch nicht erblühte Jungfrau am Imum Coeli noch an eine »Lebensversicherung« glaubt, weiß der entwickelte Mensch, dass es diese Art von Versicherung nicht gibt. Auch eine Brandversicherung schützt nicht vor einem Brand, sondern hilft lediglich, die Konsequenzen zu mildern. Letztlich geht es also um das Vertrauen in das Leben und die Richtigkeit dessen, was geschieht, auch wenn wir den Sinn nicht immer gleich erkennen können:

Ein alter Mann lebte zusammen mit seinem einzigen Sohn auf einem kleinen Bauernhof. Sie besaßen nur ein Pferd, mit dem sie die Felder bestellen konnten, und waren sehr arm.

Eines Tages lief das Pferd davon. Die Leute im Dorf sagten zu dem alten Mann: »Oh, was für ein schreckliches Unglück!« Der alte Mann erwiderte aber mit ruhiger Stimme: »Wer weiß ..., wer weiß schon, wozu es gut ist?«

Eine Woche später kam das Pferd zurück und brachte eine ganze Herde wunderschöner Wildpferde mit. Wieder kamen die Leute aus dem Dorf: »Was für ein Glück!« Doch der alte Mann sagte wieder: »Wer weiß ..., wer weiß schon, wozu es gut ist?«

Etwas später beschloss der Sohn, eines der wilden Pferde einzureiten. Er wurde abgeworfen und brach sich ein Bein. Nun musste der alte Mann die ganze Arbeit allein bewältigen. Und die Leute aus dem Dorf riefen: »Was für ein Unglück!« Der alte Mannes aber antwortete wieder: »Wer weiß ..., wer weiß schon, wozu es gut ist?«

In den nächsten Tagen brach ein Krieg aus. Die Soldaten kamen in das Dorf, um alle kriegsfähigen Männer einzuziehen. Sie mussten an die Front und viele von ihnen starben. Der Sohn des alten Mannes aber konnte mit seinem gebrochenen Bein zu Hause bleiben.

Und der alte Mann meinte: »Wer weiß ..., wer weiß, wozu es gut ist?«[108]

Diese Geschichte mag illustrieren, dass unsere Bewertung dessen, was geschieht, und seine tatsächliche Bedeutung im größeren Zusammenhang des Lebens gesehen durchaus nicht immer identisch sind. Dieser Bauer hat vollkommenes Vertrauen, er ist davon überzeugt dass, gleich was geschieht, es nicht sinnlos ist. Stellen Sie sich vor, Sie seien dieser Bauer und hätten vollkommenes Vertrauen in die Welt, darin, dass alle Geschehnisse einen Sinn haben und auf Ihrem Weg einen Zweck erfüllen. Wie würde das Ihr Leben verändern? Was würden Sie anders machen?

Öffnen Sie sich dem Leben

Es ist wichtiger, dass sich jemand über eine Rosenblüte freut, als dass er ihre Wurzeln unters Mikroskop bringt.
Oscar Wilde

Sie kennen dieses Gefühl, dass das Leben irgendwann beginnen wird, irgendwann in der Zukunft – und dass es noch nicht begonnen hat. Sie sehnen sich danach, wirklich zu leben, und haben gleichzeitig eine Scheu davor. Ihre Ängste lassen Sie oft unschlüssig an der Schwelle Halt machen. *Wohin soll ich mich wenden? Welches ist die richtige Entscheidung? Wie kann ich ungewollte Konsequenzen abwenden?* Ein wichtiger Aspekt des Vertrauens ist die Erkenntnis, dass wir alle jeden Tag, jede Minute Entscheidungen auf der Basis von unzureichenden Informationen treffen. Wir analysieren, kombinieren, wägen ab und entscheiden uns, weil wir ein Bild davon haben, welche Folgen eine Entscheidung in der Zukunft haben wird. Wir *erwarten* etwas als Ergebnis unserer Überlegungen oder einfach infolge gemachter Erfahrungen. Die daraus entstehenden Meinungen spiegeln jedoch nichts anderes wider, als unsere subjektive Ansicht – die persönliche Konstruktion unserer Wirklichkeit, die wir für allgemein gültig halten.

Um eine Entscheidung zu fällen, müssen wir uns also um eine möglichst vorurteilsfreie Betrachtung jeder Situation bemühen und daraus erkennen, was nötig ist, um angemessen zu reagieren. Dazu ist es unerlässlich, zur Ruhe zu kommen, die innere Rastlosigkeit zu überwinden und Kontakt zu sich selbst aufzunehmen. In der ruhigen Betrachtung dessen, was um uns herum geschieht, ohne Erwartungen, Projektionen und Hoffnungen, entdecken wir die Antwort auf alle Fragen in uns selbst.

Intuition kommt aus dem stillen Geist; Einbildungen sind Vorstellungen. Das ist der große Unterschied. Das ist auch der Grund, warum die Entwicklung der Einsicht nicht aus dem Nachdenken über Dinge entsteht. Sie kommt durch die Entwicklung der Geistesstille, in welcher klares Schauen, ein klares Sehen möglich ist.
Frances E. Vaughn

Mit den Fischen an Ihrem Medium Coeli müssen Sie die Kraft aufbringen, sich dem Leben zu öffnen, vertrauensvoll, aufgeschlossen. Begegnen Sie dem Leben mit Hingabe, wagen Sie, verletzlich zu sein. Leben hat nur begrenzt mit Plänen, Programmen und Organisieren zu tun, sondern vielmehr mit der Bereitschaft, Erfahrungen direkt und ohne intellektualisierende Schutzmechanismen zu machen, ohne Vorausberechnung von Konsequenzen, so wie wir es in jedem Augenblick erleben. Denn das, was wir erleben, ist alles, was wir sind.

Erkennen Sie die Relativität der gesellschaftlichen Spielregeln und der allgemein üblichen Moral

»›Warum sollte ich Gott darum bitten, mich gut zu machen, wenn ich doch unartig sein möchte?‹ fragte das kleine Mädchen. Mit dieser kindlichen Frage werden alle weisen Männer der Welt zum Schweigen gebracht. Ein Parlament von Philosophen könnte dies nicht lösen. Wenn wir versuchen, eine Antwort zu finden, sind wir … verloren.«[109]

Die Fische lehren, dass Bewertungen wie »gut« und »böse«, »schön« und »hässlich«, »falsch« und »richtig« von Menschen willkürlich geschaffene Werte sind, die in erster Linie dazu dienen, das Zusammenleben zu organisieren und eine gemeinsame

Verständigungsbasis zwischen Menschen und Völkern zu schaffen. Die Unterschiedlichkeit der in verschiedenen Gesellschaftsschichten und Populationen als »richtig« angesehenen Regeln führt nichtsdestoweniger zu allerlei Verwirrung. Diese Richtlinien dienen als Ordnungssysteme, an die wir uns halten und in die wir uns flüchten können. Wir brauchen sie vor allem dann, wenn wir keine ausreichenden eigenen Kriterien gefunden haben, die uns Halt bieten. Doch dahinter steht, was *wirklich wahr* ist, und das ist immer das authentische Gefühl, das, was jeder Mensch erlebt, jetzt und hier in diesem Augenblick.

Ich schließe meine Augen, um zu sehen.
Paul Gauguin

Wir werden dazu erzogen, nicht zu fühlen, was wir fühlen, und nicht zu sein, was wir sind, wenn es nicht in Übereinstimmung mit den gesellschaftlichen Regeln, den Moralvorstellungen unserer Umgebung, oder schlicht der Erwartung anderer entspricht. Die Frage des Gehorsams stellt sich, wohin immer wir blicken. Mit Jungfrau an Ihrem Imum Coeli ist sie von besonderer Bedeutung: Wie viel Gehorsam ist nötig, oder, anders ausgedrückt: *Wie viel Freiraum darf ich mir nehmen und wo endet mein persönlicher Entfaltungsspielraum weil er an den Raum der anderen stößt? Wann ist mit Konsequenzen zu rechnen, wenn der Bogen überspannt wird?* Die Fische an Ihrem Medium Coeli fordern Sie auf, die innere Freiheit zu entwickeln, sich nicht dort anzupassen, wo Sie den größten Vorteil vermuten oder wo die größte Sicherheit zu winken scheint, sondern zu dem zu stehen, was Sie als wahr erkannt haben, in vollem Vertrauen darauf, dass die Wahrheit, die Sie in sich fühlen, das Einzige ist, was in diesem Leben wirklich zählt, sowie in dem Wissen, dass, wenn Sie das tun, was wirklich das Beste für Sie selbst ist, es auch nur das Beste für den anderen sein kann.

Überschreiten Sie die gängigen Grenzen, erlangen Sie die größtmögliche Unabhängigkeit von äußeren Bedingungen

Sie haben kein wirkliches Verhältnis zu gesellschaftlichen Normen und zu dem, was von den meisten Menschen als richtig oder falsch, machbar oder nicht betrachtet wird. Vermutlich ist es Ihnen gleichgültig, ob Sie gemäß irgendwelcher Erwartungshaltungen korrekt gekleidet und frisiert sind, ob Sie das richtige Auto fahren oder als ordentlicher Bürger bezeichnet werden. Bestimmte Regeln sind jedoch nötig, um das Zusammenleben und unser eigenes Leben zu ordnen. Es geht hier darum, die richtige Form von Saturn, die für Sie angemessenen Regeln zu finden, hinter denen Sie stehen können und zu denen Sie sich freiwillig bekennen, wohl wissend, dass diese Regeln keine allgemeingültigen, universellen Gesetze sind, sondern für das praktische Leben notwendige Formen, denen Sie sich aus Einsicht unterwerfen. Obwohl Sie die größte denkbare Freiheit haben zu wählen, was für Ihr Leben gelten soll und was nicht, vorausgesetzt, Sie sind bereit, die Konsequenzen zu tragen, haben Sie paradoxerweise oft gerade das gegenteilige Gefühl: Sie empfinden sich besonders stark in vorgegebene Bedingungen eingespannt, glauben die geringste Wahlfreiheit zu haben.

Der Mensch ist Teil des Ganzen, das wir »Universum« nennen, ein Teil, der durch Zeit und Raum begrenzt ist. Er erfährt sich selbst, seine Gedanken und Gefühle als vom Rest getrennt: Eine Art optische Täuschung des Bewusstseins. Diese Täuschung ist wie ein Gefängnis, das uns auf unsere persönlichen Wünsche und auf die Zuneigung zu unseren Nächsten beschränkt. Unsere Aufgabe muss es sein, uns aus diesem Gefängnis durch Ausweitung unseres Mitgefühls zu befreien, sodass es alle lebenden Wesen und die ganze Natur in ihrer Schönheit umfasst.
Albert Einstein

Grenzen des Vorstellungsvermögens, der sozialen und gesellschaftlichen Struktur oder der geistig-spirituellen Betrachtungsweise sprengten Menschen wie Reinhold Messner, der bewies, dass ein Mensch auch allein auf 6000 m Höhe aufsteigen und überleben kann, Bill Gates, der von einem weltumspannenden Betriebssystem träumte und es verwirklichte, Osho, der für viele Menschen eine neue geistige Dimension schuf, die sie von sexuellen Verklemmungen und persönlichen Schranken befreien sollte.

Verstehen Sie das wahre Wesen des Mitgefühls

Mitgefühl wird oft falsch verstanden. Es bedeutet nicht in erster Linie, Verantwortung für das Leben anderer Menschen zu übernehmen und sie vor Schaden zu bewahren, sondern ihnen das Recht auf ihre eigenen Erfahrungen – gute wie schlechte – zu lassen. Wir fühlen mit ihnen, wir nehmen sie an in ihrem Wesen, in ihrer Freude, ihren Schmerzen, ihrem »Gut«- und »Böse«-Sein. Wir können nicht wissen, welche Erfahrungen ein Mensch braucht, um seinen Lebens- und Entwicklungsweg zu gehen. Anteilnahme heißt, dem anderen zuzuhören, ihm unsere Aufmerksamkeit zu schenken, ihn wahrzunehmen und zu würdigen und ihm unsere Empfindungen und Gedanken zu dem, was wir von ihm aufnehmen, mitzuteilen, wenn er dies wünscht. Wir nehmen nicht Einfluss, wir besitzen und manipulieren den anderen nicht, auch nicht, um ihn zu dem zu bewegen, was wir für sein Bestes erachten. Wir respektieren die Wahl, die der andere Mensch für sein Schicksal getroffen hat.

Lass jede Seele ihren eigenen Weg gehen.
Neale Donald Walsch

Ihr Fluchtpunkt: Zwillinge

Wissen ist Macht und mehr Wissen bedeutet mehr Macht

Wenn Sie die Angst vor der Angst packt und Sie vor Hingabe und Vertrauen zurückschrecken, fliehen Sie in die vermeintliche Stärke und Sicherheit, die Ihnen Wissen zu geben scheint. Sie beobachten und sind mit Ihrer ganzen Energie darauf konzentriert, alles mitzubekommen. Sie häufen Wissen an, sind gescheit und können zu allem etwas sagen. Sie sind intellektuell und informiert, kennen das, wovon andere bestenfalls einmal etwas gehört haben. Ihr Verstand und Ihr Denken scheinen Sie davonzutragen, hinweg über die Furcht vor dem Ungewissen, hinweg über die diffuse Angst, schuldig zu sein, weil Sie etwas nicht »richtig« machten. Wissen ist Macht – wenn Sie *wissen,* so glauben Sie, dann kann ja nichts mehr geschehen, was Sie nicht schon gewusst hätten. Sie waren auf alles vorbereitet, hatten für alles schon die Lösung und die Rettung im Voraus geplant.

Die Wolken am Himmel ziehen sich zusammen, doch über ihnen breitet sich die Milchstraße aus.
Sprichwort der Maori

Auf der Welle der Leichtigkeit des Seins

Sie zählen zu den eher introvertierten Menschen, die alles, was sie erleben, im Nachhinein seelisch aufarbeiten müssen. Wenn Ihnen diese Bewältigung nicht gelingt, tauchen Ängste auf, denn Ihr Sicherheits- und Kontrollmechanismus »erst denken, dann fühlen« versagt. Vielleicht ziehen Sie sich dann in sich zurück, wie die Schnecke in ihr Haus. Eine andere, häufig gewählte Abwehrstrategie ist, sich der bedrohlichen Umwelt freundlicher und mit gewinnenderem Auftreten zu nähern als sonst. Sie werden mitteilsam und versuchen, im Kontakt und Gespräch die Informationen zu bekommen, die Ihnen fehlen, um das Puzzle des Verstehens zusammenzusetzen. Sie reden, anstatt wahrzunehmen, was ist. Ein weiteres Manöver ist der Versuch, sich zu zerstreuen und abzulenken. Doch er entspringt nicht Ihrem Herzen, sondern ist ein Ergebnis Ihres Bedürfnisses, Bestätigung und Beruhigung von Ihrer Umwelt zu bekommen. Sie spüren selbst, dass Ihre Haltung eine Fassade ist.

Ihr Lebensziel

Die Mitte zwischen Jungfrau und Fische

Die Fische an Ihrem Medium Coeli sind Ihre Chance, mit dem ganzen Wesen zu begreifen, dass jeder von uns die universelle Lebensenergie in sich trägt. Wir sind Teil und Ausdruck von ihr, wir sind ein Aspekt von Gott, die physische Manifestation des Tao oder wie immer wir diese Kraft benennen wollen. Es geht hier um die tiefste Form von Vertrauen, um die Fähigkeit, sich in den Strömen des Lebens zu entspannen und sich dahintragen zu lassen, wohin sie gehen. Sie denken dann nicht mehr »das gefällt mir nicht« oder »ich möchte etwas anderes haben«. Sie nehmen an, was ist, schmerzhaft wie es zur einen Zeit sein mag, glücklich zu einer anderen, in dem Wissen, dass jede Erfahrung, die Sie machen, dem Ziel der Reise Ihrer Seele dient. »Dem Weisen ist ein früher oder ein später Tod nicht zweierlei«, formuliert das chinesische Weisheitsbuch I Ging. Was damit ausgedrückt ist, ist der Friede, den Sie durch die Fische mit den wechselnden Gegebenheiten des Lebens schließen oder überhaupt mit den Gegebenheiten des Lebens. Das verleiht Ihnen eine ungeahnte Freiheit, die sich in seelischer Stärke, Festigkeit und Größe ausdrückt.

Ruhig sitzen, nichts tun.
Der Frühling kommt und
das Gras wächst von allein.
Surya Singer

Während bei der umgekehrten Achse Fische – Jungfrau der Weg über Differenzierung, Genauigkeit und Realismus geht, zielt die Achse Jungfrau – Fische darauf, die rationale Kontrolle hinter sich zu lassen und Heilung durch Vertrauen zu erlangen. In dem Maße, in dem sich dieses allumfassende Vertrauen und Einverstandensein entwickelt, entsteht das Gefühl von wahrer Freiheit. Was Sie bisher belastet hat, fällt ab und schafft Raum zum Atmen, für neue Klarheit und Offenheit. Die Jungfrau am Imum Coeli sorgt dafür, dass Sie dabei nicht den Boden unter den Füßen verlieren.

Die Fische stellen die höchste Vision des Menschlichen dar. Durch sie verstehen wir, dass wir frei sind, unsere Erfahrungen zu erschaffen und unserem Leben den Sinn zu geben, den wir ihm geben wollen. Wir müssen dies nur *bewusst* tun. Hier können wir zu der Quelle der Menschheit zurückkehren, dorthin, wo unsere gemeinsame Wurzel ist, an den Ort, an dem wir entdecken, dass wir alle in dem Geschenk des Lebens miteinander vereint sind. Der persönliche Standpunkt, unsere individuellen Bedürfnisse, Sehnsüchte und Hoffnungen nehmen dort nur einen Teil der gesamten Perspektive ein, sie sind ein Detail im großen Bild. Jeder Mensch kann durch seinen Beitrag die Welt in einem entwickelteren Zustand zurücklassen, als er sie bei seiner Geburt angetroffen hat und *jeder* Beitrag zählt.

Das Leben ist eine Schöpfung, nicht eine Entdeckung. Ihr lebt nicht, um zu entdecken, was jeder Tag für euch bereithält, sondern um ihn zu erschaffen.
Neale Donald Walsch

Auf der Ebene unseres begrenzten alltäglichen Bewusstseins ist es wichtig, uns deutlich zu machen, dass die scheinbare Diskrepanz zwischen diesem hohen Anspruch und der von uns erlebten Realität kein wirklicher Widerspruch, sondern Teil des menschlichen Weges ist. Solange wir dieses Wissen nicht vollkommen in uns verwirklicht haben, können wir nicht ohne Reibung durch das Leben gehen. Eine kleine Geschichte von Raymond Sullivan soll das illustrieren. Er zitiert seinen Lieblingssatz eines unbekannten Taoisten: »Wohin der Wind auch weht, welchen Weg auch die Welt geht, ist mir vollkommen gleich!« – und seine persönlichen Erfahrungen damit: Eines Nachts gab es einen Sturm, bei dem der Wind die Schirme von der Veranda wehte. »Am nächsten Morgen stand ich da und sah mir die Bescherung an, als meine Frau herunter kam und sagte: ›Na, Raymond, bist du immer noch zufrieden damit, wohin der Wind weht?‹« [110]

Berühmte Persönlichkeiten mit Fische an der Himmelsmitte

Oskar Adler
Albert Einstein
Bill Gates
Jörg Haider
Mick Jagger
Bagwhan Osho
Helmut Qualtinger
Maria Theresia

Die Berechnung des MC-Zeichens

Dr. Rüdiger Plantiko

Dieser Anhang enthält eine vollständige Anleitung, wie Sie das Zeichen ermitteln können, in dem sich zu Ihrer Geburt das Medium Coeli befand. Außer den Tabellen dieses Anhangs benötigen Sie lediglich die Kenntnis des Datums und der Uhrzeit Ihrer Geburt sowie der geographischen Länge Ihres Geburtsortes, die Sie zum Beispiel aus einem Atlas entnehmen können.

Die Tabellen dieses Anhangs erlauben die sekundengenaue Berechnung der Sternzeit und damit des MC-Zeichens für den Zeitraum vom 1.3.1900 bis 28.2.2100. Damit ist es auch für die kritischen Grenzfälle zwischen zwei Zeichen sekundengenau möglich, das korrekte MC-Zeichen zu ermitteln. Die Grenzen von Tafeln mit einem Platzumfang von wenigen Seiten sind jedoch schnell erreicht. So ist es mit den vorliegenden Tafeln zwar genau möglich, das Zeichen des MC zu ermitteln - die genaue Position des MC in *ekliptikaler* Länge berechnen Sie dagegen besser mit einem guten Astrologieprogramm oder online auf der Web-Site von Brigitte Hamann (www.brigitte-hamann.de/AcMcBerechnung.html). Wenn Sie die Sternzeit kennen, können Sie auch mit einem Taschenrechner, der über die Winkelfunktionen verfügt, das MC wie folgt berechnen:

$$MC = \arctan(\tan(\text{Sternzeit} \bullet 15) \bullet \cos(\varepsilon))$$

Dabei müssen Sie die Sternzeit zunächst vom Stunden/Minuten/Sekunden-System in eine Gradzahl verwandeln. ε steht für die Ekliptikschiefe. Am 1.1.2000 betrug die Ekliptikschiefe, die sich im Laufe der Jahre nur sehr geringfügig ändert, 23° 26' 21" (dezimal 23°,4393)[1].

Zur Berechnung des MC-Zeichens müssen Sie zuerst die genaue Sternzeit Ihrer Geburt berechnen.

Die Sternzeit erhalten Sie, indem Sie folgende Zeiten addieren:
- Sternzeit des Jahrhunderts (aus Tafel 1)
- Sternzeit des Jahrzehnts (aus Tafel 2)
- Sternzeit des Jahres (aus Tafel 3)
- Sternzeit des Monats/Jahresrests (aus Tafel 4) (Der Jahresrest ist der Rest der Jahreszahl in der Viererreihe, also Null für die durch vier teilbaren Jahre)
- Sternzeit des Tages (Tafel 5)
- Weltzeit (Greenwichzeit)
- Sternzeitkorrektur der Weltzeit (aus Tafel 6)
- Geographische östliche Länge, in Zeit umgerechnet (aus Tafel 7).

Tafel 8 gibt dann an, zu welcher Sternzeit das MC in welches Zeichen eintritt. Dieser Tafel können Sie somit Ihr MC-Zeichen entnehmen.

Beispiel 1: In welchem Zeichen stand das MC am 27.8.1978 um 22h16m32s in Aachen?
- Am 27.8.1978 herrschte in Deutschland Sommerzeit. Um die Weltzeit (Greenwichzeit) zu erhalten, sind daher zwei Stunden abzuziehen. Die Weltzeit ist also 20h16m32.
- Laut Atlas liegt Aachen auf 6°5' östlicher Länge. Gemäß Tafel 7 entspricht das 24 Minuten (für 6°) 20 Sekunden (für 5').

Aus den Tafeln 1 bis 6 ergeben sich damit folgende, zu addierende Werte:

1 Dieser Wert ist die sogenannte »mittlere« Ekliptikschiefe des Datums. Das bedeutet, daß zwar die langfristige Bewegung der Ekliptik (Präzession), nicht jedoch die kurzfristigen Zitterbewegungen (Nutation) um die »mittlere« Ekliptik berücksichtigt sind. Die Unterschiede im Ergebniss zwischen »wahrer« und »mittlerer« Ekliptikschiefe sind für Häuserberechnungen minimal und können vernachlässigt werden.

Sternzeit des Jahrhunderts (1900):	0 h	00 m	00 s	(Tafel 1)
Sternzeit des Jahrzehnts (70):		2 m	09 s	(Tafel 2)
Sternzeit des Jahres (8):			15 s	(Tafel 3)
Sternzeit des Monats/Rests (8/2):	20 h	30 m	39 s	(Tafel 4)
Sternzeit des Tages (27):	1 h	46 m	27 s	(Tafel 5)
Weltzeit:	20 h	16 m	32 s	
Sternzeitkorrektur für 20h16m:		3 m	19 s	(Tafel 6)
Östliche Länge in Zeit:		24 m	20 s	(Tafel 7)
Summe	41 h	121 m	161 s	
	= 19 h	3 m	41 s	

Gemäß Tafel 8 fällt das MC somit in das Zeichen Steinbock

Beispiel 2: Welches Zeichen kulminierte am 28.5.2000 um 20 Uhr 6 Minuten in Berlin?

- Um die Weltzeit (Greenwichzeit) zu erhalten, sind auch in diesem Fall zwei Stunden abzuziehen (am 28.5. war Sommerzeit). Die Weltzeit ist also 18h6m.
- Berlin liegt ungefähr auf 13°24' östlicher Länge. Gemäß Tafel 7 entspricht das 52 Minuten (für 13°) plus 1 Minute 36 Sekunden (für 24'), also 53m36s.

Aus den Tafeln 1 bis 6 ergeben sich damit folgende, zu addierende Werte:

Sternzeit des Jahrhunderts (2000):	0 h	03 m	05 s	(Tafel 1)
Sternzeit des Jahrzehnts (00):		0 m	00 s	(Tafel 2)
Sternzeit des Jahres (0):			00 s	(Tafel 3)
Sternzeit des Monats/Rests (5/0):	14 h	29 m	54 s	(Tafel 4)
Sternzeit des Tages (28):	1 h	50 m	24 s	(Tafel 5)
Weltzeit:	18 h	6 m	00 s	
Sternzeitkorrektur für 18 h 6 m:		2 m	58 s	(Tafel 6)
Östliche Länge in Zeit:		53 m	36 s	(Tafel 7)
Summe	33 h	143 m	177s	
	= 11 h	25 m	57 s	

Gemäß Tafel 8 fällt das MC somit in das Zeichen Jungfrau.

Tafel 1
Sternzeit des Jahrhunderts

Jahr	Sternzeit
1900	*0 h 0 m 0 s*
2000	*0 h 3 m 5 s*

Tafel 2
Sternzeit des Jahrzehnts

Jahr	Sternzeit
0	0 m00 s
10	0 m 18 s
20	0 m 37 s
30	0 m 55 s
40	1 m 14 s
50	1 m 32 s
60	1 m 51 s
70	2 m 09 s
80	2 m 28 s
90	2 m 46 s

Tafel 3
Sternzeit des Jahres

Jahr	Sternzeit
0	0 s
1	2 s
2	4 s
3	6 s
4	7 s
5	9 s
6	11 s
7	13 s
8	15 s
9	17 s

Tafel 4
Sternzeit des Monats/Jahresrests

Monat/Rest	0	1	2	3
Januar	6h 32m 51s	6h 35m 48s	6 h 34m 49s	6h 33m 50s
Februar	8 h 35m 04s	8h 38m 02s	8h 37m 02s	8h 36m 03s
März	10h 29m 24s	10h 28m 25s	10h 27m 26s	10h 26m 27s
April	12h 31m 38s	12h 30m 38s	12h 29m 39s	12h 28m 40s
Mai	14h 29m 54s	14h 28m 55s	14h 27m 56s	14h 26m 57s
Juni	16h 32m 07s	16h 31m 08s	16h 30m 09s	16h 29m 10s
Juli	18h 30m 24s	18h 29m 25s	18h 28m 26s	18h 27m 27s
August	20h 32m 37s	20h 31m 38s	20h 30m 39s	20h 29m 40s
September	22h 34m 51s	22h 33m 51s	22h 32m 52s	22 31m 53s
Oktober	0h 33m 07s	0h 32m 08s	0h 31m 09s	0h 30m 10s
November	2h 35m 20s	2h 34m 21s	2h 33m 22s	2h 32m 23s
Dezember	4h 33m 37s	4h 32m 38s	4h 31m 39s	4h 30m 40s

Tafel 5
Sternzeit des Monatstages

Tag	0+	10+	20+	30+
0	0h 00m 00s	0h 39m 26s	1h 18m 51s	1h 58m 17s
1	0h 03m 57s	0h 43m 22s	1h 22m 48s	2h 02m 13s
2	0h 07m 53s	0h 47m 19s	1h 26m 44s	
3	0h 11m 50s	0h 51m 15s	1h 30m 41s	
4	0h 15m 46s	0h 55m 12s	1h 34m 37s	
5	0h 19m 43s	0h 59m 08s	1h 38m 34s	
6	0h 23m 39s	1h 03m 05s	1h 42m 30s	
7	0h 27m 36s	1h 07m 01s	1h 46m 27s	
8	0h 31m 32s	1h 10m 58s	1h 50m 24s	
9	0h 35m 29s	1h 14m 55s	1h 54m 20s	

Tafel 6
Sternzeitkorrektur

Zeit	Korr	Zeit	Korr	Zeit	Korr
5m	01s	*1h*	0m 10s	*13h*	2m 08s
10m	02s	*2h*	0m 20s	*14h*	2m 18s
15m	02s	*3h*	0m 30s	*15h*	2m 28s
20m	03s	*4h*	0m 39s	*16h*	2m 38s
25m	04s	*5h*	0m 49s	*17h*	2m 48s
30m	05s	*6h*	0m 59s	*18h*	2m 57s
35m	06s	*7h*	1m 09s	*19h*	3m 07s
40m	07s	*8h*	1m 19s	*20h*	3m 17s
45m	07s	*9h*	1m 29s	*21h*	3m 27s
50m	08s	*10h*	1m 39s	*22h*	3m 37s
55m	09s	*11h*	1m 48s	*23h*	3m 47s
	12h	1m 58s			

Tafel 7

Verwandlung von Bogen in Zeit

Bogen	Zeit	Bogen	Zeit	Bogen	Zeit	Bogen	Zeit	Bogen	Zeit
1'	4s	*10'*	00m 40s	*1°*	04m	*10°*	0h 40m	*110°*	7h 20m
2'	8s	*15'*	01m 00s	*2°*	08m	*20°*	1h 20m	*120°*	8h 00m
3'	12s	*20'*	01m 20s	*3°*	12m	*30°*	2h 00m	*130°*	8h 40m
4'	16s	*25'*	01m 40s	*4°*	16m	*40°*	2h 40m	*140°*	9h 20m
5'	20s	*30'*	02m 00s	*5°*	20m	*50°*	3h 20m	*150°*	10h 00m
6'	24s	*35'*	02m 20s	*6°*	24m	*60°*	4h 00m	*160°*	10h 40m
7'	28s	*40'*	02m 40s	*7°*	28m	*70°*	4h 40m	*170°*	11h 20m
8'	32s	*45'*	03m 00s	*8°*	32m	*80°*	5h 20m	*180°*	12h 00m
9'	36s	*50'*	03m 20s	*9°*	36m	*90°*	6h 00m		
10'	40s	*55'*	03m 40s	*10°*	40m	*100°*	6h 40m		

Tafel 8

Eintritt des MC in die Tierkreiszeichen

Zeichen	Sternzeit
Widder	0h 00m 00s
Stier	1h 51m 39s
Zwillinge	3h 51m 16s
Krebs	6h 00m 00s
Loewe	8h 08m 44s
Jungfrau	10h 08m 21s
Waage	12h 00m 00s
Skorpion	13h 51m 39s
Schütze	15h 51m 16s
Steinbock	18h 00m 00s
Wassermann	20h 08m 44s
Fische	22h 08m 21s

Literaturverzeichnis

Daniel Goleman: Kreativität entdecken. Carl Hanser Verlag München Wien 1997.

Brigitte Hamann: Die Zwölf Archetypen. Knaur MenSana 2001.

– Grundmuster der Liebe. Knaur Esoterik 1997.

– Lebensmuster – Elternbilder im Horoskop. Astrodata 1994.

Fritz Hendrich: Die vier Elemente des Führens. Signum Verlag 1999.

Serge King: Begegnung mit dem verborgenen Ich. Aurum in J. Kamphausen Verlag 2001.

Tania Konnerth: Leben kann so einfach sein. Junfermann 2001.

Anthony de Mello: Eine Minute Unsinn. Herder Spektrum 193.

Michael Roscher: Kritische Grade in der Prognose. Roscher Verlag.

– Kritische Grade im Radix. Roscher Verlag.

– Praxis der Horoskopinterpretation. Knaur Esoterik 1992.

Marshall B. Rosenberg: Gewaltfreie Kommunikation. Junfermann 2001.

Harriet Rubin: Soloing. Krüger 2001.

Dane Rudhyar: An Astrological Triptych. Aurora Press 1978.

– Das Astrologische Häusersystem. Hugendubel 1981.

– Die Astrologie der Persönlichkeit. Chiron Verlag 2001.

Neale Donald Walsch: Gespräche mit Gott. Wilhelm Goldmann Verlag 1997.

– ReCreating Your Self. Millenium Legacies Inc. 1995.

Christopher A. Weidner: Das Arbeitsbuch zum Horoskop. Knaur MenSana 2001.

– Kinderhoroskope richtig deuten. Nymphenburger Verlag 2001.

Christopher A. Weidner / Nicole Truckenbrodt: Weg der Sterne. Knaur MenSana 2001.

Einige der Geschichten wurden im Internet auf der Seite www.zeitzuleben.de gefunden.

Die Horoskopausdrucke wurden mit dem Programm SunLight For TPA von Erik Memmert, Soft & Go., Inning, erstellt.

Anmerkungen

1 Ein Beispiel wäre: Wenn der Mond aus dem 7. Haus kommt und im 11. Haus steht, was ist dann der genaue Unterschied zwischen dem Mond und dem 4. Haus und seinem Herrscher?
2 Den Vortrag finden Sie auf meiner Homepage unter »Auf der Suche nach dem Sinn« sowie in der Zeitschrift Astrologie Heute.
3 Dane Rudhyar: Das Astrologische Häusersystem, Kapitel »Das vierte Haus«, S. 82 und 83. Heinrich Hugendubel Verlag, München 1981.
4 Anthony Robbins: Das Robbins Power Prinzip, S. 80 und 81. Wilhelm Heyne Verlag, München 2001.
5 Johann Wolfgang von Goethe: Faust, ...
6 Vergleichen Sie dazu auch meinen Artikel »Über die Grundlagen astrologischen Denkens«, den Sie auf meiner Homepage unter www.Brigitte.Hamann.de und in der Zeitschrift Astrologie Heute finden.
7 Mit dem Begriff »Ike« (»die Welt ist, wofür du sie hältst«) umschreiben die Huna Polynesiens das Grundelement ihrer Lebensphilosophie: Es sind unsere am tiefsten verborgenen Einstellungen und Bilder, die den Verlauf unseres Lebens am stärksten prägen und gestalten.
8 Aus: Serge King: Begegnung mit dem verborgenen Ich. Aurum 2001, S. 219.
9 Dane Rudhyar: Die Astrologie der Persönlichkeit. Chiron Verlag 2001.
10 Die Kritischen Grade sind Grade auf dem Tierkreis, die eine besondere Bedeutung haben. Sie wurden von Michael Roscher entdeckt. Sie sind in den beiden Bänden »Kritische Grade im Radix« und »Kritische Grade in der Prognose«, Roscher Verlag, zusammengefasst.
11 Annette Seemann: Gala Dalí. Econ & List Taschenbuch Verlag 1999.
12 Antrieb, Psychologie: Bez. für die Impulse, die zielgerichtet das

Handeln dynamisieren und motivieren: Instinkte, Triebe, Wollen u.)a.; die A. gelten nach herrschender Auffassung als wichtigste Grundlage des Verhaltens; sie treten meist in Begleitung von Emotionen (Affekten, Gefühlen, Stimmungen) auf. (Meyers Grosses Taschenlexikon, CD-Rom).

13 Vergleiche die Definition aus Meyers Lexikon zu: Instinkt: [von mittellat. instinctus naturae ›Naturtrieb‹], Fähigkeit von Tieren und Menschen, mittels ererbter Koordinationssysteme des Zentralnervensystems bestimmte vorwarnende, auslösende und richtende Impulse mit wohl koordiniertem lebens- und arterhaltendem Verhalten zu beantworten. Instinktverhalten ist angeboren. Es kann jedoch, bes. bei höheren Tieren, durch Erfahrung modifiziert werden. Vielfach ist eine gewisse Stimmung (Bereitschaft, Trieb) Voraussetzung für den Ablauf des Instinktverhaltens (z.)B. Hunger, Brunst). Die Instinkthandlungen werden durch spezif. Schlüsselreize über einen angeborenen Auslösemechanismus ausgelöst. (Meyers Grosses Taschenlexikon, CD-Rom).

14 Marshall B. Rosenberg: Gewaltfreie Kommunikation. Junfermann 1999.

15 Ebenda.

16 Matthias Henke: Edith Piaf. Econ Verlag München 1998.

17 Siehe: Michael Roscher: Kritische Grade im Radix. Roscher Verlag, 1994.

18 Ebenda.

19 Ebenda.

20 Siehe: Michael Roscher: Kritische Grade im Radix. Roscher Verlag. Alle 12er-Grade auf dem Tierkreis entsprechen einer Verbindung von Jupiter mit dem Zeichenherrscher.

21 Die Technik der Konstellationen, bei der Häuser in die Planeten umgewandelt werden, die über das Tierkreiszeichen herrschen, das im Urhoroskop zu dem jeweiligen Haus gehört, wurde von Michael Roscher entwickelt.

22 Matthias Henke: Edith Piaf. Econ Verlag München 1998.

23 Ebenda.

24 Ebenda.

25 In der nördlichen Hemisphäre beträgt der Abstand zwischen dem Medium Coeli im Widder und dem Aszendenten etwa 90 bis 120°.

26 Eine Ausnahme bildet hier Mars als Herrscher der Himmelsmitte im 4. Haus.

27 Besonders bei Löwe am Aszendenten.

28 Zu finden über die Hausposition des Herrschers des Aszendenten und von Mars als Herrscher der Himmelsmitte.

29 Widder und Wassermann, die ein Tierkreiszeichensextil bilden, haben die Begeisterung für das Potenzial der Zukunft gemeinsam, das sich in einer Zukunftsvision ausdrückt.

30 Martin Seligmann: Erlernte Hilflosigkeit, München 1986

31 Der Themenkreis, zu dem Sie sich hingezogen fühlen und zu dem Sie stehen sollen, ist am Aszendenten, seinem Herrscher und im 1. Haus erkennbar. Das Gebiet, auf dem Sie diese Bedürfnisse ausleben und behaupten sollen, findet sich über den Herrscher des 10. Hauses, Mars.

32 Kafka soll geäußert haben, dass er, wenn er eine glückliche Beziehung hätte, nicht in der Lage wäre zu schreiben.

33 Aus einer Zen-Geschichte.

34 Harriet Rubin: Soloing. Krüger 2001.

35 Aus dem Klappentext zu Harriet Rubin: Soloing. Krüger 2001.

36 Text aus: Osho Zen Tarot, Karte »Abenteuer«, leicht überarbeitet.

37 In der nördlichen Hemmisphäre variiert der Abstand zwischen Aszendent und MC von etwa 84 Grad am Äquator und etwa 121 Grad bei 60 Grad Breite.

38 Vgl. Dane Rudhyar: An Astrological Triptych: The Test of Isolation. Aurora Press 1968.

39 In der nördlichen Hemmisphäre variiet der Abstand zwischen Aszendent und MC von etwa 84° am Äquator und etwa 121 Grad bei 60 Grad Breite.

40 Die Schauspielerin Elizabeth Taylor ist ein Beispiel dafür. Sie hat zwar Fische an der Himmelstiefe, aber die Venus im 4. Haus bildet ein ziemlich genaues Quadrat zu Pluto, sodass die Skorpion-Qualität in das 4. Haus eingebracht wird. Sie musste als Kind schmerzhafte Dehn- und Streckübungen machen, weil sie zu klein war, um als Schauspielerin nach gängigen Kriterien Erfolg zu haben. Von diesen Übungen trug sie ein Wirbelsäulenleiden davon, wegen dem sie lebenslang in ärztlicher Behandlung war.

41 Aus Benjamin Hoff: Tao Te Puh, Synthesis Verlag 1984, S. 92 ff, zusammengefasst und leicht überarbeitet.

42 Max Stirner: Der Einzige und sein Eigentum. Reclam. Erstmals erschienen 1845. Einleitung: »Ich hab' Mein Sach' auf Nichts gestellt.«
Dieser Text kann ebenso dem Skorpion an der Himmelstiefe zugeordnet werden, bei dem der Betreffende mit Aufträgen überfrachtet wird, die nicht Seine Sache sind, wie dem Widder-MC, bei dem es

unter anderem auch darum geht, die eigenen Bedürfnisse durchzusetzen und somit ein gesunder Egoist zu sein. Beide Tierkreiszeichen haben insofern etwas Gemeinsames, als Mars, der Herrscher des Widder auch der alte, klassische Herrscher des Skorpions ist.

43 In der nördlichen Hemisphäre beträgt der Abstand zwischen dem Medium Coeli in den Zwillingen und dem Aszendenten circa 90°.

44 Das gilt besonders bei zusätzlicher Plutobetonung, z.B. Mond/Pluto-Aspekt, Mond in Haus 8, Pluto in Haus 4, oder entsprechenden Merkur- oder Sonne/Pluto-Verbindungen.

45 Die bekannte farbige Sängerin und Tänzerin Josephine Baker hat Skorpion mit einschlossenem Schützen an der Himmelstiefe. Ihr ganzes Leben war ihren Überzeugungen gewidmet, die sich neben ihrer Selbstinszenierung (Zwillinge am MC) auf die Rassendiskriminierung in den USA, die aktive Unterstützung der Résistance im Zweiten Weltkrieg und den Traum von einer Welt, in der alle Nationen friedlich miteinander leben, richteten.

46 Das gilt auch für Jupiter im 4. Haus, Herrscher von Haus 9 in Haus 4, Mond/Jupiter-Aspekte, Mond im Schützen oder im 9. Haus.

47 Aus: Patrick Porter: Entdecke dein Gehirn. Junfermann 1997. Gekürzt und überarbeitet.

48 In der nördlichen Hemmisphäre beträgt der Winkel zwischen AC und MC 84-95°.

49 Politiker haben relativ häufig Krebs an der Himmelsmitte. Sie sind – oder sollten es zumindest sein – die »Mutter« des Volkes, die ihre eigenen Belange zurückstellt. Die Aufgabe des Politikers kann jedoch auch aus dem Motiv heraus, seinen Ehrgeiz befriedigen und sich selbst bestätigen zu wollen, übernommen werden (Mond/Saturn).

50 Z.B. die »Traumzeit« der australischen Aborigines oder den Zeitbegriff, der sich in der chinesischen Sprache ausdrückt, in der Vergangenheit, Gegenwart und Zukunft nicht so strikt getrennt sind wie in den indogermanischen Sprachen.

51 Otto Betz: Vom Schicksal, das sich wendet. Märchen von Freiheit und Glück.

52 Aus: Roger van Oech: Denkanstoß. Ein Kreativitäts-Workshop. München 1992.

53 »In Wahrheit leben«, ein Begriff aus dem Kleinen Vokabular unverstandener Wörter aus: Milan Kundera: Die unerträgliche Leichtigkeit des Seins. Fischer 2002.

54 In der nördlichen Hemmisphäre beträgt der Winkel zwischen AC und MC weniger als 90°.

55 Z.B. bei Sonne im 10. Haus oder bei Sonne im Aspekt zu Mars.
56 Richard Wilhelm: I Ging. Diederichs Gelbe Reihe. Hugendubel Verlag. München 1999. Hexagramm 55 »Die Fülle«.
57 Der Begriff flow wurde von Mihaly Csikszentmihalyi in dem Buch: Flow – Das Geheimnis des Glücks. geprägt. Klett-Cotta 2001.
58 Julia Cameron: Der Weg des Künstlers. Droemer/Knaur 2000.
59 Dieses Zitat stammt ursprünglich von Konfuzius: »Wohin du auch gehst, geh mit deinem ganzen Herzen«.
60 In der nördlichen Hemmisphäre bewegt sich der Winkel zwischen AC und MC zwischen 50° und 94°.
61 Bei zusätzlicher Plutobetonung, z.B. Mond im Skorpion oder im 8. Haus, Skorpion-Aszendent.
62 Zen-Geschichte. Aus der Erinnerung erzählt.
63 R. L. Wing: Das Arbeitsbuch zum I Ging. Heyne 1979, Hexagramm 39. Die Hindernisse.
64 Jupiter als alter Herrscher der Fische, der neben Neptun regiert.
65 Quelle unbekannt; gefunden auf der Website www.zeitzuleben.de, leicht überarbeitet.
66 In der nördlichen Hemmisphäre beträgt der Winkel zwischen AC und MC weniger als 90°.
67 Von dem Verhaltensforscher Konrad Lorenz geprägter Begriff für die instinktive Rangordnung unter Tieren.
68 Fred Astaire trainierte täglich viele Stunden. Sein Ziel war aber, ein Bild völliger Mühelosigkeit und Leichtigkeit von sich zu entwerfen, der perfekte Tänzer, der durch den Raum schwebt.
69 Aus: Anthony Mello: Eine Minute Unsinn. Weisheitsgeschichten. Freiburg 1993, leicht überarbeitet.
70 Eine Ausnahme kann durch Neptun oder Pluto im 4. Haus oder ein Quadrat der beiden Planeten auf das IC entstehen.
71 Bitte denken Sie daran: Nicht alle Beispiele treffen auf Sie persönlich zu.
72 Aus: Tania Konnerth: Leben kann so einfach sein. 25 Denkanstöße, die Ihr Leben vereinfachen. Paderborn 2001.
73 Siehe: Paul Watzlawick: Anleitung zum Unglücklichsein. Piper Verlag München 1986, Kapitel »Das Leben als Spiel«, S. 123.
74 Paul Watzlawick, ebenda.
75 In der nördlichen Hemmisphäre ist der Winkel zwischen AC und MC klein – in manchen Fällen weniger als 60° groß.
76 Das »Schnäppchen« wird hier zu der Idee (Skorpion), mit der man den Genuss (Stier) verbindet, damit man sich etwas gönnen darf.
77 Mehrere Personen mit Skorpion am MC berichteten z.B. überein-

stimmend, dass sie als Kind geradezu gemästet wurden und an starkem Übergewicht litten, weil die Eltern der Meinung waren, ein Kind brauche so viel gute und reichhaltige Nahrung.

78 Familienzusammenhalt nach dem Motto »wir Müllers ...«

79 Diese Variante kommt häufiger bei der umgedrehten Achse Skorpion-Stier vor.

80 Neale Donald Walsch: Gespräche mit Gott, Band 1, Goldmann 2000.

81 Zen-Geschichte, aus »Gelassenwerden«, Herder, 1996, überarbeitet.

82 In der nördlichen Hemmisphäre beträgt der Winkel zwischen AC und MC weniger als 90°.

83 Die Kinder von so genannten »expatriates«, Eltern, die vorzugsweise im Ausland arbeiten und die nach einigen Monaten oder Jahren in ein anderes Land umziehen, sind typische Beispiele. Auch Erwachsene, die dieses Leben führen, nehmen eine besondere Form des Kontaktverhaltens an: Sie stellen sich schnell auf neue Gesprächspartner und ein anderes Umfeld mit anderen Regeln ein, sprechen oft mehrere Sprachen und bleiben in ihren Beziehungen unverbindlich, sie bilden keine »Wurzeln«.

84 Johann Wolfgang von Goethe, Faust I, C.H. Beck, 1998.

85 Neale Donald Walsch in: Gespräche mit Gott, Arbeitsbuch zu Band 1, S. 143, Arkana 2000.

86 Johann Wolfgang von Goethe, Faust I, C.H. Beck, 1998.

87 »Gott würfelt nicht« ist ein bekanntes Zitat von Albert Einstein.

88 Verfasser unbekannt, gefunden in: www.zeitzuleben.de.

89 Jupiter ist der alte Herrscher der Fische und gilt heute noch ebenso für die konkret-praktischen Belange. Anders als der Langsamläufer Neptun kann Jupiter als Herrscher des Hauses, das die Fische anschneidet, in jeder Generation alle Hauspositionen einnehmen und verfügt damit über eine größere Bandbreite an individuellen Aussagen.

90 Tania Konnerth aus: Leben kann so einfach sein. Junfermann 2001, leicht überarbeitet.

91 In der nördlichen Hemmisphäre stehen AC und MC bei 0° senkrecht aufeinander – 0° ?? am MC hat 0° ?? AC. Je weiter das MC in den Steinbock fortschreitet, desto grösser wird der Winkel.

92 Nacherzählt aus: Gelassenwerden. Herder 1996.

93 Siehe: R. L. Wing: Das Arbeitsbuch zum I Ging, Hexagramm 9 »Die Beschränkung«, München 1979.

94 Das ist ein Thema Ihres Fluchtpunktes Widder.

95 In der nördlichen Hemisphäre kann der Abstand zwischen dem

Medium Coeli im Wassermann und dem Aszendenten zwischen 95 und mehr als 150° betragen.

96 Picasso hat Wassermann am Deszendenten.

97 Vgl. Herbert Hunger: Lexikon der griechischen und römischen Mythologie. Rowohlt Taschenbuch Verlag, Hamburg 1974. S.93.

98 Salvador Dali hat kein Wassermann-MC, aber eine starke Betonung des Uranus und des 11. Hauses im Horoskop.

99 NLP – Neuro-Linguistisches Programmieren, eine psychologische Richtung.

100 Laut PM Magazin vom Februar 2002 ist es bisher noch bei keiner Computersimulationen gelungen, einen unlösbaren Knoten zu konstruieren.

101 Gefunden in: Harriet Rubin: Soloing. Aus: »Als Thoreau in Walden Pond das Licht brennen ließ«. S. 193, Krüger 2001.

102 In der nördlichen Hemmisphäre ist der Winkel zwischen AC und MC größer als 90°, ??? schwankt zwischen fast 90° nd 130°.

103 Abhängig von der Stellung des Merkur als Herrscher des Jungfrau-IC.

104 Bei einer stark verletzten Stellung des Merkur sind die in diesem Abschnitt genannten Fähigkeiten als Potenzial vorhanden, müssen aber erst entwickelt werden.

105 Die persönliche Orientierung findet sich über die Hauspositionen und Aspekte der beiden Herrscher der Fische: Neptun als das große, spirituelle Ziel und Jupiter, der für die Umsetzung im täglichen Leben zuständig ist.

106 Diese Geschichte ist eine leicht überarbeitete Version von Martin Auers Geschichte »Der Träumer«. Die Originalversion finden Sie in seinem zauberhaften Buch: Der bunte Himmel, Verlag St. Gabriel, Mödling-Wien 1995.

107 Ivar Lissner: »Wir alle suchen das Paradies«. Ullstein, 1985.

108 Diese Geschichte wird in verschiedenen Büchern erzählt, unter anderem in: »Way of the Peaceful Warrior« von Dan Millman und in »Buddhism plain and simple« von Steve Hagen. Der ursprüngliche Verfasser ist unbekannt.

109 W. Macneile Dixon, gelesen in: Steve Hagen: Buddhism plain and simple, Penguin Books 1997, S. 89.

110 Raymond Sullivan: Das Tao ist Stille, Krüger 1994.

Brigitte Hamann studierte romanische Sprachen. Sie beschäftigt sich seit 1982 mit der Astrologie und eröffnete 1987 eine eigene astrologische Praxis. Sie leitete über viele Jahre zusammen mit Michael Roscher die Schule für Transpersonale Astrologie. 2002 gründete sie das Institut für Entwicklungsorientierte Astrologie EOA®. Sie ist Autorin zahlreicher Artikel und Bücher.

E-Mail: info@brigitte-hamann.de
Internet: www.brigitte-hamann.de

Weitere Veröffentlichungen:

Die Zwölf Archetypen (1991),
Lebensmuster (1994)
Entwicklungsorientierte Astrologie (2004)
Die Achse der Bestimmung (2004)
Chiron – Brennpunkt für besondere Fähigkeiten (2005)
Das innere Kind im Horoskop (2006)
Die Deutung des Solars (2008)
Das Geheimnis der Wunscherfüllung (2011)
I Ging – Wie Sie das Orakel als persönlichen Ratgeber und Wegbegleiter nutzen können (2011)

Standardwerke der Astrologie

BRIGITTE HAMANN

Lilith - Die dunkle Seite des Horoskops befreien

Ein konkreter Deutungsweg

Hardcover, 202 Seiten, 20 Abbildungen

ISBN 978-3-89997-266-5

Brigitte Hamann stellt in diesem Buch einen konkreten Deutungsweg vor, um Lilith aus dem Versteck des Unbewussten zu holen und zu befreien. Meist bringt Lilith eher unerfreuliche Erlebnisse, denen wir lieber nicht ins Auge schauen wollen. Sie zeigt einen besonders prägenden, schmerzvollen Punkt in unserer Lebensgeschichte, der unsere Handlungen und Entscheidungen wesentlich beeinflusst. Unser Lilith-Thema zieht sich wie ein roter Faden durch das Leben. In bestimmten Lebensphasen geschehen Dinge, die es wiederaufleben lassen. Wenn Sie sich diesen stellen, ist Lilith der Scheinwerfer, der die dunkle Seite des Mondes beleuchtet. Lilith wirft die Frage auf, inwieweit es uns gelingt, mit unseren inneren Widersprüchen und deren äußeren Spiegelungen konstruktiv bzw. kreativ umzugehen. Und das ist für Frauen wie für Männer eine Herausforderung mit erheblichem Lernpotenzial. Auch wenn es zunächst wehtut, erleben Sie danach eine glückliche Wendung und Erleichterung und erkennen Lilith von der hellen Seite.

CHIRON VERLAG

Standardwerke der Astrologie

BRIGITTE HAMANN

Das innere Kind im Horoskop

Die Entwicklung des Wesenskerns aus astrologischer Sicht
300 Seiten, Hardcover

ISBN 3-89997-135-3

Das innere Kind ist die Kraft in uns, die nach Erfahrungen und Sinn sucht, aber auch der Spieltrieb des Menschen und seine Glücksfähigkeit. Häufig lässt sich dies alles aber nicht optimal leben, weil das innere Kind verletzt ist. Die andere Grundkraft ist der innere Erwachsene, der für Gestaltung sorgt und Energie in konkrete Bahnen lenkt. Diese Kraft kann uns einerseits Orientierung geben oder aber eine Vielfalt von Verboten, die unser inneres Kind einschränken. In diesem Buch erhalten Sie nicht nur eine tief gehende Betrachtung dieser Persönlichkeitsaspekte. Die Autorin verbindet diese gekonnt mit der Astrologie und beschreibt für jeden leicht nachvollziehbar die zwölf Erlebensformen des inneren Kindes und des inneren Erwachsenen. Mit Hilfe des Horoskops können wir die andere Seite in uns, Verletzungen und Abwehrstrategien schnell erkennen. Brigitte Hamann belässt es aber nicht nur bei der bloßen Beschreibung, sondern vermittelt dem Leser auch Übungen, damit Sie mit dem inneren Kind in Kontakt treten können und vor allem, um diesen Kontakt aufrecht zu erhalten.

CHIRON VERLAG

Standardwerke der Astrologie

BRIGITTE HAMANN UND HARALD KRÜGER

Entwicklungsorientierte Astrologie

Deutungssystematik und Lebensschlüssel
302 Seiten, Hardcover, 25 Abbildungen

ISBN 3-89997-114-0

Unsere wirklichen Herzenswünsche, hinter denen sich unsere Bestimmung verbirgt, sind oft lange verborgen. Oder wir wählen Formen, die diesen Wünschen zwar nahe kommen, die aber nicht zum Kern vordringen. Die Entwicklungsorientierte Astrologie befasst sich mit der Suche nach dem dahinter liegenden Sinn. Sie will jedoch nicht in erster Linie Probleme lösen, sondern durch das Verständnis der Persönlichkeitsdynamik Lösungen entstehen lassen. Die Entwicklungsorientierte Astrologie liefert Ihnen den Zugang zu den Motiven, die ihr Leben bestimmen, zur Lösung von Problemen und zu ihrer Bestimmung. Mit diesem Lebensschlüssel werden Sie die entscheidende Türe mühelos aufschließen, vorausgesetzt Sie erfassen dessen Wesen nicht nur intellektuell, sondern auch emotional. Außerdem zeigen die Autoren die unterschiedlichen Deutungswege auf, um sich dem Lebensschlüssel umfassend anzunähern.

»Bei mir hat das Buch nach zwanzig Jahren (!) Astrologie zu einer ganzen Reihe von ›Aha-Effekten‹ geführt – insbesondere als ich statt des Textes zum Zeichen des IC die Beschreibung zu den darin stehenden Planeten gelesen habe. Von der fachlichen Seite her ist das Buch von höchster Qualität.« — *Sternzeit 22/2005*

CHIRON VERLAG

Standardwerke der Astrologie

MELANIE REINHART

Die Hauptachsen im Horoskop

Verankerung der Existenz
150 Seiten, 5 Abbildungen, Broschur

ISBN 3-925100-67-9

Die Hauptachsen teilen das Horoskop in vier gleiche Teile. Aszendent, MC, Deszendent und IC befinden sich an deren Spitze. An den Hauptachsen und den davon abgeleiteten Häusern erkennen Sie, wo Ihr existentielles Potential liegt. Sie zeigen Ihnen, wie Sie in der Welt verankert sind und verdeutlichen Ihnen die Grundmuster, aus denen Ihre Lebensgeschichte besteht. Die Hauptachsen konfrontieren Sie mit den eigentlichen Fragen der Existenz: Wer bin ich? Wer bist Du? Woher komme ich? Wohin gehe ich?
Die Autorin nimmt den Leser mit auf eine Reise um die Eckpunkte des Tierkreises. Sie beschreibt die Bedeutung der zugehörigen Elemente und Qualitäten. Besonders wichtig sind dabei die Transite der äußeren Planeten, da diese mit dem Anfang oder Ende ganzer Lebensabschnitte korrespondieren.

»Noch mehr sind es die Deutungsbilder der Autorin, die man in dieser Gehaltfülle so noch nicht gelesen hat. Melanie Reinhart nimmt den Leser mit auf eine Reise um die Eckpunkte des Tierkreises, auf der sie die Bedeutung der zugehörigen Elemente und Qualitäten einfühlsam und nachvollziehbar beschreibt. Kurzum: Der Autorin gelingt es, die Hauptachsen persönlich erfahrbar werden zu lassen – und zwar durch die Konfrontation mit den eigentlichen Fragen des Seins.«

MerCur – Trends aus Astrologie, Psychologie und Gesundheit

CHIRON VERLAG

Standardwerke der Astrologie

RENZO BALDINI

Der Aszendent der Seele

Der Vertex in der Astrologie
120 Seiten, Broschur, 28 Abb.

ISBN 3-92510062-8

Der Vertex hilft uns zu einem umfassenden Verständnis einiger Aspekte unseres Wesens, die über unsere bewussten Absichten hinausgehen und ihre Wurzeln im familiären Beziehungsgeflecht haben. Die Ekliptik schneidet nicht nur den Horizont oder den Meridian, was zu den Hauptachsen des Horoskops führt. Der Schnittpunkt von Ekliptik und Nullvertikalkreis ergibt zwei weitere Punkte, nämlich den Vertex und den Antivertex. Die Bedeutung des Vertex in der Astrologie könnte man vergleichen mit der Einführung der Perspektive in der Malerei: der Schritt von der zweidimensionalen Sicht zur dreidimensionalen. Nicht nur Breite (die Achse AC/DC) und Höhe (die Achse MC/IC) zählen, sondern auch die Tiefe (Achse Vertex/Antivertex)

Der Autor präsentiert das Thema auf einfache und umfassende Weise und erklärt anhand zahlreicher Beispiele, wie man den eigenen Vertex leicht berechnet. Sie erhalten ausführliche Deutungstexte für die Stellung in Tierkreiszeichen und Häusern sowie für die Aspekte zu den Planeten. So entdecken sie ihre »verborgene Persönlichkeit«, den Planeten, der ihre innere, unbewusste Struktur beeinflusst. Sie erkennen, mit welchen Archetypen ihre Persönlichkeit harmoniert.

CHIRON VERLAG

Standardwerke der Astrologie

ERNST OTT

Der Deszendent

Das Tor zur Partnerschaft im Horoskop
Broschur, 265 Seiten, 38 Abbildungen

ISBN 3-925100-43-1

Der Deszendent entspricht dem Westhorizont, an dem die Sonne untergeht. Gibt es ein schöneres Bild für die Liebe als einen romantischen Sonnenuntergang? Während der Aszendent unser Selbstbild darlegt, ist der Deszendent das Symbol für unser Partnerbild. Mit der Himmelsrichtung Westen ist aber auch die Faszination der Macht verknüpft, denn der Ort der untergehenden Sonne weckt die Lust zu erobern. Zudem stehen wir am Deszendenten am Scheideweg, denn es stellt sich die Frage, ob und wieweit wir uns auf den Partner einlassen wollen. Bei einer genauen Kenntnis des Deszendenten erfahren wir alles über die innere Bereitschaft zur Liebe.

- Warum fühlen wir uns zu einem bestimmten Menschen hingezogen?
- Was wollen wir in der Liebe erobern?
- Welche Machtspiele treten in der Beziehung auf?
- Was bedeutet es sich zu binden?
- An welche Grenzen geraten wir in einer Beziehung?

Der Leser erhält ausgiebige Beschreibungen des Deszendenten in den Tierkreiszeichen, jeweils mit dem dazugehörigen Selbstbild und Partnerbild. Anhand vieler Beispiele wird gezeigt, wie sie die Themen des Deszendenten entwickeln können. Wenn Sie besser verstehen wollen, was Ihnen begegnet und wenn Sie mit mehr Zufriedenheit lieben wollen, so können Sie von Deszendenten Ihres Horoskops viel Wichtiges dazu erfahren.

CHIRON VERLAG

Standardwerke der Astrologie

LIZ GREENE

Abwehr und Abgrenzung

als positive Seite des Lebens und
die Entsprechungen im Horoskop
Broschur, 314 Seiten, 5 Abbildungen

ISBN 3-925100-33-4

Wir verwenden den Begriff »Abwehr« oft recht sorglos. Schreiben wir jemand eine Abwehrhaltung zu, so bedeutet dies in Wirklichkeit meist, daß er unsere Sichtweise nicht teilt. Aber Abgrenzung ist nicht von vorne herein negativ, denn ohne diese könnten wir nicht existieren. Die Autorin geht aus von der klassischen Beschreibung der Abwehrmechanismen und stellt diese in Beziehung zu den Elementen. Ebenso werden die typischen Abwehrhaltungen, die in den Tierkreiszeichen und den Planeten zum Ausdruck kommen untersucht. Im zweiten Teil geht Liz Greene besonders auf die Erfahrungen mit Saturn und Chiron ein. Die Abgrenzungen durch Saturn werden eingehend diskutiert. Dabei wird vor allem die konstruktive Aufgabe Saturns in den Vordergrund gestellt. Chiron und seine Bedeutung für menschliche Verhaltensmuster werden untersucht, wobei hier vor allem die schwierige Frage der kollektiven Wunde zur Sprache kommt.
Liz Greene zeigt dem Leser die positive Seite der Abwehrhaltungen auf und wie er diese positiv in sein Leben integrieren kann. Sie zeigt Wege, wie wir dem Teil in uns kreativ begegnen können, der ursprünglich unser größter Mangel war.

CHIRON VERLAG

Standardwerke der Astrologie

REINHARDT STIEHLE (HRSG.)

Rätsel Chiron

Was bedeutet er für die Astrologie?
312 Seiten, Hardcover, zahlreiche Abb.

ISBN 3-89997-188-0

Im Jahre 1977 wurde Chiron entdeckt und vor 25 Jahren erschien das erste Buch über ihn. Heute ist der einst unscheinbare Kleinplanet nicht mehr aus der Astrologie wegzudenken. Umso mehr stellen sich die Fragen wie: Ist Chiron ein bleibender Faktor? Hat Chiron die Astrologie verändert? Wie steht es mit der Deutungssicherheit? Dieses Buch sucht nicht nur nach Antworten darauf, sondern ist eine Bestandsaufnahme der verschiedenen Facetten Chirons in der Astrologie. 18 renommierte Autoren wurden eingeladen, ihre heutige Sicht auf Chiron vorzustellen. Seine Rolle in Astromedizin, Partnerschaftsastrologie, Berufsberatung oder Mundanastrologie kommt ebenso zur Sprache wie seine Wiederkehr oder sein Verhältnis zu den Kentauren Pholus und Nessus. Dabei zeigt sich, dass er uns durchaus noch Rätsel aufgibt. Aber vielleicht ist genau dies seine Aufgabe – zu Hinterfragen und Sie zum Nachdenken zu bringen, damit Sie die richtigen Lösungen finden werden. Mit Beiträgen von Beatrix Braukmüller, Roswitha Broszath, Dr. Baldur Ebertin, Dr. Bernhard Firgau, Ute Flörchinger, Karen Hamaker-Zondag, Brigitte Hamann, Markus Jehle, Lianella Livaldi Laun, Al H. Morrison, Petra Niehaus, Melanie Reinhart, Dr. Christoph Schubert-Weller, Wilfried Schütz, Eva Stangenberg, Erik van Slooten und Christopher A. Weidner.

»Ein eindruckvolles Werk mit vielschichtigen Deutungsansätzen, das den Kleinplaneten Chiron immer wieder in neuem Licht erscheinen lässt und für Einsteiger genauso interessant sein dürfte wie für fortgeschrittene Astrologen.« *Sternzeit 1-2010*

CHIRON VERLAG